西柏坡纪念馆◎编

西柏坡

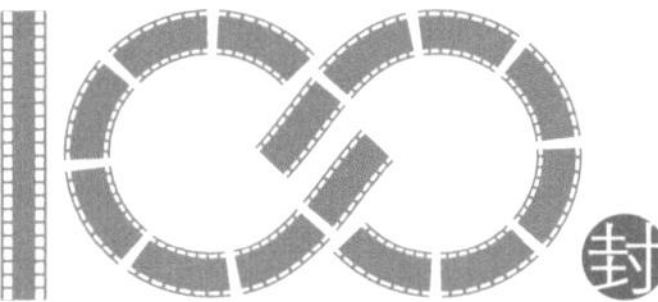

珍藏书信背后的故事

河北出版传媒集团
花山文艺出版社
河北·石家庄

图书在版编目（CIP）数据

西柏坡100封珍藏书信背后的故事 / 西柏坡纪念馆编. 石家庄 : 花山文艺出版社, 2025. 2. -- ISBN 978-7-5511-7602-6

Ⅰ. D231

中国国家版本馆CIP数据核字第2025Z8H990号

书　　名： 西柏坡100封珍藏书信背后的故事
XIBAIPO 100 FENG ZHENCANG SHUXIN BEIHOU DE GUSHI

编　　者： 西柏坡纪念馆

选题策划： 郝建国　王玉晓
责任编辑： 李倩迪
责任校对： 李　伟
美术编辑： 王爱芹
出版发行： 花山文艺出版社（邮政编码：050061）
（河北省石家庄市友谊北大街330号）
销售热线： 0311-88643299/96/17
印　　刷： 涿州市般润文化传播有限公司
经　　销： 新华书店
开　　本： 787毫米×1092毫米　1/16
印　　张： 24.5
字　　数： 380千字
版　　次： 2025年2月第1版
印　　次： 2025年2月第1次印刷
书　　号： ISBN 978-7-5511-7602-6
定　　价： 88.00元

编 委 会

主　　编：卢润彩

副 主 编：段彦峰　杨宏伟　李国强

执行主编：康彦新

执行副主编：史进平　刘亚杰

撰　　稿：史进平　王彦红　崔　霞　郭　凯

刘亚杰　南　洋　赵春伟　刘立磊

前　言

西柏坡精神是中国共产党在夺取革命胜利和筹建新中国的伟大实践中所形成的一种革命精神，其内涵深刻、思想深邃、历久弥新，蕴含着共产党人薪火相传的精神源泉、红色基因。新时代，进行伟大斗争、建设伟大工程、推进伟大事业、实现伟大梦想，需要大力弘扬西柏坡精神。习近平总书记曾经指出："党的伟大精神和光荣传统是我们的宝贵精神财富，是激励我们奋勇前进的强大精神动力。当今中国正处于实现中华民族伟大复兴关键时期，国家强盛、民族复兴需要物质文明的积累，更需要精神文明的升华，决不能丢掉革命加拼命的精神，决不能丢掉谦虚谨慎、戒骄戒躁、艰苦奋斗、勤俭节约的传统，决不能丢掉不畏强敌、不惧风险、敢于斗争、敢于胜利的勇气。全党同志要用党在百年奋斗中形成的伟大精神滋养自己、激励自己，以昂扬的精神状态做好党和国家各项工作。"在中国共产党已经走过的百余年伟大历程中，西柏坡精神同井冈山精神、长征精神、延安精神等革命精神一道，共同筑成了共产党人不忘初心、牢记使命、开创未来的永恒精神和思想丰碑。

在西柏坡浩如烟海的史料当中，有一批特殊档案文献，以书信的形式记录和见证了那个战火纷飞的年代。自2016年起，西柏坡纪念馆组织人员对这部分资料进行了搜集整理，最终向读者呈现这100封信背后的故事。在搜集过程中，编者始终被书信字里行间渗透的精神感动着、激励着，常常夜不能寐。

这些感动来自书信中共产党人所具有的浓浓的人民情怀。习近平总书记在党的十九大报告中指出，中国共产党人的初心和使命，就是为中国人民谋幸福，为中华民族谋复兴。“江山就是人民，人民就是江山”，这是党成立百余年来一直坚守的初心，更是使命。毛泽东给刘少奇写信：“无论作什么事，凡关涉群众的，都应有界限分明的政策。”朱德看到工人运动走错了路后，也立即向毛泽东写信说明：“工人是革命的领导阶级，而只顾自己改善生活，不顾战争，不顾大局，以致公私工厂大部关门，工人失业，这是损害工人阶级的根本利益的。”毛泽东收到朱德的信后很快作了批示：“我党工商业政策的任务，是发展生产，繁荣经济，公私兼顾，劳资两利。……决不可只看见眼前的片面的所谓劳动者福利，而忘记了工人阶级的远大利益。”

当时正值土地革命轰轰烈烈开展之际，群众面对千百年来的大变革，心中总不免存有疑虑。刘少奇了解情况后，在写给贺龙等人的信中指出：“工作团应将原来一切机构拿到手中，发出各种号召和办法，给群众撑腰，鼓励群众，给地主及自私自利的投机分子以打击，批准群众在正义行动中所获得的一切。”董必武以高度的责任感向毛泽东秉笔直书解放区教育工作的缺陷：“我除未去山东外，五大解放区已跑了四个区，在这些区域内我得到一个共同的印象，即是教育工作赶不上其他的工作。……晋绥全区学校都停了，北岳规定以工养学，中学等于停学，小学亦有许多不能开课的村庄。现在各工作部门一般都缺乏贫雇农和工人出身有文化的干部。这样对于教育的不重视，贫雇农和工人子弟获得教育的机会就更不容易了。”

这些感动来自书信中折射出的切切的战友情深。西柏坡时期，中国共产党高度重视民主团结，从中央到地方，调动党内外一切积极因素，实现了党的空前团结。在党内，同志们互相帮助，勠力同心，有着深厚的战友情谊。毛泽东在转战陕北途中身处险地却不忘远在西柏坡的刘少奇的健康，他在写给朱德、刘少奇的信中嘱咐：“少奇身体有进步否，望安心休息一个月，病愈再工作。”当听说徐向前身体有恙时，毛泽东急切地去信慰问：“闻病极念，务望安心静养，不要挂念工作，前方指挥由周、胡、陈担负。你病情略好能够移动时即来中央休养，待全（痊）愈后再上前线。总之，治疗和休养是第一等重要，病好一切好办。”当时任弼时身体不好，毛泽东等人多次劝阻他注意休息，而他常以“能走一百步，就不该走九十九步”来勉励自己。任弼时对自己要求严格，对同志却又是春风般的温暖，在写给叶剑英、杨尚昆的信中建议：“二局一部分身体病弱及少数电政负责人员，须实行一种休息制度以利长期工作，除每年能给以一定时间（如一个月分两次）之休息外，对少数基于体弱者决由中央及军委给以特别健康补助费，受补助者确以身体最弱，确须特加照顾方能保持长期工作下去的同志，并不机械以职位为标准，打破二局传统的平均主义。”

这些感动来自书信中共产党人严守纪律的政治操守。西柏坡时期，中国共产党自上而下大力加强思想和纪律建设，明确革命为什么人的道理，在各种运动和学习中党和军队成为一个大学校，革命的熔炉锻造了共产党人的筋骨和魂魄，铸就了共产党人严守纪律规矩的政治品格。

在土地改革深入进行之时，身为地区领导的王昭以对党无限忠诚的自律精神，给家乡县委写了一封公开信，在信中他这样表白：“处理我家土地财产时，丝毫不要顾及我的关系，放手消灭一切封建剥削，如有我的亲戚、家属、‘朋友’假借名义破坏土地改革者，一概给予无情揭发打击。”“我村土地少，为满足农民土地要求，不要给我分地，事实上我也不需要土地。”烈士许英在写给母亲的信中嘱咐母亲：“我们应该依土地法大纲去做，遵守政府法令，更应积极生产，支援前线，一切要为全人类打算，不能为个人利益计较，你有了这为人类解放事业而斗争的光荣儿子，你就是为人类解放事业而斗争的光荣母亲。我想母亲见广闻多、通达真理，也许早做了模范母亲哩！”

这些感动来自书信中折射出的忠诚与奉献。栗政通烈士自被父亲送到部队参军后，在王震将军的率领下参加了抗日战争和解放战争，逐渐成长为优秀的解放军战士，他在寄给父亲的相片上，这样写道：“这是我寸心的表白，请您作为永远的留念。”“当儿流尽最后一滴血时，持此相就是我的灵魂，它永远跟您前进。”还有许柏龄烈士，在牺牲前专门给党的总支委员会写信作了表白：“为了保卫人民，保卫党中央，保卫毛主席、朱总司令，消灭地主及蒋贼进犯军，我以流鲜血拼性命的决心，完成党给我的任务。我希望党审查我的行动，看我具备了这样决心没有？在战斗中是否表示了我有最高的党性？是否够人民的、毛主席、朱总司令、党中央的忠实可靠的警卫员和一个最好的战士？假使我在战斗中流血牺牲了，也是愉快的。”

这些感动来自书信中折射出的红色浪漫。“开拆远书何事喜，数行家信抵千金”表达的是一种思念，更是接到远方亲人书信的欣喜。“凭君莫射南来雁，恐有家书寄远人”是对家书的期盼，更是鸿雁传书担忧自己收不到。为了崇高的理想，共产党人哪里需要就奔赴哪里。这些先辈们有妻子，有恋人，也有情感的归宿，可与普通人又不一样，他们的情感归宿早已和时代融为一体，汇成了红色浪漫的爱情洪流。中秋佳节本是家人团聚的日子，面对高悬的明月，周恩来给远方的爱人修书来倾诉自己的感情：“今天是八月中秋，日近黄昏，月已东升，坐在一排石窑洞中的我，正好修写家书寄远人。今年此地年成不好，夏旱秋涝，直至前天还是阴雨连绵，昨天突然放晴，今天有了好月亮看，但是人民苦了，只能望收到二成左右。”“……对月怀人，不知滹沱河畔有无月色可览，有无人在感想？假使你正在作农村访问，那你一定是忙着和农家姑嫂姊妹谈心拉话；假使你正在准备下乡的材料，那你或有可能与中工委一起过一个农村秋节。”信中除了对爱人的牵挂外，还时时透露着对百姓生活的关心。

战争是残酷的，唯有心中装着崇高理想的人才能在战争面前表现得那么从容自信。陈毅在给爱人张茜的信中这样描述：“别来将近一年，七月诸战不利，八月反攻，九月渡黄河，十月到豫皖苏，十一月回渤海，十二月到太行阜平，一月过雁门关，二月初到陕北，三月初回阜平朱刘处[①]开会，现拟月底南下归队。这其间马不停蹄，人很疲困，跑路多，见识亦广，我军的胜利亦大，革命局面又大大不同于以前。现在可以肯定说我们迅速可以看见全国革命的胜利了，可喜可喜！”

不论将军还是士兵，正是有了无数心中装着人民利益的共产党人的不懈奋斗，才赢得了人民群众的真心拥护。支前民工李品贞写给妻子的信中除了表达对爱人的牵挂，还向爱人表决心一定要努力完成任务，立下功劳。妻子的回信同样充满了革命乐观主义精神：“最后我这向你提出个要求，最近咱村和你们一起去的有荣华乔、许浚清同志来了喜报，人家立了四等功，这事我想你也知道，希你照着人家学习，争取更大些的功劳，这也是你的荣光，也是咱全家的光荣。”

这些感动来自书信中折射出的优良家风。“忠厚传家久，诗书继世长。”习近平总书记说：“家庭是社会的基本细胞，是人生的第一所学校。不论时代发生多大变化，不论生活格局发生多大变化，我们都要重视家庭建设，注重家庭、注重家教、注重家风。”毛泽东等老一辈革命家带头发扬党的优良传统和作风，尤其在家庭文明领域，他们的理想信念、道德品行、廉洁自律、亲情友情等方面的精神风貌无不体现着红色气质和红色家风。毛泽东的儿子毛岸英准备和刘思齐结婚，刘思齐差几个月才到结婚年龄，毛泽东严厉地说：“你找谁结婚由你做主，但是结婚年龄不到你做得了主吗？制度和纪律要做你的主！”在信中他这样告诫毛岸英：“一个人无论学什么或作什么，只要有热情，有恒心，不要那种无着落的与人民利益不相符合的个人主义的虚荣心，总是会有进步的。”周恩来就土改写信给邓颖超：“你来电提议在东边多留半年，我是衷心赞成。再多在农民中锻炼半年，我想，不仅你的思想、感情、生活会起更大的变化，就连你的身体想也会更结实而年轻。农民的健美，不仅是外形，而且还有那纯朴的内心，这是一面。另一面，便是坚强，坚定的

① 指以刘少奇为书记、朱德为副书记的中共中央工作委员会。中共中央书记处于1948年4月30日至5月7日在阜平县城南庄召开会议，陈毅、饶漱石参加了这次会议。

意志，勇敢的行为，这在被压迫的群众中，更是数见不鲜。你从他们中间自会学习很多，只要不太劳累。我想半年的熏陶，当准备刮目相看。”为了把工作做细，周恩来还要求邓颖超多用心，多分析，多思考，反复推敲，与人商量，向农民请教，才不致犯粗枝大叶、笼统庞杂的毛病。邓颖超在回信中这样描述自己的心得：“愈接近下层得益就愈大，尤其是和农民‘老粗’在一起，他们的阶级性可强哩！他们引起了我的喜爱和感情，我真愿和他们在一起，向他们多学习一些。”

时代是思想之母，实践是理论之源。中国特色社会主义新时代，革命精神力量也需要在实践中不断创新发展，丰富内涵。这些书信是寻找西柏坡精神的有力支撑，我们从浩如烟海的西柏坡史料中选择出来，就是在寻找一种最能贴近时代的史料，增加历史的丰厚度和承载力。这一封封书信是时代的音符和灵魂的流露，是内心情感源泉汩汩流淌的一股溪流，充满对理想信念的追求，反映了这一时期中国共产党人的道德品行和为人处世的高尚品格，以及作为平常人的亲情、爱情、友情之浓厚，字里行间，切切情意，让人阅之无不为之动容。学习与研究这些书信，对研究党史、传承弘扬老一辈革命家的精神风范，有着重要的意义。

这些书信都是历史的记录。历史是最好的教科书，习近平总书记指出：“学史明理、学史增信、学史崇德、学史力行。”这些书信不但记录着写信人的喜怒哀乐，更集中展示了历史的横断面和难忘瞬间。从一封封历史真实的书信中，我们能够读到共产党人敢于斗争、敢于胜利的担当精神，谦虚谨慎、艰苦奋斗的赶考精神，善于破坏旧世界、善于建设新世界的创新精神和一切依靠群众、一切为了群众的宗旨精神，这些精神构成了西柏坡精神的丰富内涵，更是激励中国共产党人不忘初心、牢记使命、不断前进的根本动力。

目　录

毛泽东致朱德、刘少奇[①]

（一九四七年六月十四日）

朱刘：

各电均收，处置很对。少奇身体有进步否，望安心休息一个月，病愈再工作。我们身体均好，我比在延安时好得多了。我们自四月中旬移至大理河上游，安静地过了差不多两个月。本月九日至十一日，刘戡[②]四个旅到我们驻地及附近王家湾卧牛城青阳岔等处游行一次，除民众略受损失外，无损失。现刘军已向延安保安之间回窜，其目的全在骚扰。总结边区三个月战争：第一个月地方工作有些混乱。第二个月起即已步入正轨，党政军民坚定地向敌人作斗争。敌人内部互相埋怨日见增多，士气日见下降，对前途悲观。我们则信心甚高，士气甚壮。彭习[③]率野战军上月底到陇东，因青马[④]八二师颇顽强，打合水未得手，但歼灭骑二

① 选自《毛泽东书信选集》，中央文献出版社，2003年11月第1版，第261～262页。毛泽东（1893—1976），字润之，湖南湘潭人，伟大的马克思主义者，无产阶级革命家、战略家和理论家，时任中共中央主席、军事委员会主席等。朱德（1886—1976），四川仪陇人，伟大的无产阶级革命家、政治家、军事家，时任中共中央工作委员会副书记。刘少奇（1898—1969），湖南宁乡人，伟大的无产阶级革命家、政治家、理论家，时任中共中央工作委员会书记。

② 刘戡，时任国民党军整编第二十九军军长。

③ 指彭德怀和习仲勋。彭德怀（1898—1974），湖南湘潭人，时任中国人民解放军西北野战军司令员兼政治委员。习仲勋（1913—2002），陕西富平人，时任中国人民解放军西北野战军副政治委员。

④ 指青海军阀马步芳部。

旅一个团及宁马[①]八一师一个团于曲子附近。目前正攻环县八一师主力，拟先打开西面包围线，然后向关中进击。陈谢纵队[②]本月休整，决于七月一日西调，协同边区兵团[③]开辟西北局面。东北方面进展极快，不到一个月歼敌六个师（旅）以上，收复三十余城，增加五百万人口，目前正攻四平。山东自歼七四师后局面已稳定，现正计划新的攻势作战。刘邓[④]本月休整，准备月底出击，并新组四个纵队，今后该区将有八个纵队作战。就全局看，本月当为全面反攻开始月份。你们在今后六个月内如能（一）将晋冀察军事问题解决好；（二）将土地会议[⑤]开好；（三）将财经办事处建立起来，做好这三件事，就是很大成绩。

毛泽东

六月十四日

这是1947年6月14日毛泽东转战至陕北天赐湾时给中央工委朱德、刘少奇的信。

1947年2月，国民党军队对解放区的全面进攻被粉碎，被迫转为重点

---

① 指宁夏军阀马鸿逵部。

② 指陈赓任司令员、谢富治任政治委员的晋冀鲁豫野战军第四纵队。

③ 指中国人民解放军西北野战军。

④ 指刘伯承任司令员、邓小平任政治委员的晋冀鲁豫野战军。刘伯承（1892—1986），四川开县（今重庆市开州区）人，时任晋冀鲁豫军区、中原军区、第二野战军司令员。邓小平（1904—1997），四川广安人，时任中共晋冀鲁豫中央局书记、晋冀鲁豫军区政治委员。

⑤ 土地会议是中共中央工作委员会受中共中央委托，于1947年7月17日至9月13日在西柏坡召开的。中共中央工作委员会书记刘少奇主持了会议，并在会上作了报告和总结。会议通过了《中国土地法大纲》，其中规定："废除封建性及半封建性剥削的土地制度，实行耕者有其田的土地制度。"

进攻陕甘宁解放区和山东解放区。3月，国民党西安绥靖公署主任胡宗南奉蒋介石之令调集三十四个旅约计二十五万人的兵力和一百余架飞机向延安进犯。面对十倍于己的强大敌人，为了保存实力，毛泽东决定主动撤离延安。

3月29日，中共中央在清涧县枣林沟召开紧急会议，决定将中央机关分为中央前委和中央工委两部分。毛泽东、周恩来①、任弼时等组成中央前委，代表党中央和解放军总部，继续留在陕北指挥全国的解放战争；朱德、刘少奇、董必武等组成中央工作委员会，率部分中央机关干部前往华北，开展中央委托的工作。4月11日，由叶剑英②、杨尚昆③、邓颖超④等组成中央后方委员会，率中共中央和中央军委大部分工作机构到晋西北临县地区统筹后方工作。

按照枣林沟会议的分工，朱德、刘少奇率中央工委向华北转移，途中随时把工作情况向中央进行汇报。而转战陕北的毛泽东，也一直关注着中央工委的情况。1947年6月14日，从王家湾到小河村再到天赐湾刚安顿好的毛泽东，给刘少奇、朱德写了回信，介绍了分开后的情况，并对中央工委到达晋察冀后的工作进行了安排。

毛泽东对刘少奇的身体非常关心。当知道刘少奇由于长途奔波和工作劳累，身体状况欠佳，患有严重的肠胃炎时，特别叮嘱“身体有进步否，

---

① 周恩来（1898—1976），江苏淮安人，是中国共产党、中国人民解放军和中华人民共和国的主要领导人之一，时任中共中央政治局委员、中共中央书记处书记、中央军委副主席兼代理总参谋长等职务。

② 叶剑英（1897—1986），广东梅县（今梅县区）人，时任中共中央后方委员会书记。

③ 杨尚昆（1907—1998），四川潼南（今重庆市潼南区）人，时任中共中央后方委员会后方支队司令员。

④ 邓颖超（1904—1992），河南广山人，1925年加入中国共产党，新中国成立后曾任全国妇联副主席、名誉主席，中纪委第二书记，第六届全国政协主席等职，时任中共中央妇委代理书记。

望安心休息一个月，病愈再工作”。

信中，毛泽东对中央留驻陕北后的战况进行了介绍。实际上，他们刚刚经历了转战路上最大的一次危险。1947年5、6月间，转战陕北进入最困难阶段。胡宗南利用美军无线电技术，发现安塞县（今延安市安塞区）的王家湾一带电频密集，推断是中共中央所在地，于是立即组织人马直扑王家湾。6月7日下午，胡宗南部整编二十九军军长刘戡率四个旅，外加整编一军军长董钊的半个旅，约三万人，沿延河北进，准备突袭王家湾。

当时，负责中央机关保卫工作的是中央警卫团，只有四个连，共三百多人，而且武器都是从前线各部队淘汰下来的。中央警卫团的兵力和装备，遇到小股敌军还能抵挡一阵，但遇到强敌就难以保障中央机关的安全。为此，中央下令中央机关人员，立即离开王家湾，连夜向西转移。经过急行军，8日，中央机关到达靖边县小河村。在小河村，只待了几个小时，中央机关又连夜迅速向西北行进，冒雨向靖边县的天赐湾转移。

当夜，电闪雷鸣，几十里的山路充满了传奇色彩。走二十里山路，天空又下起了大雨。偏偏在这时，向导迷路了。部队只得在漆黑的雨夜里停了下来。国民党军刘戡的部队离得很近，沟对面的山上燃起的火堆、哨兵的喊话声音清晰可辨。任弼时立刻发出命令：不准开手电，不准打火抽烟，不准喧哗……奇迹发生了，刘戡几经周折后却误以为我军去了陇东，于是在大沟里转了一个弯子，又马不停蹄向保安方向追去。10日凌晨，中央到达靖边县天赐湾村。

毛泽东在信中把此次危险称为敌军“骚扰”，表示部队愈战愈勇，信心甚高，士气甚壮，由此可以看出在艰苦转战生活中毛泽东的革命乐观主义精神。

接着，毛泽东在信中介绍了全国各战场的情况。1947年3月至6月的四个月内，中国人民解放军在粉碎国民党军队重点进攻期间，还在东北、热河、冀东、豫北、晋南等地开始局部反攻。虽然由于敌强我弱，一些战役没有取胜，但解放军歼灭了敌人的有生力量，取得了不少战果，扭转着战局。毛泽东把情况简单明了说明后，有气势地总结出关键性的一个论断，那就是“就全局看，本月当为全面反攻开始月份”。正是在这种情况下，人民军队结束战略防御阶段，以新的态势跨入解放战争的第二个年头。

在即将进入大反攻的局面下，身在华北负责中央日常工作的中央工委的主要任务是什么？早在1947年2月1日中央政治局在延安召开的最后一次会议上，毛泽东在《迎接中国革命的新高潮》的报告中就指出党所面临的主要工作是必须重点解决好三个方面的问题，即军事问题、土地问题、生产问题。为此，毛泽东在1947年6月14日信中对工委当前的任务作出明确指示：“你们在今后六个月内如能（一）将晋冀察军事问题解决好；（二）将土地会议开好；（三）将财经办事处建立起来，做好这三件事，就是很大成绩。”正是在这三条原则下，中央工委在刘少奇、朱德的领导下，根据中共中央的统一部署，在西柏坡一年的时间里开展了卓有成效的工作，有力地支持和配合了全国的解放战争。

据刘少奇身边工作人员回忆，刘少奇收到信后心情非常激动，但仍然把全部身心和时间都投入工作中，开展调查研究，起草文件，为召开全国土地会议作准备。7月10日，刘少奇向中共中央报告了全国土地会议的准备情况，说道：“我病已痊愈，身体恢复，可以工作。”

这是一封前后方互通情况的信件，可以看出毛泽东对战友的关心，也可以看出他对战略全局的把握和对革命向前发展的必胜信心，尤其是对中央工作委员会工作上的具体指导，推进了历史进程，使中国革命从胜利走向更大的胜利。

毛泽东致陈瑾昆[①]

（一九四七年七月十三日）

瑾老同志：

大示敬悉。你们一家安于农村生活，闻之甚慰。立法工作是一新部门，得兄主持，日起有功，是大好事。时局如兄所料，人民战争是发展的；惟艰苦奋斗，尚须付以数年时间。我们在此均好，勿以为念。谨复。

顺候

大安！

毛泽东

七月十三日

这是1947年7月13日毛泽东写给时任中共中央法律委员会委员陈瑾昆的一封回信。

毛泽东与陈瑾昆交往始于延安时期。抗战胜利之后，陈瑾昆反对国民党发动内战，毅然写下了《余为何参加中共工作》《致友人书》等文章。毛泽东在延安读到他的文章后，写信对他说“今日阅悉尊著《余为何参加中共工作》，义正词严，足以壮斗士之志，夺奸邪之魄”，并诚挚地邀请他到解放区工作。陈瑾昆接信后，带着一家八口，欣然从北平到了延安。1946年12月，经毛泽东和刘少奇共同介绍，中共中央直接批准陈瑾昆为中国共产党正式党员，并担任了中共中央法律委员会委员。

① 选自《毛泽东书信选集》，中央文献出版社，2003年11月第1版，第263页。陈瑾昆（1887—1959），湖南常德人，时任中共中央法律委员会委员。

1947年，随着形势的发展，中共中央指示中央法律委员会起草一个全国性的宪法草案，以供解放区人民代表大会之用。陈瑾昆作为著名的法学专家，为了让全国性宪法起草工作顺利开展，少走弯路，他提出很多宝贵意见，并强调法律是与政治相通的，政治的路线要贯穿其中。他特意给毛泽东写了一封信，陈述了自己的这种见解。1月16日，毛泽东复函："大示诵悉。从新的观点出发研究法律，甚为必要。新民主主义的法律，一方面，与社会主义的法律相区别，另方面，又与欧美日本一切资本主义的法律相区别，请本此旨加以研究。"自此，中央法律委员会便根据毛泽东的指示开始研究及草拟全国性新宪法草案。

1947年3月，国民党向陕北、山东两解放区发动重点进攻，中共中央决定主动撤出延安，并让法律委员会等机关的一些老弱者先走。3月7日，法律委员会的委员及家属们离开延安，经过十六天的艰难跋涉，于3月22日到达山西临县的后甘泉村。在此，他们开始起草新宪法草案，即后甘泉初期宪草初稿。8月至10月中旬，又根据形势的发展和中共中央的指示，丢开政协宪草协议原则，开始起草内容与形式皆为新民主主义的宪草，即后甘泉后期宪草初稿。

在起草法律的过程中，法委会成员经常为一个立法原则或立法内容展开热烈讨论，甚至争得面红耳赤，这种集思广益有利于法律制定的完备。作为法学家，陈瑾昆在工作之余开始为法委会的年轻同志们讲授民事诉讼法、刑事诉讼法，谢觉哉对他的讲课评价为"切实可听"。

在此期间，陈瑾昆与毛泽东仍有书信往来，谈工作，也传达彼此的关怀。为此，毛泽东在回信中称陈瑾昆为"瑾老同志"，这一称呼可以看出他对陈瑾昆的尊重，且是志同道合的亲密战友。

毛泽东信中提到"你们一家安于农村生活，闻之甚慰"，是对陈瑾昆这位留洋大法学家在转战征途中适应农村艰苦生活的衷心赞扬。确切地说，宏大的立法工作对于长期在战争生活中的中国共产党来说，是一项全新的工作。毛泽东指出，正是由于像陈瑾昆一样各位法学专家的用心参与，立法工作才"日起有功"，取得新成果，毛泽东充分肯定了陈瑾昆在法制建设方面的作用和地位。这里，毛泽东把陈瑾昆称为“兄”，可以再次看出毛泽东对长者的尊敬和自身的谦卑。

“时局如兄所料，人民战争是发展的；惟艰苦奋斗，尚须付以数年时间。”从延安撤离出来，在经过四个月的艰苦征战中，毛泽东乐观地表示人民战争在向胜利的方向发展，但尚需艰苦奋斗，且可能还需很长时间，意在要大家做好心理准备，这是一种在困难环境中的自勉自励。

1947年10月8日，陈瑾昆在宪草初稿完成后，又写信给毛泽东报告情况，并根据当时沙家店战役中彭德怀指挥西北野战军歼灭胡宗南集团主力之整编第三十六师的大好形势，指出蒋介石对陕甘宁边区的进攻已失败，并将引起美国人民对美援华政策的反对，中国革命胜利有期。11月18日，毛泽东又复信给陈瑾昆，再次谈到宪法草案的制定，要以工农民主专政为基本原则（即《新民主主义论》及《论联合政府》中所指之基本原则）。信中除了谈形势、工作之外，毛泽东还谈到了自己的身体状况和对陈瑾昆家人的问候，殷殷关切之情溢于言表。

1948年9月，华北人民政府成立，陈瑾昆被任命为华北人民政府法院院长。自此，他更是为起草法律法规、处理案件殚精竭虑。1949年2月，华北人民政府迁往北平，陈瑾昆回到曾居住近三十年的北平城。9月21日，中国人民政治协商会议第一届全体会议召开，陈瑾昆以特邀代表的身份参加会议。中华人民共和国成立后，陈瑾昆任中央人民政府法制委员会副主任委员、最高人民法院委员、政务院政治法律委员会委员。

毛泽东致毛岸英的两封信[①]

（一九四七年九月十二日、十月八日）

岸英儿：

别后[②]，晋西北一信，平山一信，均已收到。看你的信，你在进步中，甚是喜慰。永寿[③]这孩子有很大进步，他的信写得很好。复他一信，请你译成外国语，连同原文，托便带去。我们在此很好，我的身体比在延安要好得多，主要是脑子休息了。你要看历史小说，明清两朝人写的笔记小说（明以前笔记不必多看），可托周扬[④]同志设法，或能找到一些。我们这里打了胜仗，打得敌人很怕我们。

问你好！

毛泽东

一九四七年九月十二日

岸英：

告诉你，永寿回来了，到了哈尔滨。要进中学学中文，我已同意。这个孩子很久不见，很想看见他。你现在怎么样？工作，还是学习？一个人无论学什么或作什么，只要有热情，有恒心，

---

① 选自《毛泽东书信选集》，中央文献出版社，2003年11月第1版，第264、265页。毛岸英（1922—1950），湖南湘潭人，毛泽东与杨开慧的长子。

② 毛岸英于1947年4月在陕北离开父亲，东渡黄河，先后在山西、河北等地参加土地改革。

③ 即毛岸青（1923—2007），毛泽东与杨开慧的次子。

④ 周扬（1908—1989），湖南益阳人，时任中共晋察冀中央局宣传部部长。

不要那种无着落的与人民利益不相符合的个人主义的虚荣心，总是会有进步的。你给李讷[①]写信没有？她和我们的距离已很近，时常有信有她画的画寄的，身体好。我和江青都好。我比上次写信时更好些。这里的气候已颇凉，要穿棉衣了。再谈。

问你好！

毛泽东

一九四七年十月八日

第一封信是1947年9月12日毛泽东写给儿子毛岸英的一封家信。信中称“岸英儿”，一个“儿”字彰显了父亲浓浓的舐犊之情。

毛岸英是毛泽东与杨开慧的长子。1930年，杨开慧被国民党杀害时，毛岸英才八岁，曾携弟弟流落街头，受尽苦难。后在党组织安排下，两人到莫斯科学习，直到1937年11月，才与父亲毛泽东恢复书信联系。在延安，毛泽东在繁忙的工作之余，时常惦念远在莫斯科的儿子，他曾给在伊万诺夫市上中学的两个儿子写过一封信，对儿子的学习提出了要求和期望，随信一起，还给岸英、岸青和其他在莫斯科的革命子弟寄去了二十一种共六十本书。其中，中国古典与历史小说占了很大比重，还包括一些历史、地理教科书与哲学著作。

1946年，长子毛岸英从苏联回到延安，毛泽东先是让岸英脱下那身苏军制服和大皮靴，换上自己穿过的旧棉衣棉裤和用边区纺的粗毛线织的毛背心、毛袜子，深入社会这个大课堂，拜工农为师，上“劳动大学”，向实践求真知。1947年4月开始，毛岸英一直待在农村搞土改，做宣传。毛岸英从不以领袖的儿子自居，而是处处严格要求自己，和老乡同吃同住同劳动，和群众打成一片。他知识渊博又内敛好学，待人和善，给当地村民留下了很好的印象。

---

① 李讷（1940—），毛泽东和江青的女儿，1947年3月随中央机关家属子女撤出延安，当时在山西兴县。

毛泽东在第一封信里说“晋西北一信，平山一信，均已收到”，可以看到父子之间的交流是比较频繁的，而“看你的信，你在进步中，甚是喜慰”是父亲对儿子在农村得到锻炼成长而感到由衷的高兴。

接着，毛泽东介绍自己情况，说明在长途转战中由于脑子休息了、行动多了，反而身体好了，以让自己的儿子放心。接着，他提到了一直与毛岸英相依为命的弟弟毛岸青的情况，这里父亲仍然叫的是小儿子乳名永寿，并对远在苏联的岸青的汉字语言的进步表示欣慰，还要哥哥写一封双语回信，表示关怀。

接着，作为父亲，毛泽东开始像在延安一样教导毛岸英要多读书，尤其“要看历史小说，明清两朝人写的笔记小说（明以前笔记不必多看）”，并要捎书过去。最后的语言有些稚气，像是对小孩子说的“我们这里打了胜仗，打得敌人很怕我们”，让人不由得联想到，一个父亲，他心里那种遥远的记忆，是对长期不在身边儿子的一种刹那间童心回归，这是对岸英说的，更是对岸青说的。

第二封写于1947年10月8日，也就是写完第一封信一个月后毛岸青回到了祖国，这位父亲要立马把这个消息告诉大儿子，并直言不讳表示“这个孩子很久不见，很想看见他”。

而这封信里，作为伟大革命领袖，毛泽东要求子女们要把自己始终与党和人民的事业紧密相连。他信中说：“一个人无论学什么或作什么，只要有热情，有恒心，不要那种无着落的与人民利益不相符合的个人主义的虚荣心，总是会有进步的。”毛岸英把父亲的话语作为座右铭抄录在笔记本上，时刻激励自己，以不辜负父亲对自己的期望。

这两封家信均体现出父亲对儿子的牵挂与期冀，还有严格的教育及其传递出的为人民服务的人生观、价值观。后面，毛泽东问毛岸英是否给妹妹写信，并把自己所知的情况一并告知，说“这里的气候已颇凉，要穿棉衣了”，由此可见毛泽东对家风亲情的重视，信中并没有那种居高临下的命令式口吻，而更多表现的是一种宽容与殷殷期待，还辅之以自身的读书经验，舐犊之情，溢于言表。

毛泽东致张曙时[①]

（一九四七年十一月十八日）

曙时同志：

十月十七日来示读悉。法律工作是中央新设领导工作的一个部门，兄及诸同志努力从事于此，不算"闲居"。将来时局开展，出到外面工作，自属必要。目前则在激烈战争中，年老的人出去，似乎尚非其时。法律本于人情，收集各解放区实际材料，确是必要的。关于宪草的意见，托王谢[②]二同志转达，不赘。贱体粗安，承问极感，天寒尚望珍摄。敬候

起居健吉！

毛泽东

十一月十八日

这是1947年11月18日毛泽东给中央法律委员会委员张曙时的一封回信。

1947年3月18日，中共中央撤离延安之前，中央法律委员会因为主要由一些有法学功底、年岁又比较大的老同志组成，所以早于3月7日上午12时便开始转移。他们一行三十余人，包括谢觉哉、王明、徐特立、何思敬、刘景范、陈瑾昆、张曙时等从延安杨家岭撤离，经过十六天的行程到

① 选自《毛泽东书信选集》，中央文献出版社，2003年11月第1版，第269页。张曙时（1884—1971），江苏睢宁人，1924年、1932年两次加入中国共产党，西柏坡时期任中央法律委员会委员。

② 王谢，指王明和谢觉哉。王明（1904—1974），安徽六安人，时任中央法律委员会主任。谢觉哉（1884—1971），湖南宁乡人，时任中央法律委员会主任委员。

达山西临县后甘泉，这一路充满了艰险，充满了辛苦。

在后甘泉村，中央法律委员会开始起草研究新宪法草案。他们在稍事休整后，立即投入紧张的工作中。7月3日，中央法律委员会工作人员还专门给在转战途中的毛泽东写信，表示要努力干好立法工作和土地改革工作，以迎接中国解放的伟大胜利。

可是，关于战争中的立法，尤其在动荡转战的岁月里，部分同志不理解，认为战争年代请缨上战场才是正事，躲在后方起草没有实效性的宪法草案不能激发革命热情，太轻闲，没意思。对此，张曙时给毛泽东写了一封信，表达了自己的心情——不想“闲居”。

中央法律委员会基本上是由一些资历较深、年纪较大、有法学功底的人员组成，中央对他们非常尊重，工作、生活都有一些照顾，所以张曙时在信中提及不想“闲居”。为此，毛泽东在回信中劝说他安于研究法律工作，指出“法律工作是中央新设领导工作的一个部门，兄及诸同志努力从事于此，不算‘闲居’”。因为制定法律对于中国共产党来说，本就是一项全新的工作，需要大量调查研究，因此在农村研究也好，参加土改工作也好，都不是无用之事。确实，从延安撤离出来后，环境条件相对艰苦，甚至动荡不安，所以毛泽东解释说“目前则在激烈战争中，年老的人出去，似乎尚非其时”，提出需等情况好转，稳定下来，再到外面工作。

接着，毛泽东谈到法律的制定原则，指出“法律本于人情，收集各解放区实际材料，确是必要的”，这里可以看到毛泽东对法律的理解，“法律本于人情”就是法律还是基于人类社会的情感，基本符合社会的伦理道德、人的感情思想，所以在法律的制定上也要遵循具体问题具体分析的哲学思想。这些思想，毛泽东在听取法委会负责人王明、谢觉哉到中央汇报工作时已谈及，所以告知张曙时可根据其“宪草的意见”再行工作。

最后，毛泽东用文言体写道“贱体粗安，承问极感，天寒尚望珍摄”“敬候”“起居健吉”，语言简洁而敬意浓厚，表达了毛泽东对张曙时等老同志来信问候的感谢和祝福。

这封信使这些自以为“闲居”的老人们消除了思想障碍，认识到了立法的重要性和必要性。经过几个月的讨论研究，法律委员会的诸同志初步完成了新中国宪法草案的起草工作，并上报中共中央，为建立新中国人民政权、法律体系、司法制度以及新法典作出了重要贡献。

毛泽东致吴创国①

（一九四七年十一月十八日）

创国同志：

十月二十五日来信读悉，甚为感慰。消灭一切敌人，你的志向很对。你对农民土地斗争所表示的热情非常之好，你的诗也写得好，我就喜欢看这样的诗。你年纪高，望保重身体！

此致

敬礼！

毛泽东

十一月十八日

这是1947年11月18日毛泽东写给在农村参加土改的吴创国的一封回信。

吴创国与毛泽东相识于1927年9月的秋收起义。吴创国是湖南省平江县人，早在1920年受马克思列宁主义思想影响，就参加组织职工会、办工人夜校等活动，帮助工人学习文化知识，开展反对帝国主义、打倒卖国贼的斗争。他于1922年加入中国共产主义青年团，1924年加入中国共产党。1927年9月，毛泽东领导湘赣边界秋收起义时，吴创国任秋收起义委员会委员，两人有过一些交往。起义结束后，吴创国被迫转入党的地下工作，被派到上海做秘密交通，曾被捕入狱，他对敌人的任何威胁、利诱毫不屈服，并

① 选自《毛泽东书信选集》，中央文献出版社，2003年11月第1版，第270页。吴创国（1888—1960），湖南平江人，1924年加入中国共产党，西柏坡时期任解放区职工联合会筹备委员会常务委员，在农村参加土地改革工作。

在监牢里和敌人作斗争。全面抗战爆发后，吴创国被释放出狱，随即赴延安，后作为中直军直代表团成员参加中共七大，才再次见到毛泽东。

1945年，为了促进解放区和全国工人运动的统一，并争取参加美、英、法、苏等国工会发起召开的世界职工大会，陕甘宁边区总工会提议，建立各解放区工会的统一组织。同年4月20日，各解放区工会代表在延安开会，成立了中国解放区职工联合会筹备委员会，吴创国任常务委员。

1947年，中共中央在西柏坡召开全国土地会议后，各地掀起了轰轰烈烈的土地改革运动，吴创国积极投入农村，参加领导土地改革运动。他看到农民获得土地后积极发展生产、拥军支前、参军参战等一系列变化，就写了一首歌颂解放战争取得胜利和农民获得土地后喜悦心情的诗歌，于1947年10月25日呈送给毛泽东阅看。

现在，吴创国的信稿及原诗尚不知何去，但从毛泽东11月18日的复信中可以了解一二。毛泽东表示“十月二十五日来信读悉，甚为感慰”，接着，毛泽东说“消灭一切敌人，你的志向很对”，说明吴创国在信中谈到了奋斗目标就是克服困难，消灭一切敌人。而“你对农民土地斗争所表示的热情非常之好，你的诗也写得好，我就喜欢看这样的诗”，表明年事已高的吴创国在信中表达出极高的革命热情，并创作一首诗歌，毛泽东对吴创国的行为和诗歌表示赞扬和喜欢。最后，毛泽东说：“你年纪高，望保重身体！”这封短信有三层意思：一是表示收信并阅信；二是称赞吴创国的志向和诗歌，并表示“我就喜欢看这样的诗”；三是望吴老保重身体。书信语言简练质朴，平实真诚，表现出毛泽东对吴创国的关心和爱护。

1948年8月，吴创国到哈尔滨出席第六次全国劳动大会。中华人民共和国成立后，他一直在中华全国总工会工作，但从不以资格老而骄傲，不但努力提高文化水平，参加夜校学习，阅读革命书籍，还经常做学习笔记、写日记、写信、作诗。1952年后，他因病半身瘫痪，行动和说话困难，但仍然保持乐观主义精神，克勤克俭，节衣缩食，把养病期间组织发给的补助费储蓄起来支援国家建设。1960年8月21日，吴创国因病在北京逝世。

毛泽东、周恩来致朱学范[1]

（一九四八年三月四日）

朱学范先生：

接二十九日电示，欣悉先生到达哈尔滨，并决心与中国共产党合作，为中国人民民主革命的伟大的共同事业而奋斗，极为佩慰。我们对于先生的这一行动，以及其他真正孙中山信徒的同样的行动，表示热烈的欢迎。

此致

中国人民民主革命的敬礼。

毛泽东 周恩来

三月四日

这是1948年3月4日毛泽东和周恩来联名给到达东北解放区的朱学范写的一封回信。

毛泽东和周恩来共同联名写信为数不多，此信件为其中之一，可见中央之重视程度。朱学范是一名长期从事工会事务的爱国民主人士，常在国际工会的舞台上作正义呼唤，也是在与中国共产党的接触中，走上革命的道路，接受中国共产党的领导。

1946年6月，全面内战爆发，朱学范积极投入反对国民党独裁统治的爱国民主运动中。他拒绝参加国民党一党包办的“国民大会”，离开上海

---

① 选自《毛泽东书信选集》，中央文献出版社，2003年11月第1版，第271页。朱学范（1905—1996），江苏金山（今属上海市）人，长期从事工会工作，时任中国劳动协会理事长、世界工联副主席。

来到香港。在香港，他见到了中共南方局领导人，并同各民主党派人士进行广泛接触。尤其在国民党特务对他进行暗害，使他遭遇神秘的“车祸”骨折后，周恩来即派刘宁一代表中国共产党和解放区工会专程从上海到香港慰问，并携来解放区工会缴纳给劳协①的会费，支持劳协在香港继续斗争。朱学范内心非常感激，更加增强了与国民党独裁决裂的决心和勇气。他还与何香凝、李济深等国民党著名民主人士密切接触，推进民革的创建工作，并被选为执行委员会常务委员。

1947年底，朱学范以中国劳动协会理事长身份出席巴黎世界工联执行局会议和日内瓦国际劳工组织理事会会议后，带着“要救中国只有依靠共产党”的信念和决心，在中共负责欧洲事务的刘宁一陪同下，由伦敦启程，经布拉格、莫斯科，于1948年2月28日到达哈尔滨。朱学范到哈尔滨的第二天，就给毛泽东、周恩来发电报，讲他学习了毛泽东主席《目前形势和我们的任务》一文，决定并诚恳表达要参加革命，他相信在中国共产党的领导下，革命一定能取得胜利。

1948年3月4日，毛泽东、周恩来联名复信朱学范：“欣悉先生到达哈尔滨，并决心与中国共产党合作，为中国人民民主革命的伟大的共同事业而奋斗，极为佩慰。我们对于先生的这一行动，以及其他真正孙中山信徒的同样的行动，表示热烈的欢迎。”此时，毛泽东、周恩来二人在陕北米脂县杨家沟，随着形势的迅猛发展，正准备前往西柏坡与中央工委会合。此前在1947年12月召开的会议上，毛泽东提出“打倒蒋介石，建立新中国”的基本政治纲领，明确联合工农兵学商各被压迫阶级、各人民团体、各民主党派、各少数民族、各地华侨和其他爱国人士，组成民族统一战线，打倒蒋介石独裁政府，成立民主联合政府。报告阐明，中国新民主主义革命要取得胜利，没有一个包括全民族绝大多数人口的最广泛的统一战线，是不可能的。这个统一战线必须是在中国共产党的坚强领导之下，没

---

① 中国劳动协会成立于1935年2月24日，简称“劳协”，是全国性质的工会组织。1939年12月在重庆召开第二届年会时，接受了陕甘宁边区总工会为团体会员。

有共产党的坚强领导，革命是不可能胜利的。此时，召开政治协商会议，成立民主联合政府的政治主张在毛泽东心中已渐成雏形，而朱学范作为首位到达解放区的民主人士，中共中央自然给予特别的关注。

信中的“先生”“极为佩慰”“表示热烈的欢迎”“中国人民民主革命的敬礼”表现出毛泽东、周恩来对民主人士的关怀和尊重，而“毛泽东　周恩来”二人联合署名，更彰显出中国共产党人对朱学范北上解放区之壮举的无比重视和极大赞扬。

接到毛泽东、周恩来的信后，朱学范备受鼓舞，向当时的中共中央东北局领导人李富春提出要到基层调查学习，随后在东北解放区的农村和工矿企业调查研究了四十天。在基层期间，他给远在香港的民革中央主席李济深写信介绍自己在解放区的见闻，并表明“了解了中国共产党深得人民的拥护”。朱学范还把自己在东北解放区的见闻和生动事例，写成《新东北的新气象》，发表在1948年5月22日的《东北日报》上，并在接受《东北日报》采访时表示：“经验证明这种胜利只有在先进政党领导之下的人民民主大团结才有保证。只有在中共及毛主席领导之下，方能完成彻底解放自己的历史伟业。”“在反蒋的斗争中，绝无中间路线可循。”

1948年4月30日，中共中央发布“五一口号”后，朱学范积极响应，完全拥护，把全部精力放在工会方面，组织解放区职工联合会筹备委员会、中国劳动协会共同发起召开第六次全国劳动大会，成立全国统一的工会领导机构。

毛泽东致刘仁①

（一九四八年四月二十七日）

刘仁同志：

去年张东荪、符定一两先生有信给我，我本想回信给他们，又怕落入敌手，妨碍他们的安全，今年张东荪先生又想和我们联络，现在请你经过妥善办法告诉张符两先生，我很感谢他们的来信，他们及平津各位文化界民主战士的一切爱国民主活动，我们是热烈同情的。此外请经妥人告诉张符两先生，我党准备邀请他们两位及许德珩、吴晗、曾昭抡及其他民主人士来解放区开各民主党派各人民团体的代表会议讨论：

（甲）关于召开人民代表大会成立民主联合政府的问题；

（乙）关于加强各民主党派各人民团体的合作及纲领政策问题，我党中央认为各民主党派及重要人民团体（例如学生联合会）的代表会商此项问题的时机业已成熟，但须征求他们的意见，即他们是否亦认为时机业已成熟及是否愿意自己或派代表来解放区开会。会议的名称拟称为政治协商会议。会议的参加者，一切民主党派及重要人民团体均可派遣代表。会议的决议必须参加会议的每一单位自愿同意不得强制。开会地点在哈尔滨，开会时间在今年秋季。

① 选自《西柏坡档案》（第一卷），中国档案出版社，2012年3月第1版，第222～223页。刘仁（1909—1973），原名段永鹴，四川酉阳（今重庆市酉阳土家族苗族自治县）人，1927年加入中国共产党，时任晋察冀中央局城市工作部部长。

上述各点请首先告诉张东荪先生，并和他商量应告知和应邀请的是些什么人。

毛泽东

卯感[①]

这是1948年4月27日毛泽东给晋察冀中央局城市工作部部长刘仁的一封信。写信的目的是让华北城工部邀请北平、天津、上海的民主人士北上解放区筹备召开新政协，并将所需讨论问题进行说明。

写这封信的时候，中共中央已转战陕北东渡黄河到了晋察冀军区司令部所在地阜平县城南庄。在此，毛泽东审时度势，认为召开新的政治协商会议，讨论成立新中国的各项事宜，时机已经成熟。

此前，国民党倒行逆施破坏和平，已使很多民主人士站到与共产党携手奋斗的立场上来。1947年3月，张东荪和符定一就时局问题，曾给毛泽东写信，表达自己的政见和见闻。张东荪是燕京大学知名教授，早在1938年5月，就与中共领导人周恩来、董必武等就抗日问题交谈，表示将利用自己大学教授的身份，回到北平与中共合作，为抗日救亡作出自己的贡献。抗战胜利后，他极力倡导“中间性的政制”，即第三条道路，并多次著文表达观点。符定一是毛泽东的老师，1946年被邀请到延安共商国策，返回北平后，他广泛联络文化界、教育界人士参加反饥饿、反迫害、反内战的民主运动，并为学生、市民讲演，揭露国民党、蒋介石反人民的本质。此二人均与中共中央有着密切联系。

时隔一年后，毛泽东写信给晋察冀中央局城工部部长刘仁，提及二位的信，并表示“现在请你经过妥善办法告诉张符两先生，我很感谢他们的来信，他们及平津各位文化界民主战士的一切爱国民主活动，我们是热烈同情的”，同时提出邀请张东荪、符定一、许德珩、吴晗、曾昭抡及其他

① 卯感，即4月27日。

民主人士到达解放区，共商召开新政协成立民主联合政府事宜。毛泽东在信中特别指出会议的名称拟定为“政治协商会议”，开会地点在哈尔滨，开会时间在秋季。此信勾画出了筹建新中国的基本路线图。

1948年4月30日，中共中央发布“五一口号”，号召召开新政协会议，成立民主联合政府。此号召迅速得到各民主党派、无党派人士和社会各界的热烈响应，他们纷纷北上解放区，开启共谋国是、协商建国的历程。

当时，这些民主人士从国统区到达解放区，路途遥远，交通不便，都是在华北城工部的安排护送下才能顺利到达。从1948年8月起，整个邀请和护送民主人士北上解放区的工作，前后持续了将近一年时间，大致分北线和南线，分批分次进行。

北线主要是护送平、津、沪的民主人士到中共中央统战部所在地晋察冀边区建屏县（今平山县）李家庄村，具体有两条路径。一是从北平经石家庄到李家庄。他们大多经中共中央华北局城工部设在沧州机务段内、对外称作和平教会的交通站到泊镇办事处，再到达李家庄。另一条是从上海或香港经山东解放区到李家庄。

当时，这些民主人士从平津沪等国统区大城市前往解放区，路途虽没有香港那么遥远，但同样要冒很大的风险。为此，中共地下组织做了周密的安排，确保了护送工作的顺利进行。到9月底，从北平、上海到李家庄的民主人士有符定一、吴晗、刘清扬、周建人、韩兆鹗等。到1949年1月中旬，又陆续到达李家庄的民主人士有翦伯赞、楚图南、田汉、胡愈之、费孝通、张东荪、雷洁琼、严景耀、沈兹九、王蕴和、严信民、杨刚、袁震、张曼筠、安娥、周颖等。其中费孝通、张东荪和雷洁琼、严景耀夫妇是在中共北平地下组织的安排下，从北平西郊八大处乘坐大卡车出发，由八名解放军战士护送到西柏坡。这些民主人士到达李家庄后受到了中共中央领导人和解放区人民的热烈欢迎和热情接待。

南线主要是把会聚在香港的大批民主人士安全地护送到东北解放区，该线路人数最多，也最艰巨。为了安全、保密、不引人注目地护送民主人士到东北解放区，中共中央东北局、中共中央华南分局和香港工委做了大量准备工作，中共中央东北局还在丹东、大连组成专门班子，负责接待安排，最终分四批成功地将民主人士护送到东北解放区。

在中国革命胜利形势激励下，在中国共产党诚挚态度、正确政策的感召下，在中共中央和地下组织的关怀和帮助下，各民主人士和社会贤达纷纷到达解放区，筹备新政协，共商成立和建设新中国之大计。

毛泽东致蓝公武[1]

（一九四八年四月二十七日）

公武先生：

三十年前，拜读先生在《晨报》及《国民公报》上的崇论宏议，现闻先生居所距此不远，甚思一晤，借聆教益。兹派车迎候，倘蒙拨冗枉驾，无任欢迎。敬颂

大安

毛泽东

一九四八年四月二十七日于陈南庄[2]

这是1948年4月27日，毛泽东在晋察冀军区司令部河北阜平县城南庄写给蓝公武的一封信。

1948年，中国人民的解放事业已经取得战略性胜利。为了彻底推翻国民党的反动统治，夺取全国革命的胜利，毛泽东率中共中央和解放军总部于3月21日从陕北米脂县杨家沟出发，东渡黄河，经山西，翻过五台山，跨越长城岭，4月11日傍晚安全到达晋察冀军区阜平县城南庄，住进晋察冀军区司令部大院。在此期间，毛泽东听说蓝公武在北岳行政区公署工作，遂写下此信并派车将蓝公武接到城南庄。

---

① 选自《毛泽东书信选集》，中央文献出版社，2003年11月第1版，第276页。蓝公武（1887—1957），江苏吴江人，长期从事新闻工作，1945年秋到达晋察冀解放区，先后任察哈尔省政府教育厅厅长、北岳行政公署民政厅厅长、华北人民政府副主席等职，新中国成立后曾任最高人民检察署副检察长；1957年逝世，根据他临终前的申请，中共中央追认他为中国共产党党员。

② 应为“城南庄”。

毛主席所说“三十年前，拜读先生在《晨报》及《国民公报》上的崇论宏议”，是指蓝公武在五四运动前后，1919年4月11日至5月10日，在《国民公报》连续发表十五篇专论，对马克思主义学说和俄国十月革命以及布尔什维克主义作了深入、细致的比较、研究。1918年10月到1919年1月，蓝公武连续在《国民公报》发表了五十九篇论文，对巴黎和会的各种问题作了系统的考察和评论，对中国应在和会中提出废除“二十一条”和收回东北主权问题作了全面论述，并对中国的险恶处境发出了警告。1919年1月16日到1月29日，他又为《国民公报》撰写“社说”十篇，明确宣布“吾主张民主政治”，公开支持群众的示威运动，说它“是警觉社会的晨钟暮鼓，促进改革的动力”。蓝公武的这一系列文章，发表在《国民公报》这样具有广泛影响力的报纸上，对于中国人民接受马克思主义、了解俄国十月革命和布尔什维克主义产生了不可估量的作用，特别是对五四运动的爆发起到了推动作用。

蓝公武不但是中国文人中研究马列主义和主张民主政治的先驱，而且是中国文人中的硬派。他十九岁时以优异成绩考进日本帝国大学哲学系，是官费留学生，回国以后，师从梁启超，与张君劢、黄远庸被称为“梁启超门下三少年”。武昌起义之后，他成为坚定的帝制反对派，公然站在了袁世凯的对立面，因而遭到袁世凯的多次政治排挤和迫害。全面抗战爆发后，日军占领北平。见日本兵在街上耀武扬威，蓝公武抄起铁铲与之怒目对峙，被日本兵暴打，幸有邻人说他是疯子，才免被抓走。蓝公武大病一场，卧床数月。病愈后，蓝公武在任教的中国大学公开宣传抗日。听他讲课的学生越来越多，课堂坐满了，就站在门口、挤在窗户外和过道里听讲。因此，蓝公武被抓到日军宪兵队，日本人对他施以老虎凳、灌凉水等酷刑，逼他说出后台和同党。蓝公武正气凛然、威武不屈，早已将生死置之度外，他怒指日军宪兵司令，控其政府无道、军队无道。日军翻译却不耐烦了，胡乱说些低头认罪的话告诉宪兵司令，蓝公武听后拍案而起，讲起日语大骂汉奸翻译。日军愕然，经查，才知道蓝公武毕业于日本帝国大学。这一次，他被宪兵队关了九个月。出狱后，他深深体会到只有中国共产党才能拯救中国。1945年8月，他毅然奔赴解放区。

张家口及察哈尔省解放后，蓝公武被任命为察哈尔省教育厅厅长。内战爆发之后，张家口被国民党军攻陷，蓝公武改任北岳行政公署的民政厅厅长。在解放战争最艰苦的两年中，他的主要工作是在农村参加土地改革运动。

蓝公武偕夫人郭英在城南庄住了一周，毛泽东和他谈话的范围很广泛，古今中外，无所不谈，但主要的还是谈新中国的建设问题。蓝公武对发展新中国教育事业的问题，提出了自己的建议和看法，毛泽东悉心听取了他的意见。此次谈话使蓝公武感慨万分，衷心敬仰毛泽东，坚定决心跟着共产党走。据他女儿蓝英年回忆："先父在城南庄住了七天，毛泽东对他礼遇甚隆，每天同他一起用餐。他们都谈了什么大事先父没说过，只记得他经常提起的一件小事。临别时毛对先父说，离此四五里有个温塘村，有温泉，蓝老可以泡一泡。接着又叮咛道，水温在五六十度，上年纪的人不宜多泡。池塘台阶很滑，要警卫员左右搀扶才能下池。先父怕台阶滑没洗温泉，但对毛主席的关怀一直铭记在心。他曾对我们说一生经历过几个时代，接触过各类执政者，没有一位像毛主席那样崇高伟大、礼贤下士，中国有了希望。"

鉴于蓝公武的崇高的声誉、刚正不阿的品格、与共产党的深厚感情，1948年9月华北人民政府成立时，蓝公武被选为政府第二副主席同时兼任民政部部长。对此任命，蓝公武深感责任重大，在华北人民政府存续的十三个月里，他不仅与政府主席、副主席共同协商，为夺取全国胜利做好支前工作，还亲自率领华北人民政府代表团去天津前线，慰劳参加平津战役的第四野战军部队，尤其在华北人民政府施政的经验为新中国的政权建设、经济建设、组织建设奠定了坚实基础，积累了宝贵经验。

1949年9月，蓝公武以华北地区代表团成员的身份参加了中国人民政治协商会议第一届全体会议。会后，毛主席又一次接见了蓝公武，征求他对自己工作安排的意见。蓝公武说："我多年从事教育工作，还是干本行吧。"毛泽东沉思后说："能做教育工作者的人不少，而能做政法工作的人不多。你这个人刚正不阿，我看你适合做人民检察署的工作，同罗荣桓一起搞这个工作吧。”1949年10月，中央人民政府任命蓝公武为最高人民检察署副检察长。

蓝公武不但是中国文人中的硬派，而且是中国执法者中的硬派。一个解放军的师级干部，进城后思想腐化、喜新厌旧，开枪打死了自己的妻子。警卫员发现后要揭发他的罪行，也被他开枪打死。高检署内部有些人认为，这个师级干部从“红小鬼”打到三大战役，身经百战，虽罪行严重，但考虑他的历史贡献，可从宽处理。而蓝公武则认为，此案情节恶劣，战功不能成为枉法的借口，应依法处以死刑。双方争执不下，呈报毛泽东评断，毛泽东亲批：“照蓝公武同志的意见处理。”

1957年9月9日晚，蓝公武与世长辞，享年七十岁。9月12日，在中山公园中山堂召开公祭大会，刘少奇主祭，董必武致悼词，应蓝公武生前愿望，中共中央追认蓝公武为中国共产党党员。

毛泽东致李济深、沈钧儒[①]

（一九四八年五月一日）

任潮、衡山两先生：

在目前形势下，召集人民代表大会，成立民主联合政府，加强各民主党派、各人民团体的相互合作，并拟订民主联合政府的施政纲领，业已成为必要，时机亦已成熟。国内广大民主人士业已有了此种要求，想二兄必有同感。但欲实现这一步骤，必须先邀集各民主党派、各人民团体的代表开一个会议。在这个会议上，讨论并决定上述问题。此项会议似宜定名为政治协商会议。一切反美帝反蒋党的民主党派、人民团体，均可派代表参加。不属于各民主党派各人民团体的反美帝反蒋党的某些社会贤达，亦可被邀参加此项会议。此项会议的决定，必须求得到会各主要民主党派及各人民团体的共同一致，并尽可能求得全体一致。会议的地点，提议在哈尔滨。会议的时间，提议在今年秋季。并提议由中国国民党革命委员会、中国民主同盟中央执行委员会、中国共产党中央委员会于本月内发表三党联合声明，以为号召。此项联合声明，弟已拟了一个草案，另件奉陈。以上诸点是否适当，敬请二兄详加考虑，予以指教。三党联合声明内容文字是否适当，抑或不限于三党，加入其他民主党派及重要人民团体联署发

① 选自《毛泽东书信选集》，中央文献出版社，2003年11月第1版，第277～278页。李济深（1885—1959），字任潮，广西苍梧人，时任中国国民党革命委员会主席。沈钧儒（1875—1963），号衡山，浙江嘉兴人，时任中国民主同盟中央常务委员会委员，在香港主持盟务。

表，究以何者适宜，统祈赐示。兹托潘汉年[①]同志进谒二兄。二兄有所指示，请交汉年转达，不胜感幸。

谨致

民主革命敬礼

毛泽东

五月一日

这是1948年5月1日毛泽东给避居香港的中国国民党革命委员会主席李济深和中国民主同盟中央常务委员会委员、在香港主持盟务工作的沈钧儒的信，旨在协商召开新政协会议。

此时的李济深和沈钧儒皆避居香港。1947年，国民党为了维持其岌岌可危的政权，对国民党统治区民主运动进行了疯狂镇压，对民主党派成员及民主人士进行大逮捕，恣意迫害；10月，悍然宣布一直倡导民主自由的中国民主同盟为“非法”团体，强行解散民盟组织。在这种情况下，很多民主人士前往香港，香港就成为各民主党派遭受迫害后的聚集地。

实际上，中共中央在各民主党派和无党派民主人士纷纷转移到香港之前，就将在华南的指挥中心和海外情报、统战中心及干部转移到香港继续开展各方面的工作，组建了隶属于中共上海局的香港分局，由方方担任书记，又把极富情报和统战工作经验的潘汉年由上海调到香港，配合方方开展工作，并成立了以连贯为书记的统战委员会，负责做陆续转移到香港的民主党派和无党派民主人士以及文化界等方面人士的统战工作。他们与先后到香港的李济深、沈钧儒、何香凝、朱学范、蔡廷锴、郭沫若、马叙伦等民主党派领导人及数百位民主人士都建立和保持着联系。

此时，也正是中共中央发布“五一口号”的时间。1948年4月，毛泽

① 潘汉年（1906—1977），江苏宜兴人，时是中国共产党派在香港领导对敌隐蔽斗争和开展统一战线工作的负责人。

东东渡黄河到达晋察冀党政军领导机关所在地阜平县城南庄，考虑到战争形势的迅猛发展，他审时度势，认为召开新的政治协商会议、讨论建立联合政府的各项事宜，时机已成熟，并决定用发布口号的方式表达此政治意图。1948年4月30日，中共中央发布“五一口号”，公开提出召开政治协商会议、成立民主联合政府的政治主张。

“五一口号”发布后，中共中央感到，仅一个响亮的口号，恐怕还远远不够，必须进一步采取具体措施，切实贯彻好“五一口号”。为此，毛泽东决定给当时影响力最大的民革和民盟两大党派的领导人李济深和沈钧儒写信，征求意见，具体商讨政治协商会议的组织召开，推进“五一口号”的贯彻落实。

1949年5月1日，就在“五一口号”发布的第二天，毛泽东给在香港有着广泛影响力的李济深、沈钧儒写了这封信。信中认为，“在目前形势下，召集人民代表大会，成立民主联合政府，加强各民主党派、各人民团体的相互合作，并拟订民主联合政府的施政纲领，业已成为必要，时机亦已成熟”，并就谁发起、请哪些代表参会、拟定什么样的施政纲领、名称是什么、会议的地点和时间均以商量的口气作了说明。信中，毛泽东称自己为“弟”，表达中有“详加考虑，予以指教”“统祈赐示”“不胜感幸”，其中字句尽显毛泽东的谦逊之风和对李、沈二人的尊敬之意。

在香港的各民主党派领导人及各界精英，时刻关注着内地的战局和时局。当潘汉年将毛泽东的信函交到李济深、沈钧儒手上时，不难想象他们有怎样激动的心情。1948年5月3日，李济深召集在香港的各民主党派负责人讨论中共“五一口号”，他说：“中共‘五一口号’坚持党派协商，联合政府，足见共产党不搞一党专政之诚意。本党同志应深刻反省，站到民主阵营中来。”在获得到会人士一致赞同的基础上，5月5日，李济深、何香凝、沈钧儒、郭沫若等十二位民主党派和无党派人士联名致电中共中央主席毛泽东，并向国内外各报馆、团体及全国同胞发表联合通电，表示完全赞同中共中央的倡议。

同时，中共香港分局迅速将“五一口号”刊发在自己主办的《华商报》上，报道迅速传遍整个香港。不出意料，各民主党派和民主人士不约而同地赞同和欢呼中共中央“五一口号”的各项主张。接下来，在中共中央香港分局的引导和支持下，他们举办座谈会畅谈新形势与新政协，发表文章阐明立场和观点，草拟方案，研究办法，以响应中共中央“五一口号”为主旨的新政协运动在各民主党派和民主人士间轰轰烈烈地开展起来。

毛泽东致吴玉章[①]

（一九四八年八月十五日）

吴玉章同志：

未元电[②]悉。那样说是很不适当的。现在没有什么毛泽东主义，因此不能说毛泽东主义。不是什么“主要的要学毛泽东主义”，而是必须号召学生们学习马恩列斯的理论和中国革命的经验。这里所说的“中国革命经验”是包括中国共产党人（毛泽东也在内）根据马恩列斯理论所写的某些小册子及党中央各项规定路线和政策的文件在内。另外，有些同志在刊物上将我的名字和马恩列斯并列，说成什么“马恩列斯毛”，也是错误的。你的说法和这后一种说法都是不合实际的，是无益有害的，必须坚决反对这样说。

毛泽东

八月十五日

这是1948年8月15日，毛泽东写给华北人民大学校长吴玉章的一封回信。

---

① 选自《毛泽东书信选集》，中央文献出版社，2003年11月第1版，第279页。吴玉章（1878—1966），四川荣县人，时任华北大学校长，新中国成立后曾任中国人民大学校长，兼任国务院文字改革委员会主任、全国教育工会主席、中国自然科学普及协会主席等职。

② 指1948年8月13日吴玉章给周恩来的电报。在电报中，吴玉章表示想在华北大学成立典礼上提出“主要的要学毛泽东主义”“把毛泽东思想改成毛泽东主义”，并说“这样说是否妥当，请同主席和少奇同志商量后，赐以指示”。

中共中央到达西柏坡后，随着形势的发展，考虑到夺取全国政权后国家将进入和平建设时期，而新中国的建设迫切需要大批各方面人才，而这些人才需要通过学校教育加以培养。为此，1948年5月，党中央决定，将华北联合大学与北方大学合并成立华北大学，以培养为新民主主义社会服务的政治、经济、文化艺术、教育等方面的干部为办学宗旨，下设四部两院：一部为政治训练班，对知识青年进行短期政治思想训练；二部为教育学院，培养中等学校师资和教育干部；三部为文艺学院，培养文艺干部；四部为研究部，从事专题研究，提高本校业务师资水平；两院是工学院和农学院。

华北大学的校长由吴玉章担任。吴玉章是一位历经戊戌变法、辛亥革命、二次革命、北伐战争、抗日战争、解放战争、新中国建设而跨世纪的革命老人，与董必武、徐特立、谢觉哉、林伯渠一起被尊称为“延安五老”，长期致力于教育事业。在筹备阶段，吴玉章考虑华北大学典礼上的讲话内容时，于1948年8月13日给周恩来发了一封电报进行商榷。在电报中，吴玉章表示想在华北大学成立典礼上提出“主要的要学毛泽东主义”“把毛泽东思想改成毛泽东主义”，并说：“这样说是否妥当，请同主席和少奇同志商量后，赐以指示。”

周恩来把信转给毛泽东后，在西柏坡的毛泽东见信，联想到当时有的同志在报刊上把自己的名字与“马恩列斯”并列的情况，认为十分不妥，即于8月15日给吴玉章回信说：“现在没有什么毛泽东主义，因此不能说毛泽东主义。不是什么‘主要的要学毛泽东主义’，而是必须号召学生们学习马恩列斯的理论和中国革命的经验。这里所说的‘中国革命经验’是包括中国共产党人（毛泽东也在内）根据马恩列斯理论所写的某些小册子及党中央各项规定路线和政策的文件在内。另外，有些同志在刊物上将我的名字和马恩列斯并列，说成什么‘马恩列斯毛’，也是错误的。你的说法和这后一种说法都是不合实际的，是无益有害的，必须坚决反对这样说。”此信，毛泽东表达了三个观点：第一，没有毛泽东主义，所以不能说“学毛泽东主义”；第二，学生们应该学习的是“马恩列斯的理论和中国革命的经验”；第三，不要把自己的名字和马恩列斯并列。

对于信中所表达的观点，毛泽东在1949年3月召开的七届二中全会上又做过充分展现和论述。在中国共产党第七届中央委员会第二次全体会议上，毛泽东指示工作人员把会场上原与马恩列斯并列的毛泽东、朱德画像摘下来。对此，毛泽东向党内同志解释说：“如果并列起来一提，就似乎我们自己有了一切，似乎主义就是我，而请马、恩、列、斯来做陪客。我们请他们来不是做陪客的，而是做先生的，我们做学生。”他还说：“如再搞一个主义，那末世界上就有了几个主义，这对革命不利，我们还是作为马克思列宁主义的分店好。”

在会上，毛泽东还谆谆告诫全党：“夺取全国胜利，这只是万里长征走完了第一步。”“中国的革命是伟大的，但革命以后的路程更长，工作更伟大，更艰苦。这一点现在就必须向党内讲明白，务必使同志们继续地保持谦虚、谨慎、不骄、不躁的作风，务必使同志们继续地保持艰苦奋斗的作风。”根据毛泽东的提议，中央全会立下了六条规定：一不祝寿，二不送礼，三少敬酒，四少鼓掌，五不以人名作地名，六不要把中国同志同马恩列斯平列。可以看出，在巨大的胜利面前，在普遍陶醉于胜利的情绪中，毛泽东作为一个非同凡响的政治家，始终保持清醒的头脑。

毛泽东致彭真①

（一九四八年十月七日）

彭真同志：

刘澜涛②来信阅悉。中组③应发一指示给各中央局、分局的组织部，规定请示报告制度，其中规定若干项重要事项必须报告和请示的；尔后，不断督催，建立起中组的业务来。请与安子文④同志商酌办理为盼。

毛泽东

十月七日

这是1948年10月7日毛泽东在接到华北局组织部部长刘澜涛的信后，给中共中央组织部部长彭真关于建立请示报告制度的信。

请示报告制度是西柏坡时期建立的一项重要制度。由于中国共产党和军队长期处于游击战争和各革命根据地、解放区被分割为许多独立的单位的分散环境中，条件极其恶劣，而且通信不畅，中共中央曾经允许各地方党的和军事的领导机关保持着很大的自治权，为此，不可避免地产生了某些无纪律状态和无政府状态。中共中央进驻西柏坡后，因为革命形势已经有了极大的进展，许多解放区连成一片，许多城市已经解放或者即将解放，人民解放军和人民解放战争的正规性程度大为提高，全国胜利在望。

---

① 选自《毛泽东书信选集》，中央文献出版社，2003年11月第1版，第280页。彭真（1902—1997），山西曲沃人，时任中共中央政治局委员、中央组织部部长。

② 刘澜涛（1910—1997），陕西米脂人，时任中共中央华北局常委兼组织部部长。

③ 即中共中央组织部。

④ 安子文（1909—1980），陕西子洲人，时任中共中央组织部副部长。

这种情况下，毛泽东对如何加强请示报告制度，克服存在于党内和军队内的任何无纪律无政府状态进行了缜密而系统的考虑。

1948年9月，中共中央在西柏坡召开政治局扩大会议上强调，“加强纪律性，克服无纪律和无政府状态”“这是一切工作的中心环节”“中央同志要以全力来做这件事，要在战争的第三年内，在全党全军克服无政府、无纪律状态”。会议还作出了《中央关于各中央局、分局、军区、军委分会及前委会向中央请示报告制度的决议》，在政治、军事、经济、文教宣传、党务等方面进行了系统而具体的规定。

九月会议结束后，毛泽东即写了信给中央组织部部长彭真，明确“中组应发一指示给各中央局、分局的组织部，规定请示报告制度”，其中明确此制度必须规定报告和请示的若干项重要事项，即要中央组织部根据管理工作的需要，提出详细的制度要求，并且要“不断督催”，坚持制度执行落地，进而建立起中组部的各项正规业务。最后，毛泽东特别强调彭真要与中组部副部长安子文商量斟酌，因为彭真当时还兼任中央政策研究室的主任，面对着即将接收和管理大城市，政策研究业务非常繁忙，所以毛泽东特别提出“请与安子文同志商酌办理为盼”。

尔后，中组部广泛征求相关各方的看法和意见，集思广益，在充分讨论、研究的基础上，起草了《中共中央组织部关于部门业务与报告请示制度的通知》，经毛泽东、朱德、周恩来、任弼时、彭真、陆定一等圈阅后下发各地组织部门。下发时明确指出“党的各级组织部门，必须立即着手建立与健全各项业务，建立起经常的检查督促制度；建立起经常的报告请示制度”，并要求各地把建立经常的请示报告制度作为“一个中心环节”来解决。

11月，中组部下发《关于组织部门业务与报告请示制度的通知》，规定了中央组织部的作用和任务：它是中共中央在党的组织工作方面的办事机关，是党中央在组织工作中的助手和参谋部。其任务是根据党的政治路线，秉承中央旨意，来统一领导党的干部工作与组织工作，按照党纲、党章来指导党的建设工作，并从组织上来保证全党上下一致地按照毛泽东思想，按照党的纲领和策略，按照党章所规定的组织原则，团结在党中央的严格集中制领导下，以整齐划一的步调，率领千百万群众，并联合一切革命阶层，朝着一个指定的方向前进，以便完成中国革命中各项基本的具体任务，并在思想上、政治上、组织上随时克服一切违反上述方向与原则的倾向。

通知要求各地党的组织部门围绕党的政治任务建立和开展党的组织工作，以适应迅速发展的革命形势。为此，通知根据毛泽东信中所指示的“规定若干项重要事项必须报告和请示的”规定了党的组织部门的经常性任务：（1）研究党内思想动态，协同宣传部门指导党的学习；（2）系统地了解党员与干部，对入党人员进行严格审查；（3）研究和审查与非党群众联系的各种形式，并经常改进党的与非党、群众的组织形式和斗争形式；（4）指导与改进党规党法的实施，拟定组织与干部工作的条例与党内法规；（5）调动自己的力量，挑选、配备、调整及重新训练干部；（6）研究、检查和改进党内各方面关系和党与群众之间的关系；（7）检查党的决定和指示的执行情况，开展党内的批评和自我批评；（8）指导各种支部工作的研究和规则；（9）熟悉党组织力量分布状况，规定党的发展方针与计划，并指导党的发展的进程；（10）考察党员履行权利和义务的情况，注意发展党内正常的民主生活，提高党员和干部的责任心和积极性；（11）检查党章的实施情况，特别是民主集中制和纪律实施情况。最后，通知要求党的各级组织部门以最快的速度把这些工作建立并健全起来。

自此，按照中央指示，党的各级组织部门迅速把各项工作建立并健全起来，尤其组织部门经常的报告请示制度的建立，使各地组织部门分期地、有重点地将各项业务的进行情形与党务方面的各种问题及解决办法，有分析、有结论地向上级报告并请示。这不仅严格了党内组织部门的工作制度和工作秩序，为党更好更快地克服无政府状态创造了条件，还使党内出现了空前的团结统一，极大地增强了党的战斗力，使党适应了迅速发展的革命形势。

毛泽东致胡乔木[1]

（一九四八年十月二十九日）

乔木：

我第一次口播已见效，九十四军长郑挺锋廿七日廿一时告傅作义称：昨收听广播得知匪方对本军此次袭击石门行动似有所警惕。广播之日本军附新二军两师拟袭石门。彼方既有所感，必然预有准备，袭击恐难收效，等语。另件请于本日发口播。不播文字。

毛泽东

十月二十九日早

这是1948年10月“蒋傅偷袭石家庄”期间，毛泽东写给胡乔木的一封信。

1948年秋，在人民解放军各个战场捷报频传、国民党穷途末路之际，蒋介石与华北“剿总”司令傅作义密谋，上演了一场“蒋傅偷袭石家庄”的戏，没想到这一情报被共产党驻北平地下工作者得知，火速通知到中共中央和解放军总部所在地西柏坡。坐镇西柏坡的毛泽东、周恩来等在周密部署部队阻击、机关转移的同时，毛泽东还充分利用新华社的宣传攻势，撰写了“四篇广播稿”，导演了一场“空城计”，吓退了敌人十万大军，

① 选自《西柏坡档案》（第二卷），中国档案出版社，2012年3月第1版，第594页。胡乔木（1912—1992），原名胡鼎新，“乔木”是笔名，江苏盐城人，1932年加入中国共产党，1941年起任毛泽东秘书、中共中央政治局秘书，1948年到西柏坡任新华社总编辑、中央宣传部副部长，新中国成立后曾任中国社会科学院院长、新华社社长、中共中央书记处候补书记、中共中央政治局委员、中央顾问委员会常委等职。

于是留下了一段“毛泽东巧设‘空城计’，吓退蒋傅十万兵”的故事。

1948年10月25日10时，西柏坡中共中央和解放军总部接到“蒋傅偷袭石家庄”这个十万火急的情报后，毛泽东主席与周恩来、朱德等紧急磋商。当时华北军区留守在西柏坡的兵力只有一个团一千人左右，而进犯之敌军多达十万人，而且从北平到石家庄不到三百公里，敌人只需两三天就可到达石家庄。

情势危急，但毛泽东主席却表现出革命领袖的大智大勇，他依旧那样镇定自若。他与朱德、周恩来等军委领导决定首先利用“枪杆子”——周密部署部队阻击、机关转移；同时，毛泽东还决定充分利用新华社这支“笔杆子”，唱一出“空城计”。

当天，毛泽东要胡乔木根据来电写下了第一封揭露性消息《蒋傅匪军妄图突袭石家庄》：“确息：当我解放军在华北和全国各战场连获巨大胜利之际，在北平的蒋匪介石和傅匪作义，妄想以突袭石家庄，破坏人民的生命财产。据前线消息：蒋傅匪首决定集中九十四军三个师及新二军两个师经保定向石家庄进袭，其中九十四军已在涿县定兴间地区开始出动。消息又称：该匪部配有汽车，并带炸药，准备进行破坏。但是蒋傅匪首此种穷极无聊的举动是注定要失败的。华北党政军各首长正在号召人民动员起来，配合解放军，坚决、彻底、干净、全部地歼灭敢于冒险的匪军。”

消息写好后，毛泽东着手修改，他增加了“确息”和参加此次行动的蒋傅军的具体番号，以示我对其阴谋了如指掌。新华社于10月25日当日播出，使蒋傅军企图偷袭石家庄的阴谋昭然若揭。

消息播出后，全国都震惊了，敌人的阴谋被揭露了，但敌人是否会停止行动呢？当时人们还无法判断，所以备战依旧没有放松，周恩来日夜守在作战室，亲自指挥华北军区和各野战军，一方面收集敌人偷袭的动态，一方面调动部队阻击敌军。

在第一篇广播稿播出后，怕不能引起敌人的注意，毛泽东主席又为新华社写了第二篇广播稿《动员一切力量歼灭可能向石家庄进扰之敌》，于26日播出。这条新闻不仅报道了敌人的作战部署和行动进程，而且报道了华北军民紧急动员的备战情况，特别提到华北军民正在进行打骑兵训练，明白告诉敌人，解放区军民已做好充分准备，严阵以待，如果胆敢来犯，只能是自取灭亡。

前两条消息播出之后，在傅作义军队内部引起强烈震动。傅军此次偷袭行动的前线总指挥郑挺锋，一到保定就收到我陕北新华广播电台的广播，27日21时，他就忧心忡忡地致电傅作义："昨听广播得知对方对本军此次袭击石门（石家庄）行动，似有警惕……彼方既有所感，必然预有准备，袭击恐难收效……"担负先头部队重任的骑兵第四师师长刘春芳，听了广播也犹豫不前，几次致电傅作义，称沿线军民防守严密，对此举"谏请钧座考虑"。当时，傅作义处于进退两难中。这一行动刚刚开始，在双方军队尚未交火的情况下就停止进攻，对他来讲是不能接受的，对正在"督阵"的蒋介石也没法交代。所以，他没有采纳部下的建议，要求部队继续南进。28日，用四天时间集结起来的蒋军从保定出发，在十架飞机的掩护下，分四路向石家庄奔袭。

看到偷袭部队仍没有回头之意时，毛泽东于29日挥笔疾书，为新华社写下了第三篇广播稿《蒋傅军已进至保定以南之方顺桥》："〈口播〉傅作义匪军郑挺锋、刘春芳、鄂友三、杜长城（爆炸队长）等部总共不过二万人，昨廿八日已窜至保定以南之方顺桥。郑匪九十四军只来两个师，留一个师在涿县定兴线。刘、鄂等匪在郑匪背后跟进中。我保石线两侧各县高阳、安国、深泽、无极、望都、定县、新乐、正定、满城、完县、唐县、行唐、灵寿等地广大人民群众均已完成作战准备，等待着匪军到来，配合正规军大举歼敌。"写下这篇广播稿的同时，毛泽东还给胡乔木写下了一封便信。

信中，毛泽东要胡乔木"另件请于本日发口播，不播文字"。这是什么意思呢？当时新华社的广播分为三种，一种是文字广播，即文稿由电台播出之后，再见报；第二种是口语广播，即文稿只由电台播出，不再见报；第三种是英文广播。

10月29日这天，毛泽东又是在高度紧张中度过的。毛泽东除不断收到敌军南进的情报外，又得到傅作义要把驻北平附近的主力部队三十五军和十六军的大部开往保定的秘密情报。这样，我华北野战军主力三、四纵和二纵的一部虽星夜兼程，接近保石线，原在冀中的七纵已投入战斗，但兵力仍显不足。这时，毛泽东就设想出“围魏救赵”的打法。当天上午、下午7时、晚11时30分，他三次致电刚歼灭廖耀湘兵团的林彪、罗荣桓、刘亚楼，要他们派兵冀东，威胁北平。

经过两天的兵力调动和前线部队的交火，我回援部队已抵保石线，东北部队开始南下，而傅军兵无斗志，前线总指挥郑挺锋从我28日的广播中得悉其亲如同胞的堂弟郑挺笈（中将军长）部在辽沈战役中被歼，十分悲痛，想以母病重为由请求调离。所以，傅作义对此次偷袭行动开始动摇了。

毛泽东密切注视着前线的动向。1948年10月31日，他趁热打铁动手为新华社写了第四篇新闻稿，即《评蒋傅匪军梦想偷袭石家庄》：“究竟他们要不要北平？现在北平是这样的空虚，只有一个青年军二〇八师在那里。通州也空了，平绥东段也只是稀稀拉拉的几个兵了。总之，整个蒋介石的北方战线，整个傅作义系统，大概只有几个月就要完蛋，他们却还在那里做石家庄的梦！”笔锋所指，淋漓尽致。字字如炸弹，在惊惶的敌营炸响。

此文稿一经播出，敌军更加惊慌失措，唯恐丢了老窝。就在此时，我野战军主力连续行军五昼夜，行程六百里，于31日赶到沙河。战场上敌强我弱的态势改变了。傅作义慌忙收兵。蒋傅偷袭石家庄的闹剧落下帷幕。

毛泽东致周恩来[①]

（一九四八年十月二十九日）

周：

请告聂[②]，如敌本日（二十九）进至望都及其以南，明日进至定县以北，则我三纵应于三十日进袭方顺桥[③]、望都一线，萧克[④]指挥之一个旅应加上去，使七纵集中向北反攻。三七两纵应于本夜取得联络，统受郑维山[⑤]指挥，可能打一胜仗。如敌本日不动，或本日仅进至望都而明日在望都不动，则三纵可在满城以南休息一日，与七纵取得好联络，后天再打。

毛泽东

二十九日早

这是在1948年10月“蒋傅偷袭石家庄”期间，毛泽东于29日早上关于三、七两纵兵力部署之事写给周恩来的书信。

1948年秋，辽沈战役激战正酣，蒋介石乘飞机到北平与华北“剿总”

---

① 选自《西柏坡档案》（第二卷），中国档案出版社，2012年3月第1版，第595页。

② 聂，指聂荣臻（1899—1992），四川省江津县（今重庆市江津区）人，1923年3月加入中国共产党，1924年到苏联学习，解放战争时期任华北军区司令员、中共中央华北局第二书记、中国人民解放军军事委员会副总参谋长、平津卫戍区司令员、北平市市长等职；先后参与指挥正太、清风店、石家庄、平津等战役；1955年被授予元帅军衔，曾获一级“八一勋章”、一级独立自由勋章、一级解放勋章；时任华北军区司令员。

③ 村名，位于河北满城西南。

④ 萧克，时任华北军区第三副司令员。

⑤ 郑维山，时任华北军区第二兵团第三纵队司令员。

司令傅作义密谋，妄想乘我晋察冀主力部队在平绥线作战，冀中、冀西兵力薄弱之际，率领十万余人由涿县等地经保定南下，突袭党中央机关。10月24日至27日，国民党偷袭部队在保定集结，计划28日开始南犯，偷袭石家庄。共产党驻北平地下工作者得知这一情报后，通过华北局城工部和晋察冀军区司令员聂荣臻，将消息传到了中共中央和解放军总部所在地西柏坡。

保定到石家庄不到一百五十公里，敌人只需两三天就可到达石家庄。而北平以南至石家庄一线，我军根本没有主力部队，华北军区留守在西柏坡的兵力也只有一个团一千人左右，石家庄实实在在是一座空城。情况紧急，形势严峻。毛泽东与周恩来、朱德等紧急磋商，决定在军事上调动部队和民兵抗阻奔袭南进之敌，在政治上揭露敌人的阴谋。

作为中央军委副主席兼代理总参谋长的周恩来，随即亲自调兵遣将进行具体指挥。

周恩来首先派中央办公处副处长汪东兴和中央警卫团干部带两个步兵连、一个骑兵排、一架电台和电话机，到中共中央驻地东北方向行唐一带担任警戒，侦察敌情。如果遇到敌人的进攻，就要坚决抵抗，掩护党中央、毛主席安全转移。中央机关也做好转移的准备。

与此同时，周恩来为中央军委起草了《保卫石家庄的部署》，致电华北军区司令员聂荣臻、政委薄一波和第二副司令员滕代远及华北军区第二兵团司令员杨得志、政治委员罗瑞卿和参谋长耿飚。电称：“（一）据北平确息，蒋、傅决集中九十四军（三个师）及新二军（两个师）经保定向我石门实施空心袭击，并配属汽车四百辆，带炸药百吨，企图炸毁石门。现九十四军一二一师先头已抵北河店，其五师已抵新城。估计二十七、八两日敌九十四军可能集中保定，二十九日可能会合新二军大部向石门前进。（二）我为坚决保卫石门，破敌计划，七纵主力应即移至保定以南坚决抗阻南进敌人，以待三纵赶到会合歼敌，使其不得南进；七纵另一个旅，应即直开新乐、正定之间，沿沙河、滹沱河两线，布置坚决抗阻阵地。（三）杨罗耿得电后应立即令三纵受军区直接指挥，于明（二十六）

日起，以五天行程，不惜疲劳赶到望都地区，协同七纵主力作战并指挥之。杨罗耿率主力，应相机过路。到后，或直插平涿线破路，或向保定、望都方向随三纵后跟进，视情况再定。（四）聂薄已直电三纵行动，二兵团电台应于宿营后随时保持与军区及军委联络。”

华北军区接到中央军委上述部署后，聂荣臻、薄一波、滕代远、赵尔陆等军区首长进行研究，作出了具体作战计划，并接连于10月25日、26日两次电令三纵、七纵和冀中、北岳及石门市，确定了应急措施。

在中央军委通往华北军区的通信线上，往返不停地传送着周恩来与聂荣臻的声音；在军区通往冀中、北岳各有关军分区、各县的通信线上，也都日夜往返地传送着上级领导人的声音和下级的各种情况报告，各有关部队、民兵都紧急动员起来投入了战斗。

三纵的行动关系重大。西柏坡的最高指挥部一直密切关注着局势的发展和三纵的行动。在10月27日4时30分至7时的两个半小时里，周恩来三次向毛泽东主席书面报告三纵行动的情况，即《关于令三纵赶到满城配合破敌袭击石家庄的情况报告》。第一次，告诉已经与聂荣臻通过电话及有关部署。第二次，报告了三纵已经出发等行动情况。第三次，向毛泽东汇报了晋察冀军区执行部署情况。

指战员们听说敌人要突袭石家庄，个个义愤填膺，表示坚决保卫石家庄，保卫党中央！由矾山堡至满城，不下五百里，四天赶到，每天要走百里以上，但指战员们抱定了必胜的决心，26日下午3时，郑维山率三纵部队准时出发，经过连续两天两夜的急行军，行程五百四十余里，终于提前到达紫荆关。

为了按军委要求赶到预定地区，三纵再次轻装，组织强行军，丢下背包米袋及一切生活用品，只剩下枪支弹药，终于在10月30日拂晓，提前一天到达望都。这时接到侦察员报告，说敌九十四军右翼师突破了望都防线，正向唐河以南进犯，我七纵已转退沙河一线布阵抗击。于是，部队又马不停蹄地向沙河疾驰，于31日凌晨赶到沙河以北的燕赵、东抵村地域。此时，傅作义得知三纵到达望都，惧怕九十四军被歼，急令收兵。

与此同时，第七纵队自保定至石家庄间逐次布置阻击阵地，首先在望都、清风店一带对敌展开阻击。由于敌人兵力强大，我军火力有限，七纵在阻滞敌人两天之后于29日主动转移至唐河南岸进行阻击。七纵官兵经过六小时英勇阻击，打退了敌人多次进攻，歼敌一千五百多人，后因工事较弱，被敌突破，于是，又迅速转移到沙河沿岸阻击。第四纵队也越过平绥线和第七纵队一起赶到易县、望都地区，寻机歼敌。冀中和北岳两区党政军机关和各县领导干部，带领所属部队和二十万民兵在敌人进犯的必经之路展开断桥、破路、埋雷设障，在敌人可能经过的村镇，实行村村联防、室室清野，以游击战、地道战、麻雀战迎击进犯之敌。

另外，毛泽东利用新华社播发了《蒋傅匪军妄图突袭石家庄》《动员一切力量歼灭可能向石家庄进扰之敌》《蒋傅军已进至保定以南之方顺桥》《评蒋傅匪军梦想偷袭石家庄》四篇新闻稿，在政治上揭露了敌人的阴谋。

全民皆兵，使敌人陷入人民战争的汪洋大海，使“蒋傅偷袭石家庄的阴谋”宣告破产。

毛泽东致刘少白①

（一九四八年十月三十日）

少白同志：

九月十五大示读悉。我们的工作是有错误的。好在现已一般地纠正，并正在继续纠正中，正如你在五事中第二项所说那样。情形既已明白，则事情好办，你也就可以安心了。大函已转付彭真②同志，党籍一事，请与彭真同志商酌。敬颂

大安！

毛泽东

十月三十日

这封信是1948年10月30日毛泽东在西柏坡写给刘少白的复信。10月30日，这是一个什么样的日子呢？这是辽沈战役即将结束、淮海战役和平津战役即将展开的间隙，傅作义大兵压境之际。在此日理万机之时，毛泽东写下这封复信，足见他对刘少白这个人物的重视。

刘少白是清末秀才。1911年，刘少白在太原参加辛亥革命，1919年五四运动后返回故里宣传新思想、新文化。1927年蒋介石发动四一二反革命政变后，刘少白加入共产党的外围组织互济会。1931年，刘少白将其北平公馆作为中共河北省委的秘密联络点。1937年8月，经王若飞、安子

---

① 选自《毛泽东书信选集》，中央文献出版社，2003年11月第1版，第282页。刘少白（1883—1968），山西兴县黑峪口村人，1937年加入中国共产党，以开明绅士身份进行革命活动，曾任晋绥边区临时参议会副议长多年；新中国成立后曾任全国政协委员、山西省政协副主席等职。

② 彭真，时任中共中央组织部部长。

文介绍，刘少白加入中国共产党。翌年6月，他又经刘少奇批准为秘密党员。他是一位集秀才、士绅、共产党员三种身份于一身的传奇人物，一生先后六次受到毛泽东的接见，二人相互尊重，彼此信赖，结下了深厚的革命情谊，被后人传为佳话。

1945年7月党的七大以后，刘少白第三次赴延安。这次，他是来参加解放区人民代表会议筹委会工作的。筹委会成立不久，8月15日，日本宣布无条件投降，因此，筹委会工作没怎么开始就停止了。紧接着，毛泽东赴重庆谈判，这时筹委会的工作便转向了有关重庆谈判的各种活动。1946年初春的一天，毛泽东来到交际处会见各界人士，刘少白同时受到接见。毛泽东谈了国内外形势和政策。不久，“四八”事件[①]发生，刘少白的好友王若飞与叶挺等人不幸遇难，刘少白深感国共和谈无望，决意返回晋绥投入新的斗争。5月下旬，在刘少白准备返回兴县时，毛泽东特意在王家坪单独设宴为他饯行。席间，毛泽东向刘少白传达了中央准备全面实行土地改革的决定，希望他作为党员要带个好头。随后，毛泽东又向他传达了“五四指示”精神，毛泽东希望他过好土改这一关。毛泽东还告诉刘少白，联系他这个秘密党员的晋绥分局主要负责人林枫已调往东北，要他和新任的主要负责人搞好关系。临别时，正逢天降大雨，毛泽东派车送刘少白回住处。毛泽东冒雨送他上了车，直至车轮转动，毛泽东一直淋着雨目送他远去。此举深深地印在刘少白的脑海里。回到驻地后，刘少白立即给晋绥行署发去电报，明确表示拥护土地改革，要向农民献出土地和房屋。回到家乡后他又说服弟弟刘象坤，将全部土地、上百棵树木和一处四合院捐献出来。为此，《晋绥日报》在1946年8月13日头版头条刊登了《刘副议长及其胞弟向农民献出土地房屋》的长篇通讯。

---

① “四八”事件，即黑茶山空难。1946年4月8日，中共赴重庆参加国共和谈的代表乘美军运输机自重庆经西安返回延安。途中，飞机偏离航线，在山西兴县黑茶山山峰遇雾撞毁，造成机上的王若飞、秦邦宪（博古）、叶挺、李秀文、邓发、黄齐生、李少华、黄晓庄、赵登俊、魏万吉、叶扬眉等十三名代表与四名美国机组人员全部遇难，给中共造成巨大损失。

1946年10月，蒋介石撕毁国共两党和谈协议，悍然向解放区发动进攻。严峻的形势迫使中共必须全力以赴投入战争状态。这就必须强化政治动员，加快土地改革的步伐，尽快取得广大农民的支持。“五四指示”中规定的温和土改方式，已不足以实现这一紧迫任务。因此，从1947年初开始的解放区土改复查运动出现了明显的变化，打倒封建地主阶级的革命目标被明确地提了出来。实现“耕者有其田”，不再是通过献地、买卖、赎买等方式，而是通过激烈的阶级斗争。

1947年初，中共中央为了指导全国土改，决定以各解放区为试点。4月，刘少奇、朱德率中央工委向晋察冀进发途中，途经晋绥解放区。刘少奇在听取晋绥军区司令员贺龙、中共晋绥分局书记李井泉等关于土改的汇报后，于4月22日致信晋绥分局领导人贺龙、李井泉、张稼夫等，指出：没有一个系统的、普遍的、彻底的群众运动，是不能彻底解决土地问题的。这些情况及意见得到了毛泽东的肯定，刘少奇致晋绥同志的信也被批转各地。但某些人对刘少奇的信采取断章取义的理解，认为晋绥边区过去的土改太“右”了，并在实际工作中进一步推行和扩大其“左”的做法。

后来，毛泽东在《晋绥日报》上看到斗争刘少白的报道，气得把报纸扔到地上，指令晋绥分局立即纠正这种极左错误。毛泽东说：“像少白这样的人都被你们斗争了，以后谁还跟我们合作？”在毛泽东的直接干预下，刘少白才摆脱厄运。

1947年9月，中共中央在西柏坡召开全国土地会议，10月，颁布了《中国土地法大纲》，全国的土改运动有了纲领性的指导。

1948年3月1日，针对各地出现对开明绅士乱斗乱杀的严重情况，毛泽东特别为中共中央起草了党内指示《关于民族资产阶级和开明绅士问题》。文中又特别以刘少白为例，指出：“我们不要抛弃那些过去和我们合作过、现在也还同我们合作、赞成反美蒋和土地改革的开明绅士。例如晋绥边区的刘少白、陕甘宁边区的李鼎铭等人，在抗日战争和抗日战争以后的困难时期内，曾经给我们以相当的帮助，而在我们实行土地改革的时候，他们又并不妨碍和反对土地改革，因此对他们仍应采取团结的政策。”

在中共中央下大力纠正下，土改中的“左”倾狂热逐渐降温，刘少白的境遇也逐步得到改善。后来刘少白被恢复了边区副议长职务。

1948年8月，华北临时人民代表大会在河北石家庄召开，刘少白作为晋绥边区副议长应邀参加。但不知何故，晋绥分局把通知开会的电报延误了，他9月到达时会议已经结束。所以他在给毛泽东的信中说：“首途之日，已在闭幕之后。”为了等待中央指示，刘少白从石家庄转往平山县，在南庄村的中组部招待所住了下来。这里距中共中央所在地西柏坡不过二里路。

9月15日，刘少白给毛泽东写去一封信，信中汇报了自己的思想情况，陈述了对晋绥土改中“左”的偏差的意见和他的党籍问题。信中这样写道：“忆昔三赴延安，备承渥待，前岁临行，特邀饯叙。所感者门前分手，雨中俟车，轮蹄已辗，犹见瞩望，一别重秋，永志难忘。所自愧，风烛残年，浩劫余生，辱蒙伟注，死生赖之，而桑榆已晚，能孝几时？……”在已经准备收笔的后面，又接着写道：“此外尚有特陈者五事：（一）我对于土地问题的态度……（二）我对土改过程中所发生的现象的感想……（三）我对于土地法，及划分成分的规定，完全赞成。（四）我的党籍问题……（五）刘武雄①的事……”刘少白的这封信共写了八页纸，当然也包括一些个人的情绪在里面。

毛泽东信中的“九月十五大示读悉”就是指的这封信。

毛泽东信中说：“我们的工作是有错误的。好在现已一般地纠正，并正在继续纠正中，正如你在五事中第二项所说那样。情形既已明白，则事情好办，你也就可以安心了。”这指的是晋绥土改中对刘少白的极左行为。

---

① 刘武雄，刘象坤儿子，刘少白侄子，自八岁时就跟刘少白在外读书，抗战胜利后曾在延安抗日军政大学、一二〇师、延安鲁迅艺术学院工作。1946年回原籍，在分局工作；1947年，由于父亲之因而被开除。

毛泽东作为党的领袖，这样直率陈情，检讨工作中的错误，使刘少白激动不已，感慨万千。于是，他又于11月3日再次致信毛泽东："敬爱的毛主席同志：我前次给您写的那封信，在此两三个月的读书及其领悟中，觉得我那信是有些孟浪了。那就是直率陈情，而未顾及全面，也就是偏于自我意识，而忽视社会存在。在十月三十日接读了您的手复，在短短的数语中，已经概述了全面问题，并给了我个人的安慰。这封手复的信件，就我的历史观点看，是一件无比荣幸的珍品。我又和彭真同志及安子文同志谈话，对于党的认识与阶级观点，也进了一步，这样我的问题，也就自信为解决了。那就撇开往事，力追后尘。正如古人所谓：行百里者，半九十；晚节末境之难，我之谓也。谨以再达，藉以告慰，敬祝健康。刘少白恭启。"毛泽东阅读此信后，批转刘少奇、朱德、周恩来等阅后存档。

"大函已转付彭真同志，党籍一事，请与彭真同志商酌。"彭真时任中共中央组织部部长。同年12月5日，彭真批发了中组部就"与刘少白谈话结果"致晋绥分局电：刘少白"是1937年8月在太原由王若飞、安子文两同志介绍入党的，以后即一直保持特别党员的关系。现在应承认其党籍，并保持组织关系"，"今后应指定适当的干部和他发生经常的组织关系"。

新中国成立后，刘少白当选为全国政协委员、山西省政协副主席，还担任山西省政府委员会委员、山西省监察委员会委员、抗美援朝华北委员会常务委员、保卫和平委员会山西分会理事、中苏友好协会山西分会副主席等职。毛泽东对刘少白政治上、思想上仍很关心，要求也比较高。刘少白更加注意学习毛泽东著作，认真按毛泽东思想做人做事。1968年，刘少白去世，享年八十六岁。

毛泽东致刘少奇等[1]

（一九四八年十一月八日）

刘、朱、周、任、彭[2]各同志：

北平、天津、唐山、张家口解放在即，即须准备接管干部及党政机构的配备，务于一个月至多一个半月内准备完毕。平、津、张三城当然要华北局负责准备，是否要东北局协助？唐山是否由华北局负责，还是由东北局负责？解放后冀东、察北两区应划归华北局管辖，如果决定这一点，应不待平、津解放，该两区即应重划隶属关系，干部及粮食诸问题方利统筹。此事请会商拟定办法。

毛泽东

十一月八日

事先调查政治、经济、文化诸种情况，拟定处理方案。

这是1948年11月8日，毛泽东在西柏坡写给刘少奇、朱德、周恩来、任弼时、彭真等的工作函件，主要是让他们准备北平、天津、唐山、张家口的接管干部及党政机构的配备问题。此时辽沈战役刚刚结束六天，淮海

① 选自《毛泽东书信选集》，中央文献出版社，2003年11月第1版，第283页。

② 刘、朱、周、任、彭，指刘少奇、朱德、周恩来、任弼时、彭真。刘少奇时任中共中央政治局委员、书记处书记，中央军委副主席兼总政治部主任、华北局书记。朱德时任中共中央政治局委员、书记处书记，中央军委副主席、中国人民解放军总司令。周恩来时任中共中央政治局委员、书记处书记，中央军委副主席兼代理总参谋长。任弼时时任中共中央政治局委员、书记处书记，中央秘书长。彭真时任中共中央政治局委员、书记处候补书记，中央组织部部长兼中央政策研究室主任。

战役也刚刚于11月6日发起两天，这封信充分体现了毛泽东高瞻远瞩、胸怀全局、未雨绸缪的领袖风采。

信的抬头写的是刘少奇、朱德、周恩来、任弼时、彭真，他们五位当时都是中共中央政治局委员，给他们写信，足见这件事情的重要性和此项工作的艰巨性。因为北平是全国的政治、经济、文化中心，并且将来是要作为新中国的首都的，那么如何接管好这样具有特殊历史、政治地位的大城市，成为摆在共产党人面前艰巨而又崭新的任务。信中说："北平、天津、唐山、张家口解放在即，即须准备接管干部及党政机构的配备，务于一个月至多一个半月内准备完毕。""即须""务于"，给人以紧迫感，说明了这件事情的紧迫性。另外，信中还明确了此项任务由华北局负责，"平、津、张三城当然要华北局负责准备"，因为这三地都是华北的地盘，属于华北的管辖范围。之后，信中又说："是否要东北局协助？唐山是否由华北局负责，还是由东北局负责？"因为唐山地处华北与东北通道的咽喉要地，毛泽东从全局考虑，暂拿不准唐山是由华北局负责更利于战局的发展，还是由东北局负责更利于战局的发展。辽沈战役已经结束，东北野战军马上要入关，毛泽东想到了唐山的归属问题："解放后冀东、察北两区应划归华北局管辖，如果决定这一点，应不待平、津解放，该两区即应重划隶属关系，干部及粮食诸问题方利统筹。"这也是毛泽东从战局发展，统筹考虑，考虑到即将发起的平津战役，随之想到了这两地的归属问题。应毛泽东的提议，1949年7月28日，华北人民政府重新调整了华北行政区划，将"冀东、察北两区"划归华北局管辖。信写完后，毛泽东意犹未尽，又加了一句"事先调查政治、经济、文化诸种情况，拟定处理方案"，说明毛泽东考虑问题不但胸怀全局，而且事无巨细。

关于干部的准备问题，中共中央、毛泽东早就考虑到了。1948年9月，中共中央在西柏坡召开政治局会议，会上，毛泽东就提出："战争的第三年内，必须准备好三万至四万下级、中级和高级干部，以便第四年内军队前进的时候，这些干部能够随军前进，能够有秩序地管理大约五千万至一万万人口的新开辟的解放区。"按照九月会议方针，1948年10

月28日，中共中央作出《关于准备五万三千个干部的决议》，将所需干部分配给华北、华东、东北、西北、中原五处，并对各级各项工作中负主要责任的干部、最低限度人数进行了规定，要求按比例分别列入。同时，各地所调干部均应组成完整的区党委架子，整体调出。什么意思呢？具体来讲，就是既有军事、党务、机要、政府、工农青妇，也有经济管理、财政、银行、贸易、通讯社及报纸等。各部门之间按比例配备，各部门内部还要有高层、中层、基层各个级别，以保证能够以这些干部为骨架，尽快构筑起新解放区的各级政府机构和党务机构，使各方面工作都能有人着手开展。当时中央分配给华北的任务是一万七千人，后来增至两万一千四百九十九人。

接到毛泽东的工作函件，中共中央和华北局进行了紧急磋商，决定由中央统一调配，华北局具体负责。这几个城市中，唐山是解放最早的，所以接管准备工作也较早。唐山的接管工作指定由冀东区党委负责。1948年11月，中共冀东区委组成了接管唐山市的党政军领导班子和工作机构。其中，阎达开为中共唐山市委书记，李一夫为唐山市政办事处主任兼公安局局长，彭寿生为唐山警备司令部司令员，何兰阶为政治委员。此外，冀东区党委还从各地、县抽调大批干部集中进行培训，学习党的城市政策，制定接管方案，熟悉接管要求等。军队系统确定了集结待命地区，进行了政策纪律教育等。到12月初，冀东区党委组织党、政、军、群做好了一切解放和接收的准备。11月23日，东北野战军挥师入关，部队从冷口、喜峰口、山海关直逼冀东。12月5日，平津战役打响，遵照党中央和区委的指示，组建不久的唐山市委率党政各部门集结在丰润境内准备行动。1948年12月12日，唐山解放，接管队伍入城顺利接管。

接着解放的是张家口。在张家口即将解放时，中共华北中央局指派时任冀热察区委书记的牛树才与北岳区委书记张苏做接管张家口、宣化等地的准备工作。两个区的区委和行署所有干部也都全力以赴投入了这项工作。1948年12月24日，张家口解放，当天，中国人民解放军华北军区司令部、政治部发布命令，成立张家口市军事管制委员会，张苏为军管会主任，牛树才和詹大南为副主任，张孟旭、苏毅然为委员。华北人民政府任命张孟旭为张家口市市长，中共华北局任命牛树才为张家口市委书记。当天，接管机构进驻张家口，第二天开始了接管工作。

几乎是同时，平津的接管工作也在紧张地筹备。1948年12月13日，中共中央和华北局宣布成立了北平和天津的接管领导机构，宣布成立中共北平市委员会，彭真任书记，叶剑英为第一副书记、北平军事管制委员会主任兼市长；黄克诚为天津市委书记兼天津市军事管制委员会主任，黄敬为天津市市长。接管领导机构成立后，人们各司其职，迅速展开接管准备工作。

1948年12月17日、18日，中共北平市委第一次会议在河北省保定召开，会上宣布了北平市领导机构和组成人员名单，研究了接管北平工作，决定军事管制委员会组织机构包括四大单位：警备司令部（兼防空司令员）、市政府、物资接管委员会、文化接管委员会，此外设秘书处、行政处、供给部，在军管会秘书长领导下负责军管会内外一切有关日常工作及联络、供给等事项。1949年1月1日，中国人民解放军北平市管制委员会宣布正式成立，隶属于中国人民解放军平津前线指挥部，北平市人民政府亦于当日宣布正式成立。1948年12月21日，彭真、叶剑英等率领部分接管北平的人员到达良乡。在中央统一调配下，准备接管北平的干部于1948年12月上旬从各地陆续集中到达良乡。到1949年1月下旬，从中央及各地调派来的干部已达两千八百多人，在良乡成立干部训练班，对接管干部进行了必要的时事、政策和纪律教育。1949年1月31日，北平和平解放，全部接管人员进驻北平，开始了接管工作。

为迎接天津解放、完成天津接管工作，接管天津的领导机构成立后，1948年12月15日，中共中央复电中共中央华北局，同意黄克诚、黄敬、黄火青、许建国、张友渔、黄松龄、吴砚农、丘金、杨英等为天津市委委员，黄克诚任市委书记，黄敬任第一副书记，黄火青任第二副书记。黄克诚、黄敬分别任天津市军事管制委员会主任、副主任。黄敬、张友渔分别任天津市人民政府市长、副市长。根据中共中央指示，黄克诚、黄敬、黄火青等立即率干部，由河北省平山县奔赴临近天津市区的河北省霸县胜芳镇，着手接管天津的各项准备工作。与此同时，华北局从原晋察冀边区政府选派大批干部，并从国统区吸收工人、知识分子，经过考察培训后，派往胜芳镇参加接管准备工作，先后派出干部七千四百余人。黄克诚、黄敬等集结胜芳镇后，立即组建了天津市军事管制委员会、中共天津市委员会和天津市人民政府的下设机构，明确部门职责，并任命干部、制定政策、加强培训、统一思想。1949年1月15日，天津解放，接管机构进驻，顺利接管。

至此，毛泽东安排的任务顺利完成，三大战役胜利结束，中国命运从此翻开新的一页。

毛泽东致周恩来[①]

（一九四八年十一月九日）

周：

请以电话与聂薄[②]商量：（一）杨成武[③]停止攻归绥[④]（因无打援把握），即在归绥、卓资山[⑤]、集宁地区休整，待东北我军南下攻平津时再攻归绥。（二）杨罗耿[⑥]率三四两纵及五纵一个旅，即开保定、石家庄之间休整补充至十五日为止，十六日开始向西参加太原作战。（三）在本月及十二月内给徐周[⑦]一万俘虏及新兵的补充。（四）杨罗耿另外两个旅加入七纵集团在平保线[⑧]活动。

毛泽东

十一月九日

这是1948年11月9日，毛泽东关于杨成武缓攻归绥、撤围归绥的部署

① 选自《西柏坡档案》（第二卷），中国档案出版社，2012年3月第1版，第633页。

② 聂薄，指聂荣臻、薄一波，当时分别任华北军区司令员和政治委员。

③ 杨成武，时任华北军区第三兵团司令员。

④ 归绥，旧市名，即今内蒙古自治区呼和浩特市。

⑤ 卓资山，今为内蒙古自治区卓资县下辖。

⑥ 杨罗耿，指杨得志、罗瑞卿、耿飚，当时分别任华北军区第二兵团司令员、政治委员和参谋长。

⑦ 徐周，指徐向前、周士第，当时分别任华北军区第一副司令员、第一兵团司令员兼政治委员，第一兵团副司令员兼副政治委员。

⑧ 平保线，指北平至保定的铁路，即今京广线一段。

问题致周恩来的信，要求周恩来与聂荣臻商议后，指示杨成武部停攻归绥，“即在归绥、卓资山、集宁地区休整，待东北我军南下攻平津时再攻归绥”。这是歼灭傅作义于华北地区战略的一部分。

1948年11月2日，辽沈战役胜利结束，淮海战役拉开序幕后，解放华北就成了毛泽东和中央军委考虑的中心问题。所谓解放华北，主要就是消灭国民党军在华北的两个战略集团——傅作义集团和阎锡山集团，解放北平、天津和太原等城市。

为了解决华北问题，毛泽东的方案是先阎后傅，先取归绥。1948年11月5日，毛泽东指示华北军区第三兵团司令员杨成武、政治委员李井泉等，待东北野战军先遣兵团入关进至冀东后，发起攻击归绥作战，具体时间定在11月15日左右，并争取在十天左右攻克归绥城。第二战役是解放太原。太原外围战已于10月5日发起，由于当地防御工事坚固，守军负隅顽抗，解放军兵力、火力均不占优势，以致形成对峙。11月9日，中央军委同意华北军区第一兵团司令员兼政治委员徐向前和副司令员兼副政治委员周士第的建议，命令华北第二兵团从11月11日起由现地向太原地区移动，准备12月1日起参加太原作战，并受徐向前、周士第指挥，争取于12月15日以前攻克太原。第三个战役是平津战役。毛泽东要求东北野战军在结束辽沈战役后，全军休整一个月左右，于12月上旬或是中旬开始出动，攻击平津一带。

就在华北军区部队加紧行动，东北野战军开始休整的时候，国民党方面傅作义部固守华北还是全部南撤却举棋不定。毛泽东和中央军委获悉后，认为傅作义固守平、津、张对我方最有利，这样，我方可以集东北、华北主力歼敌于平、津、张地区，使蒋介石无法组成江南防线，从而加速蒋家王朝的崩溃。如果敌人放弃平、津、张，全部南逃，或者蒋系南逃、傅部西逃，则会在全局上延迟我们取得全国胜利的时间。于是，毛泽东和中央军委决定改变原定的先阎后傅的作战顺序，先歼傅作义集团，夺取平津，后解决太原、归绥。这个改变是在短短几天时间里作出的，其主要原因是南线淮海战役的打响导致蒋介石与傅作义加紧了是撤是守的磋商。在阎锡山集团已被包围无从逃脱的态势下，最为紧迫的是需要采取有效的措施抑留与消灭傅作义集团于平津地区。

为了稳住并抑留傅作义集团于平津地区，中央军委决定杨成武、李井泉兵团停止攻击归绥。11月9日，毛泽东致信周恩来，要求在与聂荣臻商议后，指示杨成武部停攻归绥。但对太原阎锡山的攻击仍照常准备。在这封信里，毛泽东仍令杨罗耿兵团主力即开保定、石家庄地区整补，16日开始向西参加太原作战。当天24时，周恩来为中央军委起草了一份给杨成武、李井泉等人的电报，指出，在傅作义对坚守平、津或西退绥、包似尚未下最后决心的情况下，我军“如攻打归绥，有促使傅作义集团其嫡系三个军及骑兵三四个旅提早西退可能”。中央军委决定杨李兵团停止攻击归绥计划，除留一部监视归绥之敌并与监视包头的部队取得联络外，主力即移至归绥、集宁之间休整，准备歼灭由平、津向绥远退却之傅作义部，待东北野战军攻平、津时或杨罗兵团在完成太原任务后回到平张线时，再打归绥。

停止攻击归绥，而继续打太原，似乎难以达到抑留傅作义的目的。这时，林彪看出了问题。太原的阎锡山，虽不属傅作义集团，但两人原属一系，有着历史渊源，打下太原，傅必惊恐不安，对抑留傅作义不利。15日13时，林、罗、刘去电中央军委，建议“暂不攻太原”。文中说：“（一）徐州敌已有两个军起义，数个师被歼，刘汝明部亦甚动摇。在我陈、刘大军进攻下，该处敌人已有迅速被歼和瓦解的可能。在此种情况下，蒋介石必更加企图将傅作义及其所属之中央军调至南方增防和避免在平津地域遭受歼灭，而傅作义则为了保证（存）自己，可能企图向西逃回绥远，使东北我军入关将会扑空，不能发挥歼敌作用。（二）为防止上述情况，我们除感觉军委令杨成武部暂不攻归绥的方针很好外，我们建议徐周、杨罗两部目前既未正式总攻太原，亦可暂不攻太原，而集中力量迅速包围保定或张家口（除留一部监视太原外），在这两处中何处敌人较多较可能达到包围的目的则包围何处，切断其与北平的联络。对所包围之敌，采取围而不攻的办法，以达到拖住敌人的目的，使傅作义及其所属之中央军，既不能撤手南下，亦不能撤退绥远，亦不能集中兵力守天津（这一可能也是存在的，他可牵制我军行动，而又可能随时可从海上安全撤退），或守平津。如我不攻城，他来增援则正便于我军歼灭，等到东北部队南下后，再同时合力发动攻势，歼灭全部敌人。（三）太原已成死城，在我军歼灭傅作义及其所属之中央军后，屈（届）时可随时轻易拿，故太原之敌横直可歼灭的，并可有意留在打了平津之后作为那时无仗可打时的目标。”这份电报除建议不攻太原外，还建议对所包围之敌采取“围而不攻”的办法，以达到拖住敌人的目的。这对后来毛泽东在平津战役中采取隔而不围、围而不打的方针无疑有着一定的影响。

林、罗、刘的建议立即引起毛泽东的重视。16日，毛泽东电示太原前线的徐向前、周士第，征询推迟攻击太原的意见，电称：“估计到太原攻克过早，有使傅作义感到孤立，自动放弃平、津、张、唐南撤，或分别向西、向南撤退，增加尔后歼灭的困难，请你们考虑下列方针是否可行：‘再打一二个星期，将外围要点攻占若干并确实控制机场，即停止攻击，进行政治攻势。部队固守已得阵地，就地休整。等明年一月上旬东北我军入关攻击平、津时，你们再攻太原。’”但是，毛泽东觉得林彪等提出的包围张家口、保定的建议似不可行。毛泽东认为，华北第二、第三兵团集结在一起，可以阻止傅作义嫡系部队向绥远撤退，但不能阻止蒋傅两系部队向海上撤退，“包围张家口也不能达此目的”。因为“敌共有三十五个步兵师、四个骑兵师，敌如决心从海上撤退，可以集中十几个师将张家口之敌接出来，集中于津、沽逐步船运”，而“保定守军是两个保安队组成的师，包围与否不关大局，近亦有撤退模样”。更重要的是，林、罗、刘的这个建议引起了毛泽东进一步的思索。毛泽东认为，“可以停止对太原的攻击”，但要华北徐、周兵团放弃十万人近月余苦战攻占的阵地，开至张家口去担负包围任务，“一则阎敌将出城滥扰；二则部队情绪上转不过来；三则我军未到张家口，而张家口之敌势将惧歼先逃”。撤围归绥，停攻太原，只能起到在心理上减轻傅作义迅速决定逃跑的作用，如果傅作义要放弃平津，华北军区部队仍难以阻止其逃跑，而这正是毛泽东最不放心的。由此带出毛泽东另一层考虑，这就是请林彪等人考虑东北主力是早日入关为好，还是在东北完成休整计划然后入关为好："我们考虑过你们主力早入关，包围津沽、唐山，在包围的姿态下进行休整，则敌无从从海上逃跑。"

由林彪等人的停攻太原建议引出毛泽东要东北野战军早日入关，这恐怕是林彪始料不及的。但不管怎么说，这一建议和后来东北野战军提前入关，对平津战役胜利的意义是不可低估的。

毛泽东致李达①

（一九四八年十一月九日）

鹤鸣②兄：

吾兄系本公司发起人之一，现公司生意兴隆，望速前来参与经营。

毛泽东

一九四八年十一月九日

李达早年曾在北京京师优级师范学堂读书，怀抱实业救国理想两次东渡日本学习理工科。在日本学习期间，他开始研究和宣传马克思主义。1920年，李达在上海与陈独秀、陈望道等人共同发起建立中国共产党早期组织，并代理书记，任《共产党》月刊主编，参加《新青年》编辑工作。1921年，中共准备召开一大，会议正是由李达、李汉俊通知的。他们分别写信给北京、武汉、广州、济南、长沙等地党的早期组织，通知他们各派两人于7月20日来上海开会。因是秘密召开，所以通知只说是开会，至于开什么会，并没有说明。李达给长沙党的早期组织的信就是寄给长沙文化书社毛泽东的。作为大会的主要组织者和主持者的李达与湖南党小组代表的毛泽东在会上由相识到相知，并在以后的革命岁月中逐步结成了互相信

① 选自《李达画传》，人民出版社，2018年1月1日版。李达（1890—1966），湖南省永州市零陵人，杰出的马克思主义理论家、宣传家和教育家，中国共产党的主要创建者和早期领导人之一，新中国成立后先后任中央政法干部学校副校长、湖南大学校长和武汉大学校长，并担任中国哲学会会长、中国科学院学部委员及哲学社会科学部常委、中国科学院武汉分院筹委会主任及院长等职。

② 鹤鸣，李达的别号。

赖的革命友谊。

中共一大后不久，李达创建和主持了党的第一个出版机构——人民出版社，出版了大量马克思主义著作和革命书籍，还创办和主持了上海平民女学，培养了王剑虹、王一知、丁玲等一批党的妇女干部。中共二大后，李达应毛泽东的邀请赴长沙担任湖南自修大学校长。湖南自修大学是一所传播马克思主义、培养革命干部的新型学校，何叔衡、李维汉、夏明翰、毛泽民、毛泽覃等一大批党的干部都曾在这里学习过。李达主持全校教学，还亲自授课，并与毛泽东创办了湖南自修大学校刊《新时代》，担任该刊主编，使其成为传播和宣传马克思主义的一个重要阵地。

1923年，李达到上海与陈独秀商议国共合作问题。听到李达在国共合作方式上的意见与自己不一致，陈独秀暴跳如雷。受了这样的刺激后，李达愤然脱离了他自己参与创建的中国共产党。后来谈起这段经历，李达说这是他“平生所曾犯的最严重、最不能饶恕的大错误”。尽管李达离开了党的组织，但他的信念从未动摇过，正如他自己所说：“我虽然脱离开了党，却绝不脱离马列主义，决不做违反党的事情。”在这一时期，他不仅在讲坛上和自己的论著中继续坚守马克思主义的理论阵地，而且为党做了大量的外围工作。

大革命失败后，南京卫戍司令谷正伦想聘李达做顾问，李达愤怒地回绝道：“要我做刽子手的顾问，真是不把人当人。”后来，汪精卫、陈公博邀他加入国民党改组派，邓演达要他参加第三党，他也都拒绝了。1937年6月，蒋介石让冯玉祥做说客，想请李达做国民党行政院的参事，他回绝说：“我只知道教书，不知道做官！”湖南零陵的“维持会”曾要懂日语的李达为日本人办“公事”，李达愤怒地说：“我决不做亡国奴！即使我生活再苦，就是拖死、饿死、冻死，我也不会去给日本鬼子办事。”正因为李达始终坚守信念、不忘初心，所以党组织一向都非常信任他，对他予以高度评价。

1939年，李达受冯玉祥的邀请赴重庆讲授马克思主义哲学。其间，毛泽东与周恩来委托李达的一个学生去征询李达是否愿意去延安，李达当即表示："只要有一碗饭吃，我都愿意去。"此时负责中共南方局工作的周恩来出国治病，而留在南方局的负责人博古却误会了，以为李达是在"拿一把"，于是生气地说："去延安干革命，还讲什么条件？"就这样，李达错失了去延安的机会。周恩来回重庆后知道这个消息，对博古这种做法很不解，说："干革命难道就不吃饭吗？李达这个话的意向是无条件地愿意去延安嘛！"毛泽东对此也感到十分惋惜。

1948年，随着中国革命节节胜利，毛泽东在西柏坡给正在湖南大学法学院任教的李达写下了这封信，李达接信后，自然明白毛泽东的意思，兴奋不已。随后，毛泽东又两次电示中共华南局护送李达去解放区。1949年4月的一天，李达在华南局的护送下，离开长沙去香港，然后乘英国的商船抵达天津，最后到达北平。在北平，李达受到了党中央和毛泽东的热情接待，毛泽东亲赴车站迎接，周恩来为李达的到来举办了欢迎晚会。在香山双清别墅，毛泽东握着李达的手对身边的工作人员说："我这位客人你们就不要管了，今夜我们得好好谈谈喽。"李达先回顾了他这次北上的经过，说："我离开岳麓山时，乘坐的还是国民党兵站的汽车呢！"毛泽东听了哈哈大笑。李达还受程潜重托，向毛泽东汇报了湖南的政治形势，转达了程潜决心起义、走和平解放之路的意思，毛泽东听了很高兴。那天，李达和毛泽东谈至深夜。

新中国成立后，党中央和毛泽东希望李达留在北京工作，但李达多次要求回湖南继续从事教育工作。1949年12月2日，李达被任命为湖南大学校长，他也是被中央人民政府最早任命的一批大学校长之一。也是在这个月，李达郑重地提出了重新入党的请求，并检讨了自己在这个问题上的过错。对于李达的这一请求，毛泽东并不感到意外，他说："鹤鸣兄，你早年离开了党，不管是什么原因，都是不对的，这是在政治上摔了一跤，是个很大的损失。但是，往者不可谏，来者犹可追。你现在能认识自己在这个问题上的错误也是很好的。你的为人我是了解的，你坚信马克思主义和布尔什维克主义，我们也是知道的。你在早期传播马克思主义，是起了很大作用的；创建中国共产党，你也作出了很大贡献，即使是与陈独秀赌气，作出了离开共产党的决定后，你还是一直坚持在马克思主义研究和宣传这块阵地，这也是很了不起的……”毛泽东的这一席话，对李达的一生作出了简洁而正确的评价，使得年近花甲的李达激动得热泪盈眶。不久，李达正式履行了手续。由刘少奇介绍，毛泽东、李维汉、张庆孚[①]等三人为历史见证人，党中央特别批准李达重新入党。

---

① 张庆孚（1901—1968），江苏江阴人，1925年加入中国共产党，解放战争期间先后在中国人民解放军东北军区总后勤部任秘书长，东北军区军需学校任政治委员，东北军区、中南军区军需部任政治部主任。

毛泽东致吴晗①

（一九四八年十一月二十四日）

辰伯先生：

两次晤谈，甚快。大著②阅毕，兹奉还。此书用力甚勤，据发甚广，给我启发不少，深为感谢。有些不成熟的意见，仅供参考，业已面告。此外尚有一点，即在方法问题上，先生似尚未完全接受历史唯物主义作为观察历史的方法论。倘若先生于这方面加力用一番功夫，将来成就不可限量。谨致

革命的敬礼！

毛泽东

十一月二十四日

介绍乔木同志来见，乞加指教。他是我这里的秘书，兼管新华社工作。

这是1948年11月24日，毛泽东写给吴晗的信。

吴晗字“辰伯”，“大著”是指吴晗所著《朱元璋传》一书，此书是吴晗的代表作。1948年8月，此书初稿写定时，吴晗响应中共中央关于召开新政协会议的号召，从北平辗转前往解放区，11月到达华北解放区中央

① 选自《毛泽东书信选集》，中央文献出版社，2003年11月第1版，第284～285页。吴晗（1909—1969），字辰伯，浙江义乌人，历史学家，曾任清华大学等校教授，1948年秋进入解放区，11月毛泽东在河北平山会见了他，新中国成立后曾任北京市副市长。

② 指吴晗所著《朱元璋传》一书。1948年11月吴晗到达河北平山，将此书的修改稿送给毛泽东看。毛泽东看后提出了一些意见。后来，吴晗在1965年版《朱元璋传》的自序中说，这些意见使他“在理论上得到了启发”。

统战部驻地平山县李家庄。11月的一个晚上，吴晗应邀到达西柏坡，并与毛泽东见面，他将自己所著的《朱元璋传》一书的修改稿送给毛泽东看。这封信讲的就是毛泽东看了吴晗的《朱元璋传》后提的一些意见。信最后附加一句："介绍乔木同志来见，乞加指教。他是我这里的秘书，兼管新华社工作。"这表达了毛泽东对吴晗才华的一种欣赏。

关于《朱元璋传》，吴晗曾四次修改，三次出版。新中国成立前和成立后的版本毛泽东都看过，并且多次提出意见。

作为明史专家，吴晗对于朱元璋的研究很重视。吴晗初撰《朱元璋传》始于1943年，当时他在昆明西南联大任教，应友人的约请，用两个月的时间编写出一本《由僧钵到皇权》的历史通俗小册子。编写这册书的起因，一方面是家乡沦陷于日军铁蹄下、国统区的物价又天天上涨等造成的经济拮据；另一个原因，据吴晗在1964年的说法："以朱元璋影射蒋介石，虽然一方面不得不肯定历史上朱元璋应有的地位，另一方面却又指桑骂槐，给历史上较为突出的封建帝王朱元璋以过分的斥责、不完全切合实际的评价。"可以说，是经济和政治两方面的因素，促使吴晗写出了这样一部著作。

《由僧钵到皇权》一书，于1944年由重庆在创出版社出版。此书印制期间，又收到潘公展、邸维廉主编的《中国历代名贤故事集》的征稿，约他写一部《明太祖》，还要附一个内容相应的年表。吴晗原不肯接受，由于朋友的多方劝说，才决定由夫人袁震写一部四万字的《明太祖》。谁知袁震的稿子寄出后，出版商说已登了广告，作者只能是吴晗。出版商将错就错，废了袁震稿子，重排吴晗《由僧钵到皇权》的稿子，书名改为《明太祖》。

《由僧钵到皇权》写于抗日战争的烽火时期。由于当时资料匮乏，吴晗毕竟具有严谨的治学态度，不久后就对此书表示不满。他决定回到北平后，在史料充裕的情况下，将此书重写一次。1946年，清华大学迁返北平，第二年，吴晗便开始对《由僧钵到皇权》全面改造。由于资料丰富，这次书的篇幅也增加了将近一倍。为与前书有所区别，改造本使用了"朱元璋传”这个书名。

毛泽东与吴晗开始联系，正是因为这本《朱元璋传》。1948年8月，在西柏坡，毛泽东询问吴晗最近有何著述，吴晗便将这部手稿交给毛泽东阅读。毛泽东向来爱好博览群书，于是在百忙之中，抽空阅读这部书稿，阅读中有了感触，还“特别约（吴晗）谈了一个晚上”。给吴晗深刻印象的，是毛泽东“除掉指示出书中许多不正确的观点以外，特别指出彭和尚这一条”。

彭和尚是指元末民间组织弥勒教的首领彭莹玉。他借传教之际，组织力量，后来拉起了起义队伍，成为首领。但起义成功后，他便不见了，史料上也不见有什么记载。当时的吴晗，对自己参与政治活动也认为是应社会一时之需。他曾与闻一多相约，“等到民主政治实现，便立刻退回书斋，去充实自己，专心著作”。所以，他认为彭莹玉和尚“功成身退”，是很了不起的。在《朱元璋传》一书中，对“彭和尚”的结局，他便发出这样的赞叹：“彭莹玉可以说是典型的职业革命家，革命是一生志气，勤勤恳恳播种、施肥、浇水、拔草。……但是起义成功以后，就烟一样消失了，回到人民中间去了。任何场所以至记载上，再找不到这个人的名字了。”毛泽东是政治家、革命家，对历史人物有自己的立场和见解。他当时对吴晗说：“这样坚强有毅力的革命者，不应该有逃避的行为……”毛泽东还有这样的判断：“不是他自己犯了错误，就是史料有问题。”

在退回《朱元璋传》原稿时，毛泽东还特地给吴晗附上一函，就是上面我们看到的这封信。信中主要谈了两点：一是赞扬作者“用力甚勤，发掘甚广”；二是指出吴晗“似尚未完全接受历史唯物主义作为观察历史的方法论”，而且“完全”二字下面加了着重号。

毛泽东的意见对吴晗震动很大，以至他在1950年2月发表的《我克服了“超阶级”观点》一文里，还郑重地认为：“（谈话）给了我极深刻的阶级教育，挖出了我思想中的毒瘤，建立了我为人民服务的观点。”

虽然毛泽东提出建议，但由于当时工作匆忙，吴晗已来不及对全书进行大的改动了。这部稿子，大致还按原来的样子，在1949年4月，由在上海的三联书店印了出来。

几个月之后，吴晗与钱俊瑞等人受中共中央委托，对北京大学、清华大学进行接管。吴晗被任命为清华大学历史系主任、文学院院长、校务委员会副主任等职。同年11月，他又当选为北京市副市长。此时的他，也难以返回书斋，过他所向往的读书生活了。所以，1950年初，他对自己的思想进行了较全面的检讨，写出了《我克服了“超阶级”观点》一文。文中除了对自己成长经历、求学以及做学问过程进行回溯分析外，对毛泽东指出《朱元璋传》中的具体问题，也在思想上做了检讨。对于毛泽东当时对“彭和尚”结局的推断，这篇文章也有了回应：“果然，在回到北京以后，再细翻《明实录》，居然查出，又过了多少年，彭和尚被元军所杀。这样看来，他并没有逃避，一直革命到底，斗争到底。”“在我的书里面，不但看法是错误的，连史料也是不完备的。”

如此看来，这部《朱元璋传》就有按照毛泽东的指示，重新予以理解和修改的必要了。在与毛泽东交谈和读到毛泽东的信之后，吴晗开始了对“历史唯物主义作为观察历史的方法论”的学习。吴晗并未立即动手修改《朱元璋传》，而是“蹉跎”了五年。到了1954年4月，吴晗才下定决心，挤出时间，按当时的思路和对毛泽东指示的领会，开始重写《朱元璋传》。这是第三次修改这部书了。因工作繁忙，吴晗断断续续用了一年的时间，将书稿修改完成。不过，这次修改稿并没有正式出版，吴晗油印了一百多本，分送给各方面专家及朋友，以听取意见，毛泽东当然在其中。

当时反馈回来的意见，多和时代潮流相关。很多学者指出这个本子用马克思主义历史观分析得还不够。对此书分量最重的意见，自然来自毛泽东。毛泽东认为，朱元璋是农民起义领袖，是该肯定的，应该写得好点儿，不要写得那么坏（指朱的晚年）。这，也许是吴晗始料未及的。毛泽东的意见，使吴晗十分为难。因此，等到下决心修改《朱元璋传》时，已是再度“蹉跎”了九年之后的1964年。

1964年2月，生病休假中的吴晗，开始了对该书的第四次改写。因为时间充裕一些，经过两个多月，《朱元璋传》终于定稿。1965年2月，这本书终于再次由三联书店印出。这次的定稿，吴晗吸收了毛泽东要把朱元璋“写得好点儿”的建议，对书稿作了小幅的调整，在结尾的总体评价中，运用当时人们熟悉的两分法，宏观上将朱元璋作了一番肯定。

该书出版后，由于文笔生动简练，史料扎实，受到广大读者的欢迎。毛泽东也表示了赞许。可以说，在中国史学专著里，受到毛泽东如此直接和深入影响的，《朱元璋传》大约是首选之作。

毛泽东等致徐向前[①]

（一九四八年十一月二十九日）

向前同志：

闻病极念，务望安心静养，不要挂念工作，前方指挥由周[②]、胡[③]、陈[④]担负。你病情略好能够移动时即来中央休养，待全愈后再上前线。总之，治疗和休养是第一等重要，病好一切好办。

毛刘朱周任[⑤]

十一月二十九日

这是1948年11月29日毛泽东代表中共中央五位书记毛泽东、刘少奇、朱德、周恩来、任弼时写给徐向前的慰问信，字里行间流露出了领导对爱将、对战友、对同志的浓浓的关怀之情。毛泽东爱兵如子，对徐向前尤其爱之。身在前线的徐向前身体一直不好，这让毛泽东时刻牵挂在心。

---

① 选自《毛泽东书信选集》，中央文献出版社，2003年11月第1版，第286页。徐向前（1901—1990），山西五台人，中华人民共和国元帅，1927年3月加入中国共产党，时任华北军区副司令员、华北野战军第一兵团司令员兼政治委员，新中国成立后曾任中共中央军委副主席、国务院副总理兼国防部部长、中华人民共和国中央军委副主席等职。

② 周，指周士第（1900—1979），广东琼海人（今属海南）人，时任华北野战军第一兵团副司令员兼副政治委员。

③ 胡，指胡耀邦（1915—1989），湖南浏阳人，时任华北野战军第一兵团政治部主任。

④ 陈，指陈漫远（1911—1986），广西蒙山人，时任华北野战军第一兵团参谋长。

⑤ 毛刘朱周任，即毛泽东、刘少奇、朱德、周恩来、任弼时。

徐向前是中国人民解放军的缔造者之一，党、国家和军队卓越的领导人，他戎马一生，身经百战，具有高超的指挥艺术和深厚的军事理论造诣。他与毛泽东相识于长征途中。当时，徐向前是红四方面军的军事总指挥。当张国焘分裂党、分裂红军的阴谋暴露后，党中央率红一方面军连夜北上，陈昌浩询问徐向前："打不打？"徐向前愤然说道："哪有红军打红军的道理！"从而避免了一场悲剧，从此也开始了他与毛泽东的伟大友谊。

徐向前对毛泽东有无限崇敬之情，他在一生中，始终维护毛泽东的领导。毛泽东对徐向前的人品也极为赞赏，对他指挥作战的能力十分推崇，数次赞扬。

红军时期，徐向前是三大主力之一的总指挥。抗日战争全面爆发之后，徐向前先在一二九师当副师长，到1939年，他率部挺进山东，担任八路军第一纵队司令员。正当他如火如荼地开展敌后反"扫荡"斗争之际，因为要召开中共七大，他从前线返回延安。但七大一直推迟到了1945年才召开，徐向前也就留在了陕北。在那期间，因为一次意外事故，他被马踢伤，导致胫骨骨折，又引发高烧，他在床上躺了半年多，此后身体就一直比较虚弱。可是陕北的医疗条件有限，徐向前又一直肩负重任，先是联防军副司令员，后是抗大代理校长，忙得不可开交。1944年，徐向前突发肋膜炎，这种病伴随着持续的高烧，徐向前不得不住院治疗，长期休养，他因此而错过了七大。徐向前是唯一没有参加七大的元帅。

抗日战争胜利后，徐向前出院了，但是身体虚弱，还需要休养。直到1946年春，他的身体才逐渐好转。1947年，徐向前来到晋冀鲁豫军区，担任第一副司令员。不久他又任华北军区副司令员兼第一兵团司令员兼政治委员。为更好地完成解放山西的任务，徐向前率部先攻破运城，拔除了阎锡山的晋南屏障。第二仗是攻打素有"卧牛城"之称的临汾，虽付出了较大的伤亡代价，但取得了宝贵的攻城经验。第三仗是晋中决战。在此战中，徐向前成功运用了灵活机动的战略战术，创造了以寡敌众、以少胜多的范例，也是运动战的典范之作。到1948年7月，徐向前已经兵临省会太原。这是铲除阎锡山势力的最后一仗，也是最关键的一仗。然而，徐向前的身体却撑不下去了，他的肋膜炎没有彻底治愈，胸部疼痛又开始发作，体质也迅速下降。医生建议，静养两个月。

但是，大战在即，徐向前哪里静得下去？为了不影响战斗，他曾向中央请示，自己恐怕完不成太原战役。但是，当时实在抽不出人，中共中央表示，可以先休息一下，然后争取拿下太原。为了不影响战斗，徐向前只好带病坚持指挥太原战役，有时候他是躺在担架上指挥的。

8月11日，中央军委在批复前委扩大会议情况报告和整训具体计划的电报中提出："向前同志即利用整训期间来后方休息，本月中旬后，先来华北局及中央一谈。"徐向前也想借此机会，到石家庄的医院检查身体，更想见到中央的领导。

8月中旬，徐向前抱病前往西柏坡，参加中共中央政治局召开的九月会议。他途经石家庄，在和平医院做检查，医生说他的旧病有发展，消化和吸收能力极差，体质虚弱，需要静养三个月。夫人黄杰也劝他多休息几天。徐向前却说："医生的话不能不听，也不能全听。我还要去中央参加会议呢！"

9月初，徐向前赶到西柏坡。毛泽东见到他，极为兴奋。尽管他不愿意把病情告诉毛泽东，但毛泽东还是知道了他病得不轻，嘱咐他要好好休养。7日，徐向前在预备会上讲道，打晋中战役时，部队人数总共是五万五千九百五十人时，毛主席插话说："哎呀！你们还不到六万人，一个月消灭阎锡山十万，单是正规军就搞掉他八个整旅。你说一说，你们那个晋中战役是怎么打的？"毛泽东这番话，包含着深刻的赞扬。徐向前向中央汇报打太原的设想，说："敌我炮火大体相等，兵力也相等，我共九万多，敌也九万多，其中民卫军一万五千，因此打起来是有困难的，但打是一定要打下来的。我已给部队说过，我们长出白胡子，还是要打下来。"

会上，中央根据战争形势，要求华北徐向前兵团在一年内歼灭阎锡山十四个旅左右（7月已歼灭八个旅在内），并攻占太原。于是，徐向前向中央详细汇报了攻打太原的设想，毛主席、朱德等中央领导作了更加明确详尽的指示。毛泽东在谈到争取和平解放太原时，说："如果有这种可能性，就尽力争取，阎锡山如同意和平解放，你们请他把军队开到汾孝一带，我们部队开进太原，麻烦就少了。"徐向前说："恐怕不太容易，因为我们曾采取多种方式，争取和平解放太原，还动员阎锡山的老师带了以我的名义写给他的信进太原去劝阎锡山，结果阎锡山不但不听劝告，反而不顾师生情谊，把那位年近八旬的老秀才杀了。他连老师都给杀了，可见顽固得很。我们的立脚点放在打上，但也不放松争取工作、瓦解工作，尽量减少麻烦吧！"接着，他又说，"要能和平解放太原是最好。不过阎锡山生性奸诈，不会轻易让出他那个独立王国，他派人勾结陈纳德，邀请美国记者参观那些数不清的碉堡，幻想美国发动第三次世界大战，他还可能重新出头。所以解决太原问题，我还是照主席讲的'扫帚不到，灰尘照例不会自己跑掉'去办。"毛主席笑着点头称是。

与会期间，徐向前对自己的身体自我感觉很不好，怕支持不了几个月的时间，中途倒下来，完不成攻打太原的作战任务，很是忧虑。中央领导和战友们都十分关心他，多次去亲自看望，还一再叮嘱他要注意休息和调养。9月13日，会议结束后，徐向前先到石家庄和平医院检查看病。由于战场形势紧张，他于10月6日抱病从石家庄出发，返回到太原前线。不久，由于劳累，他又病倒了，不能吃喝，烧得厉害。毛泽东和中共中央的领导们听到这个消息非常着急，于是专门发电问候："向前患病甚念。望嘱钱部长[①]妥为诊治，并望你们注意照护，使之能完全摆脱工作，静养一个时期。"并希望将徐向前的病状随时向中央汇报。毛泽东在签发这份电报时还特别加上一句："如病情严重，应来中央医院，至要。"11月29日，毛泽东放心不下，又致信徐向前："闻病极念，务望安心静养，不要挂念工作，前方指挥由周、胡、陈担负。你病情略好能够移动时即来中央休养，待全（痊）愈后再上前线。总之，治疗与休养是第一等重要，病好

---

① 钱部长，即钱信忠，时任华北军区卫生部副部长。

一切好办。”

1949年3月，中央召开七届二中全会，徐向前因身体没有康复不能参加会议。与会的彭德怀在返回西北途中，受中央委托去太原前线看望他，徐向前认真地向彭德怀介绍了攻打太原的详细方案和准备情况，并请求他留下来指挥攻城。彭德怀见徐向前身体虚弱，不能再高强度地工作，便答应了。为避免军心动摇，各种命令仍使用太原前线司令部司令兼政委徐向前的名义发出。4月24日，太原前线我军对太原城内三万多守敌发起总攻，在我军的突击下，阎锡山对山西人民长达三十八年的统治从此结束，徐向前为家乡人民的解放事业立下了不朽的功勋。

毛泽东、周恩来致宋庆龄[①]

（一九四九年一月十九日）

庆龄先生：

中国革命胜利的形势已使反动派濒临死亡的末日，沪上环境如何，至所系念。新的政治协商会议将在华北召开，中国人民革命历尽艰辛，中山先生遗志迄今始告实现，至祈先生命驾北来，参加此一人民历史伟大的事业，并对于如何建设新中国予以指导。至于如何由沪北上，已告梦醒[②]与汉年[③]、仲华[④]切商，总期以安全为第一。谨电致意，伫盼回音。

毛泽东　周恩来

子皓[⑤]

这是1949年1月19日，毛泽东和周恩来在西柏坡秘密邀请宋庆龄北上

① 选自《西柏坡档案》（第二卷），中国档案出版社，2012年3月第1版，第847页。宋庆龄（1893—1981），出生于上海，孙中山夫人，新中国成立后，先后担任中央人民政府副主席、国家副主席、全国人大常委会副委员长及全国政协副主席等国家主要领导职务。

② 梦醒，即廖梦醒（1904—1988），广东惠阳人，廖仲恺与何香凝之女，1931年加入中国共产党，当时在中国福利基金会工作，是宋庆龄的秘书，负责中国共产党与宋庆龄之间的联络工作。

③ 汉年，即潘汉年（1906—1977），当时是中国共产党派往上海、香港开展统一战线工作的负责人。

④ 仲华，即金仲华（1907—1968），浙江桐乡人，当时在上海做统战工作。

⑤ 子皓，即1月19日。

参加即将召开的新的政治协商会议、参与新中国的筹建工作的电报。电文言辞十分恳切，文中用了很多谦辞，“先生”“至祈”“予以指导”“谨电致意”“伫盼回音”，每个字、每个词、每句话，都饱含着写信人对收信人的敬意和格外尊重。

宋庆龄是革命领袖孙中山的夫人，她是中华民族伟大女性的卓越代表，是中国人民争取民族独立和自由幸福的英勇斗争的一面旗帜。因为她威望极高，所以成为国共两党极力争取的焦点人物。最终，宋庆龄义无反顾地站在了人民的一面，选择了中国共产党。

1949年，中国革命的形势已经明朗，筹备建立新中国的各项工作正在紧锣密鼓地展开，远在西柏坡的毛泽东，非常重视邀请宋庆龄离沪北上参加新政权建设这件事。为此，他与周恩来多次商量，并十分谨慎地展开了工作。

此时，毛泽东、周恩来深知宋庆龄处境的艰难，因此没有将电报直接送给她，而是通过地下电台发给在香港的我地下组织负责人潘汉年和刘晓。这份密电指示说：“兹发去毛、周致宋电，希由梦醒译成英文并附信派孙夫人最信任的而又最可靠的人如金仲华送去，并当面致谢。万一金不能去，可否调现在上海与孙夫人联络的人来港面商。”发出电文时，周恩来还再三嘱咐地下电台工作人员：“要注意：第一必须要秘密，不能冒失；第二必须要孙夫人完全同意，不能稍涉勉强。如有危险，宁可不动。”

廖梦醒是廖仲恺、何香凝的女儿，时为宋庆龄的秘书，人在香港。金仲华曾参加宋庆龄领导的保卫中国同盟中央委员会和中国福利基金会工作，深得宋庆龄的信任。同时，金仲华也是周恩来心目中“最可靠的人”。

中共中央华南局领导人收到电报后作了认真研究，非常慎重地提出了一个方案：放弃从上海直接去北平的计划，而是计划先把宋庆龄接到香港，然后同何香凝一起北上。这个计划安排给了中共赫赫有名的“特工”华克之从香港赴上海执行。

接受任务后，华克之扮成商人模样，乘上一艘由香港驶往青岛的外国货轮，历尽颠簸到达上海。四天之后，华克之趁着夜色来到宋庆龄的秘书柳无垢的住宅处。华克之见到柳无垢，递上毛泽东、周恩来电报的译文，陈述了自己的任务及对下一步行动的打算，同时，再三表示一切听候宋庆龄的安排。

原来，宋庆龄看到毛泽东和周恩来的信后，心情难以平静，毛泽东、周恩来对她的尊重让她深受感动，革命大业终告成功，她更是无比兴奋。可北上的事她有自己的考虑，她托柳无垢转达自己的口信："接获大札，敬悉伟大的主席和全党同志对我的关注，至为感激。经长时间考虑，确认一动不如一静。我将在上海迎接解放和诸公见面。根据我的预计，蒋介石是无可奈何我的，请勿念。"同时，2月20日，她用英文写下了给中共中央的复信："亲爱的朋友们，请接受我对你们极友善的来信之深厚的感谢。我非常抱歉，由于有炎症及血压高，正在诊治中，不克即时成行。但我的精神是永远跟随你们的事业。我深信，在你们英勇智慧的领导下，这一章的历史——那是早已开始了，不幸于二十三年前被阻——将于最近将来光荣地完成。"口信及复信，柳无垢一并交给华克之。信中，宋庆龄表达了诚挚的感谢和崇高的敬意，但还是婉言拒绝了毛泽东的邀请。

1949年4月23日，解放军占领南京，蒋家王朝彻底灭亡。5月27日，上海解放。为促使宋庆龄早日北上，毛泽东委派陈毅①前往公馆看望了宋庆龄。

新中国成立的日子一天天临近，宋庆龄仍然没有动身北上，毛泽东与周恩来非常着急。毛泽东和周恩来经过认真磋商，决定派出专使专程去请宋庆龄。经考虑再三，专使的人选落在了邓颖超的头上。邓颖超是中国妇女界杰出的领袖，深受毛泽东和周恩来的信任，而且邓颖超与宋庆龄之间

---

① 陈毅（1901—1972），四川乐至人，中共党员，中华人民共和国十大元帅之一、中国人民解放军创建人和领导人、军事家，曾任中华人民共和国国务院副总理、中央军委副主席、中华人民共和国外交部部长，时任上海市人民政府首任市长。

一直有着较为深入的交往和伟大的友谊。

出发前，毛泽东在双清别墅再次提笔给宋庆龄写信，再次诚挚邀请他北上，参与筹建新中国。在信中，毛泽东诚恳地说："庆龄先生：重庆违教，忽近四年。仰望之诚，与日俱积。兹者全国革命胜利在即，建设大计，亟待商筹，特派邓颖超同志趋前致候，专诚欢迎先生北上。敬希命驾莅平，以便就近请教，至祈勿却为盼！专此。敬颂大安！毛泽东。一九四九年六月十九日。"周恩来也给宋庆龄写了一封亲笔信，交给邓颖超一并带去。他在信中说："庆龄先生：沪滨告别，瞬近三年。每当蒋贼肆虐之际，辄以先生安全为念。今幸解放迅速，先生从此永脱险境，诚人民之大喜，私心亦为之大慰。现全国胜利在即，新中国建设有待于先生指教者正多，现借颖超专诚迎迓之便，谨陈渴望先生北上之情。敬希早日命驾，实为至幸，专上。敬颂大安！周恩来。一九四九·六·二一。"

6月25日，邓颖超和鲁迅的夫人许广平以及与宋庆龄有着长期交往的罗叔章一起，怀揣毛泽东和周恩来的亲笔信，从北平启程前往上海。

到上海后，邓颖超让廖梦醒先去看望宋庆龄。廖梦醒说明来意。宋庆龄听后非常伤感地说："北平是我最伤心之地，我怕到那里去。"1925年3月12日，孙中山先生在北平去世，北平从此成了宋庆龄的伤心之地，让她毕生难忘。廖梦醒说："北平将成为新中国的首都。邓大姐是毛主席派来的。她是代表周恩来来接你的，你打算什么时候见她？"

宋庆龄下决心，她还需要时间。她没有立即答应廖梦醒，而是说自己还要好好想想！

经过激烈的思想斗争，宋庆龄终于下定决心。6月29日，邓颖超收到了宋庆龄的请柬。邓颖超如约来到宋庆龄在上海的住所，20世纪中国两位伟大的女性又一次紧紧地拥抱在一起。

寒暄之后，邓颖超并没有急着把毛泽东和周恩来的信拿给宋庆龄，而是与宋畅叙老朋友的别离之情。紧接着，邓颖超把她参加土改、解放区翻身农民的喜悦和踊跃支前以及中国妇女第一次全国代表大会召开、新政协筹备等情况向宋概要叙述，宋庆龄听得入了迷。介绍完情况，邓颖超把书信送给了宋庆龄。宋庆龄读了毛泽东和周恩来的信之后，深受感动。

邓颖超到上海一个多月后，宋庆龄终于接受毛泽东和周恩来的邀请，决定离沪北上。

1949年8月28日，宋庆龄在邓颖超的陪同下，离开上海赶赴北平。下午4时15分，当宋庆龄乘坐的专列来到北京前门火车站时，毛泽东与朱德、周恩来、林伯渠、董必武、李济深、何香凝、沈钧儒、郭沫若、柳亚子、廖承志等五十余人已经站在月台上迎候了。中央儿童保育院的孩子们给她献上了鲜花。当晚，毛泽东还特别为宋庆龄举办了欢迎宴会。

1949年9月21日到9月30日，中国人民政治协商会议第一届全体会议在中南海怀仁堂隆重开幕。宋庆龄作为特邀人士的首席代表出席了会议。在孙中山和毛泽东的巨幅画像下，宋庆龄在开幕式上发表了热情洋溢的讲话，她在讲话中充分肯定了中国共产党的伟大历史功绩。会议上，宋庆龄当选为中央人民政府副主席。10月1日，中华人民共和国开国大典在北京天安门隆重举行，宋庆龄与毛泽东、朱德、刘少奇、周恩来等党和国家领导人来到天安门城楼上，一起迎来了新中国诞生的伟大时刻。

毛泽东致司徒美堂①

（一九四九年一月二十日）

司徒美堂先生：

去年十月二十三日惠书，因交通阻梗，今始获悉。热情卓见，感佩殊深。中国人民解放斗争日益接近全国胜利，召开新的政治协商会议，建立民主联合政府，团结全国人民及海外侨胞的力量，完全实现中国人民的独立解放事业，实为当务之急。为此，亟待各民主党派各界民主人士共同商讨。至盼先生摒挡公务早日回国，莅临解放区参加会议。如旅途尚需时日，亦祈将筹备意见先行电示，以利进行。谨电欢迎，并盼赐复。

毛泽东

一九四九年一月二十日

这是1949年1月20日，毛泽东写给司徒美堂回国参加新政协的邀请函。

司徒美堂是一位伟大的爱国主义者，是深受海内外人士尊敬的著名的华侨领袖，是中国致公党卓越的创始人之一。他一生追求真理、心向进步、向往光明，其所作所为、所思所想，都彰显着“爱国”二字。

司徒美堂与中共领导人毛泽东、周恩来等相识、相交，始于抗战时期，此后历经解放战争、新中国成立和土地改革等，他们之间结下了弥足

① 选自《毛泽东书信选集》，中央文献出版社，2003年11月第1版，第287页。司徒美堂（1868—1955），广东开平人，爱国华侨领袖，曾任美洲致公党主席，1949年应邀回国参加中国人民政治协商会议第一届全体会议，新中国成立后曾任中央人民政府委员、全国人大常委会委员。

珍贵的友谊。

1941年1月，身在美国纽约的司徒美堂觉得“国共分裂形势严重，祖国将有内战爆发之虞”，便以美洲洪门总干部监督名义致电国共两党领袖，指出中国的抗战“四万万五千万同胞人人需要出财出力，甚至出命，团结一致，以争取整个国族之生存”。收到司徒美堂等的电函，3月14日毛泽东复电司徒美堂，介绍了国内的抗战形势，并指出，“国共合作，已遇严重之危机”“中国今日决不能同时进行既对外又对内之两个战争，必须完全取消国民党当局的反共计划，并驱逐亲日派，团结全力，以与日寇相搏斗，抗战始有胜利可期”。1941年底，太平洋战争爆发，司徒美堂在香港陷于日本特务之手，幸得中共地下组织派人营救，方化装脱险。1942年秋，他辗转到了重庆，受到中共周恩来、董必武、邓颖超的热烈欢迎。周恩来口头转达了毛泽东主席“欢迎美堂先生在方便的时候访问延安”的邀请。司徒美堂复函向毛主席表达了敬意和谢意，却因需赶返美国，访问延安未能成行。

1945年3月12日，司徒美堂提议美洲洪门致公总堂“改堂为党”，创建“中国洪门致公党”，并被选为全美总部的主席。1946年他归国，拟以华侨政党“中国洪门致公党”的身份参与祖国复兴。然而，蒋介石发动内战，人民饥寒交迫，使司徒美堂又一次感到失望。1947年7月，司徒美堂发表声明，脱离中国洪门民治党（中国洪门致公党前身）。1948年，他拒绝参加国民党召开的“国大”，后避居香港。

1948年4月30日，中共中央发布“五一口号”，提出召开新政协会议主张，使司徒美堂深受鼓舞，他以美洲洪门致公堂总监督的身份，在香港招待记者，并发表声明，公开拥护中共“五一口号”。他认为，不站在蒋介石那一边，必然是站在中国人民这一边；要打倒蒋介石，拯救祖国，就必须拥护真正爱国爱民的共产党。

1948年10月23日，司徒美堂从香港返美前夕，中共华南分局连贯设宴为之饯行。司徒美堂即席亲书《上毛主席致敬书》：“美堂奔走革命六十余年，深信民主政治必须实现，今南京蒋介石政权，专制横暴，倒行逆施，贪污腐化，卖国求荣，发动剿民内战，搜刮民间资财，人心向背，千夫所指，覆亡之日，必在不远。贵党与各民主党派所号召之新政治协商会议，以组织人民联合政府，美堂认为乃解决国内政治唯一之方法，衷心表示拥护。当号召海外侨胞与洪门兄弟誓为后盾。”他表示衷心接受中国共产党领导，坚决跟着共产党走，并郑重承诺：“新政协何时开幕，接到电召，当即回国参加。”这封信就是毛泽东信中所指的“去年十月二十三日惠书”。1948年10月30日，司徒美堂返回纽约，发动美洲华侨支持祖国的独立解放事业。

因交通受阻，投递费时，司徒美堂的信直到1949年1月20日才被毛泽东收到。毛泽东亲笔给司徒美堂写下了这封回信。回信中，毛泽东称赞司徒美堂“热情卓见，感佩殊深”，并“至盼先生摒挡公务早日回国，莅临解放区参加会议”。当他的回信寄到美国，抵达司徒美堂手中之时，解放军已经渡过长江。当百万中共的部队横渡长江，痛惩在中国挑衅的外国军舰“紫石英号”时，目睹百年中国屈辱史的海外华侨群情振奋。

后在中共地下组织的周密安排下，司徒美堂结束了六十九年的旅美生活，冲破国民党重重阻挠，于1949年9月抵达北京，以海外华侨民主人士的身份出席了中国人民政治协商会议的预备会议和第一届全体会议。1949年10月1日，他参加了开国大典，见证了新中国的成立。

新中国成立后，司徒美堂当选中央人民政府委员、全国人大常委会委员、全国华侨事务委员。他经常保持与海内外侨胞的联系，帮助他们解决困难和问题，向海外华侨报告祖国大陆解放后的情况，宣传政府各项政策，驳斥帝国主义分子和反动分子的造谣诬蔑。他关心海外留学人员，在他的影响下，不少新中国成立前留学欧美的学生陆续回国参加祖国建设。

毛泽东致陈嘉庚[①]

（一九四九年一月二十日）

嘉庚先生：

中国人民解放斗争日益接近全国胜利，需召开新的政治协商会议，建立民主联合政府，团结全国人民及海外侨胞力量，完成中国人民独立解放事业。为此亟待各民主党派及各界领袖共同商讨。先生南侨硕望，人望所归，谨请命驾北来，参加会议。肃电欢迎，并祈赐复。

毛泽东

一九四九年一月二十日

这是1949年1月20日，毛泽东在西柏坡写给陈嘉庚回国参加新政协的邀请函。

陈嘉庚，爱国华侨领袖、企业家、教育家、慈善家、社会活动家。他一生为辛亥革命、民族教育、抗日战争、解放战争、新中国的建设作出了卓越的贡献，曾被毛泽东誉为“华侨旗帜、民族光辉”。

毛泽东和陈嘉庚在抗日战争中相识、相交。陈嘉庚作为具有强烈爱国意识的南洋华侨领袖，在祖国遭受外敌入侵的关键时刻，更加关注国内形势和战局的发展，他带领华侨捐钱捐物，支持国内抗战。

毛泽东与陈嘉庚的交往始于1940年5月陈嘉庚率“南洋华侨回国慰问

---

① 选自《毛泽东书信选集》，中央文献出版社，2003年11月第1版，第288页。陈嘉庚（1874—1961），福建厦门人，爱国华侨领袖。1949年应邀回国参加中国人民政治协商会议第一届全体会议，新中国成立后曾任中央人民政府委员、政协全国委员会副主席、全国人大常委会委员、中华全国归国华侨联合会主席。

考察团”的延安之行。这次延安之行，不论是毛泽东其人，还是毛泽东的工作作风、生活环境，以及共产党人的勃勃生机都给陈嘉庚留下了深刻的印象，让他觉得延安就是中国的希望所在，用陈嘉庚的话是：“我未往延安时，对中国的前途甚为悲观，以为中国的救星尚未出世，或还在学校读书。其实此人已经四五十岁了，而且做了很多大事了，此人现在延安，他就是毛主席。”

1948年4月30日，中共中央发布了“五一口号”，中共中央号召“各民主党派、各人民团体、各社会贤达迅速召开政治协商会议，讨论并实现召集人民代表大会，成立民主联合政府”。“五一口号”发布后，很快传到海外，海外侨胞反应非常热烈。5月4日，陈嘉庚主持召开新加坡侨团大会，在海外率先响应“五一口号”，支持中国共产党的政治主张，并代表新加坡一百二十个华侨团体致电毛泽东表示响应，马来西亚、印尼、菲律宾、缅甸、加拿大、古巴等海外各地侨团也纷纷函电表示支持。

毛泽东于10月1日给陈嘉庚等侨团复电：“陈嘉庚先生并请转各地侨胞民主团体及一切主张民主的侨胞公鉴：5月4日新加坡侨团大会来电及各地侨团函电因交通阻隔，今始奉悉。诸先生关怀祖国，赞助敝党5月1日对时局主张，热心卓见，无任感佩。诸先生对各界侨胞对于召集新政治协商会议的各项意见，尚望随时电示，以利进行，实深期盼。”

1948年8月起，各民主党派、各界民主人士代表陆续进入解放区，但直至1949年1月初，中央仍未得到陈嘉庚的消息。因此，1月20日，毛泽东在西柏坡又写下了这封诚挚邀请陈嘉庚回国共商国是的信，字里行间充满了对陈嘉庚的期盼。

与此同时，中共香港工委找到与陈嘉庚关系密切的庄希泉，请他赴新加坡与陈嘉庚联系。庄希泉到新加坡拜会了陈嘉庚，转达了中共要他回国参加政协会议的真诚邀请。陈嘉庚虽然当即接受了邀请，但也有顾虑。他说：“我担心这样一来，新加坡殖民当局会难为我的家人和我在南洋的产业。”庄希泉解释说：“这不要紧，你尽管回国内，你可以声明，不是你自己要去，而是国内发表对你的任命，盛情难却。这样，当局考虑到各方面的影响以及与新中国的关系，不至于采取不明智的态度。”陈嘉庚听了这番话以后很高兴，表示愿意回国。

不久，陈嘉庚收到了中共中央主席毛泽东于1949年1月20日写给他的亲笔邀请信。陈嘉庚深知这封信的特殊分量，接电后，他立即复电：“革命大功将告完成，曷胜兴奋，严寒后决回国敬贺。蒙电邀参加新政治协商会议，敢不如命。惟庚于政治为门外汉，国语又不通，冒名尸位，殊非素志。千祈原谅。”

当时，新加坡国民党特务活动猖獗，一时谣言纷传，对陈嘉庚竭尽造谣诬蔑之能事；又大加威胁恐吓，扬言将以手枪相对。陈嘉庚不为所动，慨然表示：“与独裁专制之蒋政权决裂，乃深思熟虑之准确选择，任何手段，决难动摇！”

1949年5月5日，七十多岁的陈嘉庚和庄明理、张殊明等人乘坐“国泰”轮离开新加坡，正式启程回国。5月9日，陈嘉庚到达香港，稍做停留后于5月28日换乘“捷盛”轮继续北上；6月3日，到达天津大沽港；6月4日，乘坐专车到达北平，受到董必武、林伯渠、叶剑英、李维汉、李济深、沈钧儒等各界人士和百余名华侨学生的热烈欢迎。7日晚上，周恩来陪同陈嘉庚前往香山，和毛泽东、朱德、刘少奇一起畅谈，陈嘉庚为抗日所作的贡献、所受的磨难受到了充分的肯定。毛泽东说：“陈先生现在讲闽南话，我讲湖南话，我们通过翻译不是交谈得很好吗？心通胜于言通啊！”

6月15日，新政协筹备会在北平召开，陈嘉庚作为海外一千万华侨的首席代表出席了会议。新政协筹备会闭幕后，陈嘉庚于6月下旬乘火车离开北平，赴东北进行考察，直到8月底结束。

9月21日，陈嘉庚出席了中国人民政治协商会议第一届全体会议，并以华侨首席代表身份在会上发言，表示拥护毛主席的开幕词，拥护《共同纲领》，“愿无保留地予以接受”并“努力促其实现”。会议期间，他提出七项富有建设性的提案，均被大会接受。在这次大会上，陈嘉庚当选为全国政协常务委员和中央人民政府委员会委员，随后又被任命为华侨事务委员会委员。

1949年10月1日，陈嘉庚登上天安门城楼参加开国大典，目睹了人民解放军雄壮的阅兵式，充满了作为一个堂堂中国人的无比自豪感。这一天，毛泽东应陈嘉庚等人之请，为广大侨胞题词：“侨胞们团结起来，拥护祖国的革命，改善自己的地位。”

1956年10月，陈嘉庚当选侨联主席，他以耄耋高龄，不顾舟车劳顿，驰驱祖国各地，提出建议、方略，致力于祖国社会主义建设事业。特别是在推动华侨爱国大团结、鼓励华侨支持祖国和家乡建设方面，起了积极作用。

陈嘉庚以“华侨旗帜、民族光辉”的爱国典范所产生的巨大影响，为新政协会议的圆满成功，为民主联合政府的顺利组成，为新中国的胜利诞生，以及为祖国的建设与发展，作出了重大的历史贡献。

毛泽东、朱德致李济深、沈钧儒、马叙伦、郭沫若等[①]

（一九四九年二月二日）

李济深、沈钧儒、马叙伦、郭沫若、谭平山、彭泽民、章伯钧、李锡九、蔡廷锴、周建人、符定一、章乃器、李德全、胡愈之、沙千里、茅盾、朱学范、陈其尤、黄振声、朱蕴山、邓初民、翦伯赞、王绍鏊、吴晗、许广平、楚图南、丘哲、韩兆鹗、许宝驹、田汉、洪深、侯外庐、沈兹九、宦乡、杨刚、曹孟君、李文宜、罗叔章、刘清扬、张曼筠、施复亮、孙起孟、严信民、李民欣、梅龚彬、沈志远、周颖、安娥、吴茂荪、何惧、林一元、赖亚力、孔德沚、袁震、沈强、王蕴如[②]诸先生共鉴：

二月一日来电读悉，极感盛意。中华民族与中国人民的解放斗争，百余年来，前仆后继。无数先烈的鲜血，洒遍了锦绣山河，亿兆后起的人民，表现了英雄气概。此次人民解放战争之所以胜利，是由于全国人民不畏强御，团结奋斗，各民主党派各人民团体一致奋起，相与协力，从而使人民解放军获得各方面的援助，使人民的敌人完全陷于孤立。胜负之数，因以判明。现在残敌尚存，诡谋时作。求喘息谓为求和平，待外援名曰待谈判。口

① 选自《毛泽东书信选集》，中央文献出版社，2003年11月第1版，第289～290页。

② 李济深、沈钧儒、马叙伦、郭沫若等五十六人，是当时已到达解放区的各民主党派、各人民团体、文化艺术界、新闻界、社会科学界以及其他方面的有影响的爱国人士，他们在1949年2月1日联名致电毛泽东、朱德等，庆祝人民解放战争的伟大胜利。

诵八条[1]，手庇战犯，眼望美国，脚向广州。欲求人民解放斗争获得最后胜利，必须全国一切民主力量同德同心，再接再厉，为真正民主的和平而奋斗。诸先生长期为民主事业而努力，现在到达解放区，必能使建设新中国的共同事业获得迅速的成功。特电布复，敬表欢迎。

毛泽东 朱德

二月二日

1948年4月30日，中共中央发布“五一口号”，受到了各民主党派的热烈响应。随后，中共中央在西柏坡部署指挥作战的同时，也在积极筹备召开政治协商会议。9月20日，负责统战工作的周恩来亲自拟定了邀请港沪及长江以南各地来解放区的民主人士名单，同时指出，“各方人士于今冬明春全部进入解放区方为适宜”“北来人士，拟先集中哈尔滨招待商谈；华北民主人士如直接进入解放区则集中华北。视战事发展，明春或来华北或即在哈市召开新政协”。9月26日，中央统战部正式成立，具体负责接待民主人士进入解放区和筹备新政协的各项事宜。

为着参与共同建立一个独立、民主、和平、统一、康乐的新中国，大批民主人士开始纷纷北上，拥护召开新政协，讨论成立联合政府。在这封信抬头中的李济深、沈钧儒、马叙伦、郭沫若等五十六人，就是当时已经到达解放区的各民主党派、各人民团体、文化艺术界、新闻界、社会科学界以及其他方面的有影响的爱国人士。

1948年12月30日，毛泽东为新华社写了题为“将革命进行到底”的新年

---

① 指1949年1月14日中共中央主席毛泽东提出的关于同南京国民党反动政府进行和平谈判的八项条件。这些条件是：（一）惩办战争罪犯；（二）废除伪宪法；（三）废除伪法统；（四）依据民主原则改编一切反动军队；（五）没收官僚资本；（六）改革土地制度；（七）废除卖国条约；（八）召开没有反动分子参加的政治协商会议，成立民主联合政府，接收南京国民党反动政府及其所属各级政府的一切权力。当时南京当局口头上表示接受这八条作为谈判的基础。

献词，把召开政治协商会议、宣告中华人民共和国成立、组成共和国的中央政府，作为当年的主要任务。淮海战役胜利后，1949年1月14日，中国共产党中央委员会主席毛泽东发表《关于时局的声明》指出，为了迅速结束战争，实现真正的和平，减少人民的痛苦，中国共产党愿意与南京国民党反动政府及其他任何国民党地方政府和军事集团在所列条件的基础上进行和平谈判。这些条件包括惩办战争罪犯、废除伪宪法、召开没有反动分子参加的政治协商会议、成立民主联合政府等八项，并希望各民主党派、各人民团体团结起来争取真正的民主的和平。1月22日，李济深、沈钧儒、马叙伦、郭沫若等五十五位民主人士发表《我们对于时局的意见》，声明愿在中共领导下，期待革命迅速成功，独立、自由、和平、幸福的新中国早日实现。在春节前后，各民主党派和各人民团体的代表人士接连发表声明，公认在中国共产党的领导之下，依照八项和平条件，一定能达到真正持久的和平。

1月31日，北平和平解放，平津战役宣告胜利。中共中央、中央军委在西柏坡部署指挥的辽沈、淮海、平津三大战役的胜利，使得长江以北的国民党军主力基本消灭殆尽，全国解放胜利在望。2月1日，五十六位爱国人士联名致电中国共产党中央委员会主席毛泽东、中国人民解放军总司令朱德，庆祝北平和平解放和人民解放军的伟大胜利，进一步表示愿意追随中共，加紧团结，为实现最后的胜利和中国的建设奋斗到底。

这封信是2月2日，毛泽东、朱德给李济深、沈钧儒、马叙伦、郭沫若等五十六人的复电。在复电中，毛泽东、朱德表示此次人民解放战争之所以胜利，是由于全国人民不畏强暴，团结奋斗，各民主党派各人民团体一致奋起，相与协力，从而使人民解放军获得各方面的援助……“诸先生长期为民主事业而努力，现在到达解放区，必能使建设新中国的共同事业获得迅速的成功。”可见毛泽东、朱德对各民主党派各人民团体的贡献给予了很高的评价。为了人民解放斗争获得最后的胜利，毛泽东还提出，“必须全国一切民主力量同德同心，再接再厉，为真正民主的和平而奋斗”，并希望诸位民族人士要“长期为民族事业而努力”，这样“必能使建设新中国的共同事业获得迅速的成功”。

毛泽东致周恩来①

（一九四九年二月二十六日）

周：

（一）少奇修改政策汇编（似可用此四字为书名），请印数十份，作为清样，发给二中诸同志。正式出书，可在二中后一二星期内，以便重校一次。

（二）一月八日政治局决议请重印若干发给二中诸人。

毛泽东

二月廿六日早

这封信是中共七届二中全会召开前夕，1949年2月26日早晨，毛泽东写给周恩来关于召开七届二中全会要做好学习材料的准备工作的指示。信的主要内容是要求将《政策汇编》书稿清样和一月八日中央政治局会议决议各印数份，发给参加七届二中全会会议代表阅读学习。

众所周知，中共七届二中全会是描绘新中国蓝图的一次盛会。决定中国命运的三大战役胜利结束后，中共即将进入北平、天津等大城市，党的工作重心要从农村转到城市，在这个新的历史转折点召开党的中央全会，筹备召开新的政治协商会议，制定起临时宪法作用的《共同纲领》，制定经济建设方针，是建立新中国的必要准备。就是在这样的一次会议召开前，毛泽东致信周恩来，指明参加会议人员的学习材料，要求与会的每位代表更加全面地了解当时的革命发展形势，掌握近期中国共产党的革命任

① 选自《西柏坡纪事》，中央文献出版社，2011年6月第1版，第843页。

务，做好成立一个新中国的各项准备工作。

信中所说的《政策汇编》，是指当时由西柏坡中央政策研究室编辑的1948年以来党的重要文件专集。毛泽东专门指示将其作为七届二中全会的会议资料，发给与会的每位代表学习，可见书中的内容极为重要。作为党内文件的汇编，该书分为形势与任务、军事、城市政策、农村政策、党的建设、主要经验的介绍等八部分，汇集了毛泽东、任弼时、习仲勋的文章以及中共中央、中宣部、新华社等部门发布的文件、发表的文章等共一百零七篇。在七届二中全会结束后的5月、6月，中共中央东北局、华中局等也都将其印刷成书，而且印制考究，采用的是当时解放区少有的布面精装本，更加彰显了该书的重要性。其实，早在1949年1月10日，在西柏坡的周恩来召集陈毅等开会商讨南下人员的调剂、军费预算等问题时，就让时任中央办公厅主任的杨尚昆“要收集平津一带的各种政策文件，送各区参考”，并特别叮嘱：“要记着办理！”据杨尚昆回忆录记载：“这就是后来在七届二中全会上发给代表们的《政策汇编》。”七届二中全会召开时，“会议把毛主席起草的决议草稿和我们收集并经少奇同志核定的《政策汇编》印发给与会同志”。

那么，毛泽东为什么要参会代表学习一月政治局会议的决议呢？主要是因为一月政治局会议是七届二中全会的预备会。当时，在全国解放战争胜利大局已定的形势下，1949年1月6日，中央召集东北、华北、华东、西北以及华北人民政府、北平军管会和主管财政工作方面的人到西柏坡召开中央政治局会议，一起讨论新的一年的任务。毛泽东在信中所指的“一月八日政治局决议”就是由他起草并在会上通过的决议——《目前形势和党在一九四九年的任务》。决议的主要内容是分析了当时解放战争的发展形势、阶级力量对比变动，指出了共产党的外交政策，提出了如何防止胜利冲昏头脑、关于南下作战和党的建设等问题，明确了共产党1949年的十七项主要工作任务。决议中还明确指出，“北平解放后，必须召集第七届第二次中央全体会议”，并指明召开七届二中全会的任务是分析目前形势和规定党的任务、通过准备提交政治协商会议的《共同纲领》的草案、通过组成中央政府的主要成分的草案、批准军事计划、决定经济建设方针、决定外交政策等七项。一月政治局会议为七届二中全会的召开作了重要准备，所以毛泽东要求与会代表学习了解这次会议的决议。

此外，在这封信上，周恩来回复毛泽东："已照办。政策汇编、政治局决议即付印。"关于七届二中全会召开之前的会议准备材料，除了这些外，3月3日，毛泽东又函告周恩来："请即将中共六次大会的政治决议铅印若干份发给参加二中全会的各位同志，作为讨论经济政策问题的参考。"可见，为建立一个崭新的中国，毛泽东非常重视干部的教育学习。因为面对新的形势和任务，需要全面提高干部的素质，以保证党的干部能够适应复杂多变的革命环境，以较高的知识理论水平和业务管理能力胜任城市管理等各项工作。在七届二中全会最后一天，毛泽东作的会议结论中，谈到关于马列主义与中国革命的关系时，他提出"要学习'干部必读'的十二本书，提高马列主义理论水平"，强调"现在积二十多年之经验，深知要读这十二本书，规定在三年之内看一遍到两遍。对宣传马克思主义，提高我们的马克思主义水平吗，应当有共同的认识。……如果在今后三年之内，有三万人读完这十二本书，有三千人读通这十二本书，那就很好"。为了迎接新中国的到来，全党干部兴起了学习热潮。这套由党中央重新编审、毛泽东审批送交七届二中全会的"干部必读"十二本书，从1949年6月到1950年6月一年间印行总数达三百万册，成为广大干部群众学习马列主义理论的必备书，有效地提高了全党的政治理论水平。

朱德致毛泽东等[①]

（一九四七年七月二十日）

毛主席、恩来、弼时、定一[②]、德怀诸同志：

七月十七日土地会议开幕，十八、十九、二十，三天都是晋冀鲁豫代表作报告，土改是比较做得彻底的区域，经验教训很多很好，人民翻身也比较翻过来了。因之工作建立在这样新政权上面，解决各种困难是有把握的。其次是山东以下的区域都还须用大力，才能改造过来，各方面都正在着急的用大力在土改中。各地代表都已到齐，未开幕前已互相谈话，约一星期，各解放区情形已知道一个轮廓，材料也带来不少。工委工作也才开始，慢慢开始研究。华北及东北水陆交通均便，山东及太行可通汽车，处处可通大车，小吉普在大车路上亦可通行。因之将来我们与各解放区把交通弄得更快更好些，拟在这次代表会议上，把经验交换后，以后利用交通便利，作为经常的交换经验教训枢纽。土地会议后，在今年十一二月间，最好召集几个会议，第一是兵工会议；其次是参谋会议，二局、三局[③]的会议；再其次是交通运输会议，哪管是大车会议亦必须要。因将来大军反攻时，最重要的补充是炮弹、炸药的大批补充，同时也是运输的重要。

① 选自《建党以来重要文献选编》（第二十四册），中央文献出版社，2011年6月第1版，第244～247页。

② 定一，即陆定一（1906—1996），江苏无锡人，时任中共中央宣传部部长、中央直属支队政治委员。

③ 二局、三局分别指中共中央军事委员会总参谋部作战部第二局、第三局。

现在各地破坏交通，已很难修复，虽中央下了命令后[1]，战术上的要求仍须破坏。但是组织运输工具，仅太行有一小型运输公司，东北有铁道五千公里尚在行驶外，其他地方全靠人民与大车，运粮、运弹与伤兵的后送，这是越来越困难的。我们应该早注意组织及召集这样会议。兵工会议，是迫切必需的。各地均有大小规模的工厂，技术问题许多地方尚不能解决，有些地方条件很好，应多办，有些地方可少办。交流经验教训、技术的解决，均须从速，应召集此会议。参谋会议能交换战术、技术上之新发现，及将来反攻所遇到的新事件，应加以考虑，早为准备。二局、三局系统较专，现发展很多，各自为政，如不及早统一，将来有被泄之各种危险。我意在华北及东北交通便利之下，可召集这些会议。参谋长叶剑英同志会后可不回三交[2]。在工委[3]指导下召集这些会议，对反攻是有大帮助的，请你们批准。

晋察冀工作，这三月来已有转变，前已电呈。现在野战军已完全组成，所委人员已到职，人员补充也正在进行，约可得一万补充兵，大部是俘虏。地方动员因土改不彻底，难动员来，来了也跑得快，因此充实兵员是一大困难。已注意将后方向前线挤，后勤已组织好，支援前线已较前合理而有力。兵工有大进步，并有大希

① 这里指1947年6月4日毛泽东为中共中央起草的给各中共中央局和战略区领导人的电报。这份电报指示各地：“除局部性的战术性破坏外，一切大规模破坏铁路的行动应予停止。”

② 三交，即山西省临县三交镇。当时中共中央后方委员会驻于此地，叶剑英任后委书记。

③ 工委，即中共中央工作委员会。1947年3月19日，人民解放军撤出延安后，中共中央书记处五位书记中，毛泽东、周恩来、任弼时继续留在陕甘宁边区领导全国的解放战争，刘少奇、朱德和部分中央委员组成以刘少奇为书记的中共中央工作委员会，到西柏坡开展中央委托的工作。1948年5月，中共中央和毛泽东到达西柏坡以后，中共中央工作委员会即行结束。

望，机器、原料及人工均不缺乏，本月整理后生产力增加一倍以上。前说迫击炮弹能产五千，现整理后七月能产一万八千颗。野炮山炮弹均能产，技术上已解决。如大规模生产，经济感觉困难，现预算十八万石粮食小米[①]计算。将来如加大，须增加一倍至二倍时，预算亦必增加。我与董老[②]商量，决心将此兵工厂尽现有机器及人力、物力尽量使用，多余炮弹、炸药可供各根据地前线使用。经济不够，可由董老设法调剂。除炮弹、炸药外，各种子弹、棉花药亦能造。将来拟将这个兵工厂成为公共的厂为适宜，对各方亦适中。

最近，野战军进行青沧战役[③]及徐固战役[④]后，引起敌人大集中。傅作义[⑤]部开来两师，一〇一师、骑四师；十六军全部到冀，十三军的第四师也来北平。敌在平津保三角地带[⑥]"扫荡"并来冀中，野战军正在休息补充中，有很好的运动战的机会也不能打，只得补充足、整理好，以十个旅打击敌人十个团的计划来进行教育为目的，好好打一次十个团的歼灭战，此间敌人就能大转变，转到只能守，成为被动。这是很有可能的。野战军技术是提高了，十个旅在一处作战的指挥艺术尚未练熟。整顿队伍还

---

① 抗日战争和解放战争时期，各解放区分别发行币值不同的货币，加上物价不稳，所以预决算和供给标准均以小米计算。

② 董老，指董必武，时任中共中央政治局委员、中共中央工作委员会常务委员、华北财经办事处主任。

③ 青沧战役，指晋察冀野战军1947年6月12日至15日在冀中地区进行的一次进攻战役。此役攻克青县、沧县（今沧州市）等，共歼敌1.3万余人，控制铁路180多里。

④ 徐固战役，又称保北战役，指晋察冀野战军1947年6月25日至7月6日在保定以北地区进行的一次进攻战役。此役攻克徐水、固城（属定兴），共歼灭国民党军八千二百余人。

⑤ 傅作义，时任国民党军张垣（即张家口）绥靖公署主任。

⑥ 平津保三角地带，指北平、天津、保定三城市之间的地区。

好，惟组织队伍、巩固部队尚差。如过去一军团一样，只知要补充，补充后一次两次又光了。因此，两个战役中间不能不要求休息，但是锐气很好，将来是可以成为很好的队伍。将来可以再编成一个纵队，加入野战军。现已整编七个地方独立旅，均有老底子的，可抽三个旅编成一个纵队。四个纵队就更好使用了。

我往冀中月余，该地人力、物力尚富，如将土改搞好，农民大翻身后，将来可为支援各解放区的策源地，如东北出军，当以冀东、冀中为供给地。在冀东、冀中两地打好几个大仗，消灭蒋傅[①]主力于此地，比较消灭于察热[②]地带为有利，是在主要根据地中，群众条件好，供给容易，我之交通运输容易，各种重炮均能使用。在平津保三角地带，可能寻求机动战，应在结冰时。在北宁路[③]秦皇岛、唐山等地，攻其所必救。如在此打好了仗，对傅之察热的进攻容易，那时将配合内蒙、热河的骑兵，袭扰傅之绥远[④]、五原的大后方，作不断的袭扰，截断平绥路[⑤]成为数段，再用大兵各个歼灭之。据杨得志[⑥]说，不要轻视傅作义，他有两手，能进能退，能攻能守，能空、骑、步、炮配合使用，就是他的长处。如分散他，他的战斗力并不很强。这个话是对的，我们应注意。如进行战役，当在明年春后为宜。

各解放区野战军反攻时，应特别注意组织后方运输补给，尽管

---

① 蒋，指蒋介石的嫡系部队；傅，指傅作义部察绥军队。

② 察，指察哈尔，旧省名，原辖今河北省西北部地区和内蒙古自治区的锡林郭勒盟，1949年后改辖今河北省西北部和山西省北部地区，1952年撤销；热，指热河，旧省名，辖今河北省东北部、辽宁省西南部和内蒙古自治区东南部地区，1955年撤销。

③ 北宁路，指北平经天津至辽宁沈阳的铁路，今京哈线一段。

④ 绥远，旧省名，辖今内蒙古自治区中部地区，1954年撤销。

⑤ 平绥路，指北平至绥远包头的铁路，即今京包线。

⑥ 杨得志（1911—1994），湖南醴陵人，时任晋察冀野战军司令员。

是些微的补充（大部由前线解决），也是必须的。现时敌人处处有碉堡，应有炮随行，自然成为重兵，才能顺利克服碉堡的困难。

此间将来能为前线补充的，一是大批干部，拟抽调一万个干部，训练一时期，逐次应各方之请求给予之。二是炸药、炮弹，将来亦能供给。我们向这两方面努力，帮助前线。现邮政各区都办得不坏，一般的通信及书报可经过邮线通邮。

财经办事处已计划开始，发生效力颇大，与各区的经济财政有帮助。此次土地会议亦与各方帮助不小，特别是新解放区占领后两三月内即可初步解决土改及建立政权，作为野战军的根据地的可能，因之解放区的中央政府有成立之必须，请你们考虑。

专此，祝你们

健康

朱德

七月二十日于平山地区

1947年3月18日，面对数倍敌人的疯狂进攻，中共中央主动撤离延安，开始了转战陕北的艰苦历程。1947年3月29日，中共中央机关转移到陕北清涧县枣林沟，召开会议将中央机关进行分工，毛泽东、周恩来、任弼时组成中央前敌委员会，率领中央机关和人民解放军总部继续留在陕北，主持中共中央和中央军委工作；刘少奇、朱德、董必武组成中央工作委员会，前往晋西北或者其他适当地点开展中央委托的工作。

1947年5月初，朱德同刘少奇一起率领中央工委先期转移到西柏坡。7月12日，中央工委在西柏坡正式成立。这封信是1947年7月20日，中央工委在西柏坡召开全国土地会议期间，朱德向转战陕北继续指挥全国解放战争的毛泽东、周恩来、任弼时等中央前委的同志们请示和汇报当时晋察冀主要工作情况时所写。

当时，晋察冀地区的军事工业分散在各地，管理也不统一，远远不能适应战争发展的需要。1947年7月间，朱德召晋察冀军区工业部副部长、边区政府工业局副局长刘鼎到西柏坡，要他说说对军工生产的想法时，刘鼎提出：“第一，晋察冀和晋冀鲁豫两个根据地，军工厂有几十个，工厂非常分散，领导和管理分散，产品生产计划不统一。最好统一领导统一管理，统一安排产品生产计划，才能保证炮弹和炸药的大规模生产，来保证战略大反攻的供给。第二，要尽快解决生产出来的大量炮弹和炸药能及时运送到前线的问题。”朱德经过认真调查研究，认为要把分散的军工生产统一起来，大规模发展炸药和炮弹的生产，“这与打垮蒋介石的时间有很大的关系”。为此，在信的开头，朱德首先提出了建议土地会议结束后，根据战争发展需要，中央工委在11月至12月应尽快召开晋察冀兵工会议、参谋会议和交通运输会议，解决兵工厂的武器弹药送往前线的运输问题，以便于加强战略反攻的准备工作的请示。他认为，因为我军将来反攻时，最重要的是炮弹、炸药的补给，同时运输也很重要，所以指出“各解放区野战军反攻时，应特别注意组织后方运输补给，尽管是些微的补充（大部由前线解决），也是必需的”。

在信中，朱德还向中共中央汇报了全国土地会议召开期间及其前后各地土地改革情况、晋察冀战场三个月以来敌我双方军事活动情况及军工武器生产供应情况。

晋察冀边区在抗战胜利后的注意力在根据地建设，军事建设较为薄弱。内战爆发后，对国民党的进攻只是自卫反击，没有打过大的歼灭战，集宁、大同、张家口、承德等战役相继失利。由于晋察冀战场连接华北和东北，其胜败如何对东北、华北和晋冀鲁豫战场形势影响很大，为此，毛泽东致电指示把晋察冀的军事问题解决好。中央工委到达西柏坡后，为尽快扭转华北战局，确定了“打大歼灭战”的战略指导思想，统一思想认识，在组织上进行了调整，组成强有力的野战军指挥机构。1947年5月31日，朱德致电毛泽东，提出重新组建晋察冀野战军的主要领导人选。经中央同意后，朱德亲自指导再次组建晋察冀野战军，并与晋察冀军区分开，杨得志任司令员，罗瑞卿任政治委员，杨成武任第二政治委员，耿飚任参谋长，下辖三个纵队，还首次组建了一个炮兵旅。6月1日，朱德向中央军委报告建立军区后勤部，统一领导军区供给、卫生、兵站、运输、补充新兵、训练俘虏等工作，加强野战部队的训练与整顿，以适应打运动战、歼灭战的要求。

在中央军委和中央工委的指导下，晋察冀野战军连续发动南下正太、东取青沧、出击保北三次战役，取得了三战三捷的胜利，掌握了华北战场的主动权，也标志着华北我军转入了主动进攻阶段。朱德对晋察冀战场局势转变很满意，他在信中写道："晋察冀工作，这三月来已有转变。"

1947年9月19日，毛泽东在回复的电报中称赞朱德"朱总司令意见很好"，并指示，"唯开参谋、通讯等项会议在目前情况现是否适宜，请与少奇商量酌办"。经中共中央同意后，1947年12月20日至1948年1月12日，中央工委在西柏坡召开了华北各解放区军工会议、交通会议，除晋察冀、晋冀鲁豫解放区外，晋绥、山东和大别山刘邓部的代表也出席了会议。

朱德致姚依林等①

（一九四七年七月二十三日）

姚刘刘②三同志：

晋察冀兵工厂两三月来整理后大有进步，再加以二等军区兵工厂均统一指挥领导后，更加便利于大发展。我要求你们要争取时间尽先完成，又要能适用，取得各战地的赞美，那时自然不愁款项无着。但是你们计划不可过于太贵，应尽现有材料或征收民间钢铁等，尽量减低成本，发动工人为前线义务服务，如再急需昼夜开工等等计划以确实可靠为准，任务能做到支援全国性的反攻军所用。以炮弹特别是山野炮弹、炸药绵药为重要，其次是迫（击）炮八二、五〇、六〇的为适用，其他是机枪弹，以上这些任务你们是否有可能做到，并要争取时间尽先完成，又要能适用，取得各战地的赞美，那时自然不愁款项无着。但是你们计算（指产品成本——注）不可过于太贵，应尽现有材料，或征发民间钢铁等，尽量减低成本，发动工人为前线义务服务，如有急需昼夜开工等等。计划就现有统一兵工基础上，本月底能生产多少出品，八月份、九、十、十一、十二月份，每月增加数目字请详细列表告诉我，以便进行总的计划，过剩生产或各地要求的特别生产均由我们负责调剂款项。又，明年一年计划分上半年下半年，能出多少产品，需款多少，亦请详细计划告诉。总之，此地兵工事业尽可能范围内来发展，扩充技师、工人、机器原料来解

① 选自《西柏坡档案》（第一卷），中国档案出版社，2012年3月第1版，第52页。

② 姚刘刘，即姚依林、刘再生、刘鼎。姚依林（1917—1994），安徽贵池人，时任晋察冀边区政府工业局局长；刘再生（1909—1987），河北滦南人，时任晋察冀边区政府工业局副局长；刘鼎（1903—1986），四川南溪人，时任晋察冀边区政府工业局副局长。

决计算。这一光荣任务给你们，请努力完成。你们如何计划，做成后即速派人送来。今后望你们直接向我做负责的报告，至少一月一次。

朱德

七月二十三日

这封信是朱德在1947年7月23日写给姚依林、刘再生、刘鼎的，主要内容是朱德对晋察冀边区兵工厂的军工生产工作给予的具体指导和帮助。

随着人民解放军战略进攻的发展，攻打国民党军队坚固设防的重要城市的任务已经被突出地提上日程。攻坚必须有足够的炮弹、炸药等物资和源源不断的后勤供应，对于这个问题，朱德一直非常关注。早在1947年春，朱德随中央工委到达晋察冀解放区时，就开始着手抓军工生产，特别是重武器炮火的制造。7月中旬，朱德派人找刘鼎，让他到西柏坡去商量军工生产问题。朱德对刘鼎讲："我们就要开始战略大反攻，前线需要炮兵，需要炮弹，兵工生产要抓紧，多生产一些炮弹，越多越好！"指示刘鼎迅速解决攻坚战所需的弹药，一是大量制造炮弹，二是摧毁城墙和碉堡的炸药包。刘鼎胸有成竹地说："根据以往在晋冀豫的实践经验，我们已经具备了大量生产炮弹的能力，并且有能力研制出更安全、更有威力的炮弹。"刘鼎请朱德帮助解决造黄色炸药急需的火硝和化肥，朱德一口答应。

7月23日，朱德致函晋察冀边区工业局负责人姚依林、刘再生、刘鼎，对晋察冀边区的军工生产进行具体指导。在信中，他指出，"以确实可靠为准，任务能做到支援全国性的反攻军所用。以炮弹特别是山野炮弹、炸药绵药为重要，其次是迫（击）炮八二、五〇、六〇的为适用，其他是机枪弹"，要争取时间，发动工人昼夜开工，尽量完成，降低生产成本的同时，还要做到既适用又能取得各战地的赞美，那样就不愁款项无着落了。朱德还让他们把1947年下半年的五个月的生产产品及增加情况和1948年的生产计划详细列表，逐月直接向他汇报。他要求实行企业化管理，提高生产效率，降低产品成本；要动员各地保证军工原料的供应；要搞好运输线，保证军工产品及时送到前线。

1947年夏末，经过无数次实验，刘鼎组织技术人员终于成功研制出炸药包投射器，即约二百四十毫米口径大迫击炮，圆盘药包弹和长杆大头药包弹，爆炸力强，性能安全可靠。进行试验射击时，朱德亲自赶到靶场，参观试射，当他看到试射的各种科目准确无误时，十分高兴，鼓励大家说："你们的工作做得很好，正适合战争的需要，要尽快投入大量生产，准备打大仗。"此后，他命令军区把收存的迫击炮全部启封使用，同时命令炮兵加紧训练，把炮兵的建制尽快恢复起来。

在朱德的领导下，军工生产不仅源源不断地满足了前线战场攻坚战的需要，还在战略大决战中发挥了举足轻重的作用，推动了全国解放的胜利进程。

朱德致党中央和毛泽东[①]

（一九四七年十二月十日）

毛主席并转中央同志：

土地会议后，我到野司、冀中，再由石家庄回到工委[②]。兹将经过及听见报告你们。

野司所属二、三、四纵队，经整理后，内部团结，朝气十足。大清河北战役[③]时想打一个大仗，遇着"哨"堡垒，围敌太多，结果只一二处打下，其余只得撤离。徐水未打下，敌第三军来援，给我们造成了打运动战的机会。此时我军一面支持徐水作战，使北来敌人不能南援，我大部南下，围歼三军军部及第七师于清风店[④]，此战开创了晋察冀部队打歼灭战的好例。接着再打石家庄，又得胜利，士气更旺。我军前后虽然也有一定伤亡，但士气未损。

这几个战役中，学会了打运动战、防御战、攻坚战。但一般干部仍不爱学习战术，只凭老习惯去打，乃是一大缺点。此次攻石家庄以前，在安国曾号召以学习攻城战为主，上下级干部均先开学习会，打时又开会，打不进时又开会。在火线上，三五人仍是开会，特别是支部开会，起了领导作用。老兵带新兵，促进了

① 选自《西柏坡档案》（第一卷），中国档案出版社，2012年3月第1版，第187～188页。

② 工委，即中共中央工作委员会。

③ 大清河北战役，指晋察冀野战军1947年9月在平津保三角地区大清河以北进行的一次战役。

④ 清风店战役是解放战争时期晋察冀野战军以围城打援的方法，在河北定县清风店地区进行的一次战役。

学习。结果是战士群策群力，人自为战，取得了胜利。

我在石家庄战役胜利后，又到野司，总结了经验教训，另纸附上，惜未完全写好。我已托杨得志同志将我收集的材料加以补充，写成一小册子，以作我军将来攻城之用。虽不完全通用，只要具备相同或类似条件，是可以攻坚城的。最近野战军更为发展，新编了一个第六纵队。野司指挥部亦形成有力的指挥。

关于攻城战，非一朝一夕所能准备好的，但只要准备充分，则没有打不下的。在中国说来，敌人的城防工事设备，仍是无法做得极坚固的。

兵员补充，土改后已不感缺乏。解放战士经过诉苦运动，阶级觉悟易提高，大多数很顶用。

兵工会议正开，山东、太行、晋绥及本地代表均到齐。尽可能在这次会议中，议好怎样使明年作战能有更多更好的兵工产品，作为野战军攻坚之用。最近石家庄、元氏攻坚之经验，以手榴弹为主，炸药及炮弹助之，三者充分配合，充分准备，数量很多，足用，则坚可下。明年兵工生产可望进一步发展。

我到冀中军区、区党委驻在地约半月余，同张云逸[①]同志会面，了解山东情形，那边情形由陈毅同志来你处谈，不另报。现将冀中情形报告于下：

我军解放张家口[②]后，工人运动走错了路，工人发双薪、工人工资以养活四口人为准，因此遗祸于现在。工资过高，做出来的东西质量又坏，成本又高。工业品与农产品的剪刀差越来越大。河间有一面粉厂，新式的，每一昼夜能磨九百袋面粉。熟练工人

① 张云逸（1892—1974），广东文昌（今海南省文昌市）人，解放战争开始后，曾任华东军区副司令员等职。

② 指1945年8月23日冀察部队收复被日伪占领的华北重镇张家口市。

吃小灶，一般工人吃中灶，办事人员吃大灶，工人工资最高的是一月六七百斤小米，形成工人同管理人员对立。我当面与职工会负责人谈，这是自杀政策。我对他们说，现在是战争时期，大家只要能勉强生活，就要拼命做事。工人是革命的领导阶级，而只顾自己改善生活，不顾战争，不顾大局，以致公私工厂大部关门，工人失业，这是损害工人阶级的根本利益的。我问此种现象能否迅速转变，他们说是可以转变的。我到石家庄后，发现我们工会同志又来了这一套，立即纠正过来。现在暂定工人每人每日发救济米五斤，最高工资每月每人不超过二百斤。这样将来工业才有发展余地，工人才不致失业。我建议中央派得力的人做工人运动，好好地领导工人群众参加战争，建立新民主主义的家务，真正实现工人阶级当家作主。

朱德

一九四七年十二月十日

这是1947年12月10日，朱德写信给毛泽东转中共中央，报告他到晋察冀野战军司令部、冀中，再由石家庄回中央工委的视察经过及所见。

清风店战役胜利后，中央军委批准攻打石家庄的计划，朱德于10月25日赶到驻在河北省安国县南关的晋察冀野战军司令部，同野战军领导人一起，进行紧张的战前动员和攻坚准备。27日凌晨，朱德从野战军司令部到达安国县西北的西伯章村炮兵旅驻地，先听取领导干部汇报，然后深入各个炮兵团实地视察。这天上午，朱德又是骑马又是步行，连续到六个村庄视察了两个团、两个营和四个连队，到下午两点才返回旅部吃午饭。当天下午，朱德又给炮兵旅团以上干部传达讲解中央《解放战争第二年的战略方针》，讲述全国的战况。30日，朱德在安国参加了野战军司令部由参谋长耿飚主持的炮兵、工兵干部开会，集中研究如何打好阵地攻坚战。他同大家一起具体研究如何打低堡、暗堡，如何实施迫近作业和坑道爆破，如何运用炮兵火力炸平防御沟，以及在巷战中炮兵工兵如何配合等问题。他仔细听大家发言，不时启发大家多设想几种情况，多研究几种打法和战术。31日，野战军司令部召开旅以上干部会，宣布攻打石家庄的命令和部署，朱德到会作了两个多小时的报告，提出石家庄战役打的是攻坚战，要勇敢加技术。为了确有把握攻克石家庄，朱德同野战军领导共同拟订了周密的作战计划。

攻坚战就要开始了，朱德仍留在野战军司令部，远在陕北的毛泽东知道后很不放心，致电劝他回中央工委驻地。在野战军司令部领导人的多次劝说下，11月1日，朱德才离开安国，到达冀中军区所在地河间县黑马张庄，听取冀中军区及军区负责人汇报土改、经济和民兵工作情况。7日，朱德午夜打电话给杨得志询问战役情况，并对作战给予具体指导。18日，朱德来到束鹿县东小庄村，参加晋察冀野战军政治部召开的总结石家庄战役经验的座谈会。21日至24日，朱德在饶阳县南善仁村听取华东军区副司令员张云逸汇报部队建设、作战和军事工业情况。25日、26日，朱德对冀中军区和行署干部及财政经济干部讲话，具体指导开展工作。27日夜，朱德抵达晋县侯城村，召集参加攻打石家庄的五十多位指导员，座谈总结战役经验教训，并作了长篇讲话，讲解形势，分析总结经验教训。12月4日夜，他来到硝烟尚未散尽的石家庄。第二天，他视察刚刚解放的城市，听取市领导人对石家庄工业和经济等情况的汇报，并就汇报中提出的问题发表意见，夜幕降临后才离开石家庄回到了西柏坡，结束了一个多月的工作视察行程。

这封信就是朱德返回西柏坡后写给毛泽东转中央，报告他赴野司、冀中及石家庄视察的经过及所见所闻、所想所思。信中他首先肯定了晋察冀部队经过整顿，士气旺盛，清风店战役“开创了晋察冀歼灭战的好例。接着再打石家庄，又得胜利”，“这几个战役中，学会了打运动战、防御战、攻坚战”。清风店大捷也是朱德到晋察冀解放区以来一直精心指导所结出的丰硕成果。朱德确定打大歼灭战的指导思想，让野战军几个月来在实践中得到锻炼和整理补充，组织建立统一有效的后勤供应及人民群众的充分发动，及时抓住战机等，才使得打歼灭战成为可能。朱德重视总结部队战前练兵，并发动士兵民主讨论，他在信中特别指出，攻打石家庄的过程中，发扬了军事民主，发动了士兵群众，上下一致，因而胜利地完成了这项战斗任务。

朱德在信中不仅介绍了晋察冀部队在攻打石家庄等地的战斗中，发动官兵边打仗边群策群力学习运动战、歼灭战、攻坚战战术，夺得胜利的经验，并简要汇报了正在西柏坡召开的兵工会议情况，同时还报告了冀中的情形。其中，他谈到了在河间及石家庄听取当地负责人的汇报后，感到一些城市工人工资待遇过高的问题，认为这样会使公私工厂大部关门，工人失业，损害工人阶级的根本利益，这实际上是一种“自杀政策”，并指出，这种做法，现已纠正。

此时，正在陕北的毛泽东也带领部队改变了西北的战局。毛泽东读了朱德的来信后十分重视，将朱德的信概括为军事民主和城市政策两个问题，于1948年1月31日作了批语指示后转发给了各中央局、野战军学习借鉴，并请全党务必注意。

毛泽东转发朱德给中共中央信的批语[①]

（一九四八年一月三十一日）

朱总司令亥灰信中提出了两个重要问题。第一个问题，是用民主讨论方式，发动士兵群众，在作战前，作战中，作战后讨论如何攻克敌阵，歼灭敌人，完成战斗任务。特别是在作战中，放手发动连队支部、班排小组，反复讨论如何攻克敌阵，收效极大。陕北攻克蟠龙[②]整一师一六七旅阵地的经验，也是如此。当时有一个团打了几天，上面认为无法打了，下令撤退。但连队认为可打，不肯撤。连队战士分组讨论，找出了办法，继续打，结果获得胜利。陕北将此种情形，叫做军事民主，而将诉苦运动，三查三整[③]，叫做政治民主与经济民主。这些军队中的民主生活，有益无害，一切部队均应实行。第二个问题，是工厂中商店中工人店员职员的生活条件，不可过高。我党工商业政策的任务，是发展生产，繁荣经济，公私兼顾，劳资两利。如果我党不善于领导工人阶级执行这一任务，提出了过高的劳动条件，重复过去历史上犯过的错误，致使生产降低，经济衰落，公私不能兼顾，

① 选自《西柏坡档案》（第一卷），中国档案出版社，2012年3月第1版，第186～187页。朱德给中共中央信，指朱德在视察晋察冀野战军和冀中等地后于1947年12月（亥）10日（灰）写给中共中央和毛泽东的信。

② 指1947年5月人民解放军西北野战部队在延安东北的蟠龙镇全歼国民党守军胡宗南部六千七百余人的战斗。

③ 三查三整，是中国共产党在人民解放战争时期，结合土地改革所进行的整党整军运动。三查，在地方上指查阶级、查思想、查作风，在部队里指查阶级、查工作、查斗志；三整，指整顿组织、整顿思想、整顿作风。

劳资不能两利，就是极大的失败。这件事，必须引起全党注意，决不可只看见眼前的片面的所谓劳动者福利，而忘记了工人阶级的远大利益。此事，中央早已发了指示。但在许多地方并未引起注意，许多中央局、分局未能据此发出指示，未能向工会工作同志及工人群众进行正确的解释，迁就党内与工人群众中的孤立的片面的狭隘的思想，仍然执行历史上使我党遭受过严重挫折的错误方针。各地中央局以下各级党委，必须以严正态度对待此项问题，立即改正党内在此项问题上存在着的错误思想与错误政策。

毛泽东

子世

这封信是1948年1月31日毛泽东给朱德的1947年12月10日致中共中央及毛泽东的信写的批语。在信中，毛泽东将朱德汇报的民主作战经验概括为“军事民主”。军事民主同政治民主、经济民主成为解放军三大民主，也是毛泽东军事思想的重要组成部分，其中也融合了朱德来自作战第一线的实践和经验总结。

解放战争时期，随着人民力量的逐渐壮大，局部战场上对敌人已经占有相对优势，以攻坚战消灭敌人有生力量，夺取敌占大城市的任务摆在人民解放军面前。朱德率先提出了要学会打大歼灭战并指导实践了新的战法，并将军事民主这一作战经验在作战指挥实践中充分发挥。

1947年6月14日，毛泽东致电已到达西柏坡的朱德、刘少奇，指示中央工委今后六个月内如能将晋察冀军事问题解决好、将土地会议开好、将财经办事处建立起来，做好这三件事，就是很大成绩。在朱德的精心指导下，晋察冀军区成立了野战军司令部和后勤部，由后勤部统一领导供给、卫生、兵站、运输、补充新兵、训练俘虏等工作，使野战军只管训练和打仗，从而机动灵活、轻快有力，更适应打运动战和大歼灭战的要求。在冀中军区干部会议上，朱德详细讲解了打歼灭战的原则，并教育大家要学会自己的建军方法，学会依照自己的情况带兵、养兵、用兵。

为打好石家庄攻坚战，朱德多次听取前线指挥员的情况汇报，针对各种预案，同前线指挥员交换意见，研究战役部署，给他们解决疑难问题，还和前线指挥员一起审问俘虏，共同把敌情掌握得更准确。朱德的言传身教极大地调动了前线指战员的积极性和创造性，使他们不仅掌握了敌人总的兵力部署，连守敌一些营级单位的驻地都了如指掌，甚至连守敌铁甲车每天巡逻三次的情报也拿到了手。

在此期间，朱德深入基层同指战员交谈，了解情况，充分发扬军事民主。10月30日，在朱德提议下，晋察冀野战军司令部召开了炮兵、工兵会议，研究阵地攻坚战，研究如何打低堡、找暗堡的问题，研究如何进行坑道作业和运用炮兵、工兵如何配合的问题。31日，朱德在晋察冀野战军司令部参加了旅以上干部会议，与前线指挥员共同研究拟定了攻打石家庄的作战部署，提出“勇敢加技术”的号召。11月6日至12日，石家庄战役激战六昼夜胜利结束。石家庄的解放，从根本上改变了华北战场的形势。朱德的卓越指挥，是石家庄攻坚战中克敌制胜的关键之一。

为了打好下一步攻坚战，朱德集中一段时间总结攻坚战的经验。11月18日，在束鹿县东小庄村出席由晋察冀野战军政治部召开的总结石家庄战役经验座谈会。12月1日，朱德在晋察冀野战军党委扩大会议上，作了关于当前国际国内形势和打下石家庄的意义和经验教训的重要报告，对攻坚战术作了科学的总结。他说，仅用一周时间打下石家庄，有四点经验——有充分的准备、动员工作做得好、讲究战术、善于利用俘虏。朱德总结的经验很快被推广到全国各个战场，使各战场深受启发。

在前线指挥作战的同时，朱德及时将发现的问题报告中共中央、毛泽东。毛泽东阅后十分重视，专门写了批语，对信中提出的军事民主和城市政策两个问题作出重要指示，并转发给各中央局、野战军要求学习借鉴。对于朱德提出的第一个问题，即用民主讨论方式发动士兵群众，在作战前、作战中、作战后讨论如何攻克敌阵、歼灭敌人，完成战斗任务，毛泽东说，在陕北时叫军事民主。他强调：“这些军队中的民主生活，有益无害，一切部队均应实行。”而对于城市工人工资待遇过高的第二个问题，毛泽东明确指出“不可过高”，因为这样的话是“只看见眼前的片面的所谓劳动者福利，而忘记了工人阶级的远大利益”，既完不成共产党工商业政策的任务，又在重复历史上犯过的错误，是极大的失败。毛泽东指示：“各地中央局以下各级党委，必须以严正态度对待此项问题，立即改正党内在此项问题上存在着的错误思想和错误政策。”毛泽东的批语转发后，中央军委也发出了指示，要求全军广泛开展以政治民主、经济民主、军事民主为中心的民主运动，以发挥指战员的积极性和创造性，促进军队的集中统一，进一步提高军队的战斗力。

朱德致孙毅的两封信[①]

（一九四八年一月十一日、四月二十四日）

孙毅同志：

来信悉。保定图，均收到。此次作战[②]，敌以主力来援保定，我主力当以慎重对之。傅[③]初上任，必欲建树，不惜本钱，寻求与我决战。我军当以不以速决为是。因此，敌集中了主力，必放弃许多地方。凡有可乘之机，你处当乘之，决不可错过。东北大胜[④]，已将你们前面之敌九十四军之四十三师（援东北）全部消灭，另一九五师亦同时消灭。东北仍正积极利用冬季寒天，寻求敌人作战，如苏军进攻德军一样。你们也要鼓励士气，在寒天与敌人作战，是有利的。敌人多南方人，有不耐寒的缺点。

---

① 选自《西柏坡档案》（第一卷），中国档案出版社，2012年3月第1版，第175～176、219页。孙毅（1904—2003），河北大城人，时任冀中军区司令员兼晋察冀军区第七纵队（后改华北军区第七纵队）司令员，新中国成立后曾任总参谋部军训部副部长、总参谋部顾问，1955年被授予中将军衔。

② 这里提到的作战指1947年12月27日至1948年1月13日的涞水战役。这次战役中，晋察冀野战军为配合东北民主联军的冬季攻势，对平汉路保定至涿县（今涿州市）段展开破击，并佯攻保定，随后又在涞水以东的庄疃地区歼灭了来援的傅作义嫡系部队第三十五军的军部和新编第三十二师，敌军长鲁英麟自杀身亡。

③ 傅，指傅作义，原任国民政府张垣（即张家口）绥靖公署主任，1947年12月1日就任国民政府华北"剿匪"总司令。

④ 这里指东北民主联军（后改称东北人民解放军）1947年12月15日至1948年3月15日开展的冬季攻势。此役歼灭了国民党军新编第五军等部八个师，争取暂编第五十八师起义，共计消灭敌人十五万六千余人，攻克和收复十八座城市。

今后你们南面无战事，一意向北，请注意你们的战术技术。

一、围点打援，小部队亦可利用。

二、坑道战术，是你区的特长，可发展。

三、炸药为你区之特产，可大量生产，使部队能充分使用。

四、手榴弹为近战巷战之主要武器，可多造，质量要好，数量要多。

五、各种炮为平地之便于运动的武器，可多采用，即游击队亦可配备。今后地方游击战术，亦应因时因地而变换其战术。你应将我的意见，转冀东、渤海[①]两区，使他们也能自造炸药、炮弹等，转变游击队为正规军，来解决河北的各大城市及肃清一切碉堡。切不可吝惜成本，必须造大量炸药、炮弹、手榴弹，使我军以武器战胜敌人，造成有攻必克之气概，是可能的。如财政不足，可省衣节食。如原料不足，可发动广大群众熬硝，公家统制、收买，无论多少，产出必照预定价全数收买。预计要求一千万斤炸药，必需要一千万多斤硝。另外需要大量的甘油。肥皂厂不管公营私营，一律收归国有，以便有大量的甘油。这些事情，今年必须要办到的。今年是战胜蒋军的一年，望努力。我们这里军工会议、交通会议，均开得好。过去兵工成绩很好，各种炮弹均能制造，并且好，炸药亦发展多种，今后当更有进步。惟交通一项，为粮草所左右，不能很好畅通，虽有计划，是否可行，尚待各解放区同志们努力。你区对冀东交通十分重要，不仅军火、炸药、炮弹急需从冀东运来，今后医药器材、电信器材及兵工器材，不能购买的都希望从东北运来。望你们设法有计划地打通平津交通。即一年过几次也好，非打通不可，望你们注意。今年土改后，当然是以生产为重，工运做好，工农生产平行发展为有利。

① 这里所说的渤海指华东军区所属的渤海军区，辖山东省胶济路以北地区。

银行贸易，更是组织生产之母鸡，更望他们努力。华北财办[1]已成立，着手组织一切，当以生产为重，以发展经济来解决财政的方针统一华北财经为主要任务，亦是各方之需要。总之，今年各地工作及各种工作都应组织起来，统一起来做，那才更做得好。今年是战争胜利之年，各种工作亦是胜利之年，望大家努力。

此致

布礼

朱德 复

一月十一日

孙毅同志：

来信悉。对骑兵的战术，用民兵守据点、坑道口，作单个打冷枪或架好机枪在坑道口突然袭击之。守据点，敌骑不能久攻，即可打退。用步兵追骑兵不可用，亦不可能，只能打埋伏，突然以火力袭之。请你们按实际情况对付之。敌骑是骚扰性质，应家家打枪，即不敢来。民兵应土改后未重新更好地组织起来，可速组织，不可无人负责。敌此次得了便宜[2]当复来，请速布置为要。熬硝关系重大，请罗玉川[3]同志每月督促进行，向我处作报告。

---

① 华北财办，即华北财政经济办事处，1947年4月根据中共中央的决定成立，同年7月正式开始工作，董必武任办事处主任。该办事处在中央及其工作委员会的领导下，负责统一华北各解放区的财政经济政策，指导各区的财经工作。1948年6月，中共中央决定成立中央财政经济部，华北财经办事处撤销。

② 1948年春，国民党军傅作义部骑兵第十二旅进扰冀中解放区的河间地区，因我方事先无备，受到部分损失，敌骑偷袭得手后逃脱。

③ 罗玉川（1909—1989），河北满城人，时任冀中行政公署主任兼冀中军区后勤司令员。

此致

布礼

并问林、罗[①]两同志好。

朱德

四月廿四日

这两封信是1948年1月11日和4月12日朱德写给冀中军区司令员兼晋察冀军区第七纵队司令员孙毅工作汇报的回复，主要内容是对冀中军事斗争中的战术技术等问题作了具体指示。

1947年下半年，华北人民解放军相继取得清风店、石家庄战役胜利后，晋冀鲁豫和晋察冀解放区完全连成一片，华北地区的战略格局发生了巨大变化。蒋介石为挽救华北危局，撤销保定和张垣“绥靖”公署，成立华北“剿匪”总司令部，傅作义任总司令，统揽华北五省（晋察冀热绥）军事的指挥大权。傅作义为了改变被动战局，大力扩充地方武装，将所部主力第三十五军等部由张家口调至北平近郊及平津之间地区，连同该地区原有部队共七个军又一个师，编成三个机动兵团，企图采取“以主力对主力”“以集中对集中”的战法，处处猬集一团，对付人民解放军晋察冀军区部队，力图反守为攻，变被动为主动。

为了打破傅作义这一新的作战计划，并配合东北解放军的攻势，朱德和刘少奇于1948年2月14日向晋察冀野战军提出新的作战方针，要求他们按照中央军委预定计划，向平绥、冀东方向行动，并学会大踏步进退，进行大的战略机动的一套本领，以便在更大的战略范围内适时地调动国民党军队，力争在运动中歼灭敌人，并把它们各个孤立起来，打通华北解放军

① 林，指林铁（1904—1989），四川万县（今重庆市万州区）人，时任冀中区委书记兼冀中军区政治委员和晋察冀军区第七纵队（后改华北军区第七纵队）政治委员。罗，指罗玉川。

各部的战略联系，以取得最后的胜利。

3月5日，朱德和刘少奇致电中央军委："傅作义主力现集中平津保及张家口地区，每当发现我军主力所在方向，即集中三四个军的兵力与我周旋，常形成顶牛形势，于我不利，而其绥远后方极为空虚，因此，杨得志、罗瑞卿要求军委将绥远地区划作他们机动作战的范围。他们拟在适当时机以一两个或三个纵队向大同、丰镇、集宁及归绥方向行动，打击傅作义后方，破坏平绥路西段，调动分散敌人，以便求得战机歼灭敌人。他们这一要求我们已同意，请军委批准并通知晋绥军区。"

1948年1月11日，涞水战役激战正酣时，在西柏坡的朱德致函在饶阳的冀中军区司令员孙毅，对冀中军区的作战进行了具体的指导。他说，敌人以主力来支援保定，我军应当慎重对待。傅作义刚上任，必定不惜本钱，想有所建树，寻求决战。他指示，我军当不以速决，而是要抓住敌人集中主力时必放弃许多地方的机会——"凡有可乘之机……决不可错过"。

朱德明确地判断，"今后你们南面无战事，一意向北"，要求孙毅部要注意战术技术问题，并作出了五项具体指示，如"围点打援，小部队亦可利用""坑道战术，是你区的特长，可发展""炸药为你区之特产，可大量生产""各种炮为平地之便于运动的武器，可多采用，即游击队亦可配备"。五项中三项提出了炸药、手榴弹和炮弹等武器装备的制造和使用，尤其是第五项对此进行了详细的阐述。因为随着人民解放军战略进攻的发展，攻打国民党坚固设防的重要城市的任务，已经被突出地提到面前。攻坚克城必须要有足够的炸药、炮弹等物资。朱德对这个问题一直非常关注。早在1947年春，朱德随中央工委到达晋察冀解放区时，就开始着手抓军工生产，特别是重武器炮火的制造。所以朱德在信中强调："切不可吝惜成本，必须造大量炸药、炮弹、手榴弹，使我军以武器战胜敌人，造成有攻必克之气概，是可能的。"

再加上河间地处海河流域，土质碱卤，旧时贫民多以淋硝盐为业，以此谋生。这种硝盐都是制造炸药的原料。早在抗日战争年代，朱德就曾多次致信给冀中军区司令员孙毅，要求冀中军区积极组织生产硝盐，以资军用，所以朱德对冀中的炸药、炮弹等制作寄予厚望。信中提出，“预计要求一千万斤炸药，必需要一千万多斤硝”，还强调，“如财政不足，可省衣节食。如原料不足，可发动广大群众熬硝，公家统制、收买，无论多少，产出必照预定价全数收买”。

在信中，朱德还指出冀中区对冀东的交通十分重要，要设法打通平津的交通，便于军火、医药器材、电信器材等运输；并指出，华北财办已经成立，“今年土改后，当然是以生产为重，工运做好，工农生产平行发展为有利”，“总之，今年各地工作及各种工作都应组织起来，统一起来做，那才更做得好”。最后，他对大家提出希望，说“今年是战争胜利之年，各种工作亦是胜利之年”，以后要再接再厉，继续努力，争取更多胜利。

朱德对军火保障这个问题想得早、抓得紧而具体，使晋察冀和其他解放区的军工生产有了突飞猛进的发展，大批武器弹药源源不断地送往前线，保障了各个战场的作战需要。

冀中部队因为同敌骑兵作战经验不足，在战斗中遭受一些损失。收到孙毅的关于骑兵作战工作的报告后，朱德于4月24日致函孙毅，对打骑兵的战术进行具体指示。他说，打敌人骑兵，要“用民兵守据点、坑道口，作单个打冷枪或架好机枪在坑道口突然袭击之”。6月，他再次致函孙毅，要求冀中部队配合热河、冀东战役，在夏季乘傅作义对付热河人民解放军攻击之际，加紧活动，在平、津、保三角地带努力作战——“现南面无顾虑，应努力北面，长期斗争，以至收复平、津、保为止”。

由于这些正确的作战方针和作战方法得到贯彻实施，华北军区部队在1948年春夏，先后在察南、绥东、热西、平北、冀东、保北广大区域内周旋，轮番进攻，共歼灭国民党军队五万余人。这样，就拖住了华北的国民党军队，使其无力出关，从而保证了日后辽沈战役的顺利进行。

朱德致董必武①

（一九四八年四月二十五日）

董老：

现在兵工、兵站更加重要了，请你在大会上再重复说通开会同志的思想，用很大力量来维持已有的兵工，再尽可能地加工制造，以便早点胜利。兵站是大支前时代取消了的。大支前已不可能，劳民伤财，各地大叫起来，已不能支持，前方又需要接济，只有恢复兵站，掌握汽车与一部分交通用的胶皮轮子大车，代替大批支前的民夫。如不够，再由兵站雇一部分民夫转运。再不够时或特别需要时，再动员一批民夫。这是长期作战所需，将来结果也一定是如是。但是，民役出得少，人民负担公粮必加重一些。如此办法，比较合理适用，如你同意，请各区注意。

此致

布礼

朱德

四月二十五日

这封信是1948年4月25日朱德致函中共中央政治局委员、华北财经办事处主任董必武，对当前兵工兵站、支前等工作提出的几点具体的意见和建议。

1947年4月，随着解放战争形势发展的需要，为了统一管理解放区的

① 选自《西柏坡档案》（第一卷），中国档案出版社，2012年3月第1版，第220～221页。

财经工作，更有利于发展解放区的生产和支持长期战争的需要，中共中央决定成立华北财经办事处，并任命董必武为主任。7月14日，华北财办正式开始工作，地点设在晋察冀建屏县（今平山县）夹峪村。华北财经办事处成立后，根据中共中央批准的《华北财经会议决定》精神，华北解放区的军工生产开始统一向华北财办领导过渡。华北人民政府成立后，军工生产统一由公营企业部组织领导，生产任务由华北军区后勤司令部根据部队发展和作战需要预先提出计划。原来分属晋察冀和晋冀鲁豫解放区的军工处也分别向石家庄西北的平山、阜平地区和以山西长治、阳泉为中心的周围地区集中。

1948年上半年，人民解放军在西北、中原、华北各个战区的战役捷报频传，战场上的节节胜利使得解放战争很快迎来了夺取全国胜利的战略决战阶段。大战在即，4月25日，朱德致函董必武，请他在华北金融贸易大会上要做好与会同志们的思想动员工作，使大家认识到大战当前兵工、兵站等问题的重要性，从而更加重视起来。朱德和董必武是1947年5月初同中央工委一起移驻西柏坡的，虽然同在一个大院里工作生活，但是那段时间，董必武正在石家庄主持召开华北金融贸易会议，经常往返于西柏坡和石家庄两地之间，所以两人用书信的形式进行工作沟通。

在信中，朱德强调："现在兵工、兵站更加重要了，请你在大会上再重复说通开会同志的思想，用很大力量来维持已有的兵工，再尽可能地加工制造，以便早点胜利。"随后，朱德在信中还指出了兵站的重要性，提出必要时要恢复大支前时代取消了的兵站。关于交通运输用的汽车或胶皮轮子大车，以及支前民夫、人民的公粮负担等，朱德都提出了具体的意见和方法。在信的最后，他向董老商请并嘱托："如此办法，比较合理适用，如你同意，请各区注意。"

在石家庄召开的华北金融贸易会议，总结了邯郸会议以来的工作经验，重点讨论了支援战争、恢复生产、稳定物价等中心议题，为统一华北解放区的财经工作做了准备，也为支援解放战争的最后胜利奠定了坚实的经济基础。

朱德致毛泽东[1]

（一九四八年六月三日）

我看了李、黄两纵队[2]的电，长春还是可能打下的条件多。

（一）敌人正规军不到六万，其他警察、宪兵、自卫志愿兵等二万八千人。正规军中只有两个师比较坚强的，志愿军中政治上要拚命，军事上是混杂的，比较差的，督战虽严，打混乱时即不生效。

（二）援军很远，我军可以打援，即围城打援亦有利。

（三）敌守孤城，粮、弹、人的补充均靠飞机不能持久。

（四）我军兵力优势，后方接济便利，部队技术有相当的学习，有相当的攻坚经验，有相当的家务。如果现有二十万发山野炮以上的主炮弹及重轻迫击炮炮弹，炸药三十万斤，手榴弹二百万个，即可能打开，再准备伤亡三万以上的人。

（五）攻坚即攻强，打城军不在多，两个纵队及几个独立师能攻、能防敌人反攻即够，其余的可打增援队。

打法是用坑道为第一，有技术、炸药、手榴弹抵近射击，以各种炮为主，以工事对工事，进一步巩固一步，做好工事再进。

如攻到纵深处将敌人分割或混乱后，敌人坚强性即减少，也可能有投诚的。

（六）李纵攻过四平，有经验，但遇到顽敌抵抗，即估计艰

---

① 选自《西柏坡档案》（第一卷），中国档案出版社，2012年3月第1版，第283页。

② 李、黄两纵队，指李天佑、黄永胜分任司令员的东北野战军第一纵队和第六纵队。

难些。长春与四平不同点，即敌士气不如以前旺，质量也差些。黄纵估计可能打开，但损失代价须大。

（七）攻城必须先有计划，收集各种专门炮工人才，组织指挥所。必须要用攻城战术，实事求是地、一步一步地进攻，带一种学习态度，决不可性急，准备两月三月打下，也算是快的。只要是土质城底，又无城墙，是可能打下的。

（八）再一种攻法是长围，在一定的圈子内，围死它，使其粮弹俱困，人心动摇时再攻。

（九）这两种攻城战术，强攻与长围，如有家务，可采取第一种。打久了第二种也出现了。如家务不大，攻一城将炮弹炸药耗尽，一时难补充，则不如打野战。打长春要看家务大小来决定。

这封信是1948年6月3日，朱德看了东北野战军第一纵队司令员李天佑和第六纵队司令员黄永胜反映打长春有困难的信之后，写给毛泽东的信，信中分析了长春可能打下的九种考虑，就东北野战军围攻长春提出建议。

1948年夏季，东北战场经过东北野战军的连续作战，东北敌军已经被分割压缩在长春、沈阳、锦州三个孤立城市及其周围狭小地区。华北野战军主力按照中央军委部署已经在平绥线和冀东地区展开，从而切断了东北敌军与华北敌军联系，造成了“封闭蒋军在东北加以各个歼灭”的态势，形势十分有利。

东北野战军经过发展，兵力为十多个纵队，武器装备也有很大改善，并掌握了东北的大部分铁路，机动和运输均为便利。因此，进行大规模的城市攻坚战和攻城打援作战，就成了东北野战军面临的现实课题。朱德和毛泽东对东北野战军寄予厚望，希望他们尽快取得攻城克坚的经验，锻炼出一支能从北向南专攻大城市的部队。

按照中央和军委的这一意图，朱德精心指导东北野战军进行城市攻坚战。早在4月份，东北野战军领导曾制订了一个攻打长春的计划。他们认为，长春之敌孤悬于外，先打长春，既可能大量歼灭守敌，又可能歼灭由沈阳、锦州前来增援的敌人。这个计划动用十二个纵队，其中七个攻城，两个在四平以南准备打援，另三个加独立师在锦州至沈阳间和沈阳至四平间钳制敌人，预计二十天到一个月结束战斗。上报后，中央军委批准了该计划。

5月24日，东北野战军发起攻打长春的外围作战。由于缺乏攻打大城市的经验，加之长春守敌十万，防御体系十分坚固，激战数日仅歼敌六千余人，解放军也伤亡两千多人。东北野战军领导致电中央军委，认为条件尚不成熟，准备放弃攻城。

中央军委对此十分重视，经过慎重研究认为，攻打长春尽管有较大困难，但如果战术运用得当，时间放长一点儿，并不是不能攻克。朱德同意这一分析，建议东北野战军研究一下临汾战例，并于6月1日致电东北野战军前线领导人林彪、罗荣桓、刘亚楼，介绍华北部队攻占临汾的作战经验。

同日，林罗刘复电："我们对此战局无最后的确定见解。"并转去了李天佑、黄永胜两纵队反映打长春存在困难的电报。6月3日，朱德写信给毛泽东，认为"长春还是可能打下的条件多"，并列举了九种考虑。最后，朱德提出："打长春要看家务大小来决定。"

毛泽东看了信后，马上叫人请来周恩来等人商议。随后，毛泽东致电东北野战军，要求他们对朱德所提意见给予答复。经过反复权衡，6月5日，林罗刘决定采取朱德提出的第二种打法。中央军委批准后，东北野战军于6月25日对长春正式实行"久困长围"。

后来，由于战局的发展，中央军委命令东北野战军除留一部分兵力继续围困外，主力迅速南下北宁线作战，转变攻打锦州。长春的解放虽然推后了半年，但朱德对攻打长春所作出的九种分析和提出的两种打法，即"强攻"或者"长围"，对各大战役都具有普遍的指导意义。

刘少奇致毛泽东①

（一九四八年二月九日）

毛主席：

在东北实行土地法，彻底平分土地，已发生打击面太宽，同时又不可避免地要降底生产的不良结果。这在东北有大量城市人口需要粮食供给及大量粮食出口的情形下，而完全不保留或在土改后不重新发展大农业经济，恐是不好的。因此，是否可以考虑在东北立即实行大体的土地国有制，即没收地主的土地及富农多余的土地归国家所有，再由各地政府无代价分配给一切愿意耕种的人耕种，而耕种的农民只向国家交纳一定数量的土地税。自耕小农的土地（即中农、贫农土地）及富农家庭依照当地土地分配方法所应留下的土地，则不没收，如此，富农经济似可保留一部分，在将来亦更好发展新富农经济，四五十口人的大家庭亦可不分家，因在可能条件下，即有土地多余条件下愿意扩大生产的人，可以无代价向国家领到土地耕种，机关、部队、工厂、学校，以至私人资本家亦可领取土地耕种或开荒耕种，并可建立少数国家农场，则可使农业经济不完全分散。在这种政策下，向富农征收多余牲畜、农具时，应以富农在土地分配后能耕种所分得的土地为限度。而土地使用权的分配亦不按人口绝对平均分配，主要地应按各家庭的劳动力来平均分配。按人口平均则成为次要分配标准，并保障农民对土地的永远使用权。如此，对于富农，对于生产，对于东北深耕大农业经济，似比较有利。现在，我军在

① 选自《西柏坡档案》（第一卷），中国档案出版社，2012年3月第1版，第196～197页。

东北胜利的局势已经确定，在全国胜利局势亦已有望。东北经过日本十四年集中统治，又有大量开拓地、满拓地、鲜拓地及大荒地，蒙古王公的大量土地及地主土地占百分之五十以上，雇农占农村人口百分之五十，其中有许多是不能一下独立生产的，还有一些则非继续作雇农不可（东北深耕，一般要用六个牲口才能拉一架犁，许多雇农、贫农决作不到）。又，将来还可能有大量移民到东北，除某些人口稠密地区外，东北一般不缺土地，且有大量荒地可开。在这些特殊条件下，似以立即在东北实行大体的土地国有为好（不没收的小农土地及富农保留的土地仍可准其出租，出卖）。这样，雇农、贫农及城市人民是赞成的，中农无损失，且得到许多利益，特别准许他们在可能条件下无代价领到土地扩大生产，将发生兴趣。因此，现在就在东北实行这个政策，似不过早，不致犯冒险主义。因中国是一个这样大，又这样不平衡发展的国家，任何一个法令，要在全国一切地方都贯彻，总是困难的。在全国实行中国土地法大纲，在东北或许还在热河的某些地区及其他地区例如蒙古地，则大体上实行土地国有制，似无大妨碍。又，在关内大荒地、大森林、湖沼、河流及矿山，铁路与大城市附近的土地，如被我们巩固地占领后，亦不能不实行国有制。又，将来我们在全国胜利后，亦必须实行土地国有。因此，现在似乎即可考虑先在东北实行。是否有当，请加斟酌！

刘少奇

丑佳

这是一封1948年2月9日，中共中央政治局委员、中共中央书记处书记、中央工委书记刘少奇写给毛泽东关于在东北实行土地改革政策的请示信。

在信中，刘少奇提出，因为土地改革彻底平分土地发生的打击面太宽，造成生产降低，影响了粮食产量的不良结果，为了重振东北的大农业经济，保障东北大量城市人口的粮食供给和大量粮食出口供应需求，他向毛泽东建议："是否可以考虑在东北立即实行大体的土地国有制，即没收地主的土地及富农多余的土地，归国家所有，再由各地政府无代价分配给一切愿意耕种的人耕种，而耕种的农民只向国家缴纳一定数量的土地税。"

刘少奇专门将东北的土地改革政策实施问题拿出来请示毛泽东，主要有三个原因：一是1947年7月至9月在西柏坡召开的中国共产党全国土地会议，以及之后的解放区土地改革运动，是在党中央领导下，由刘少奇具体负责的；二是东北地区是工业发达区和大粮仓，战略地位极其重要，解决东北农民的土地问题是巩固东北根据地的根本问题，是东北解放战争乃至全国解放战争胜利的关键；三是东北地区是解放战争时期第一个进行土地改革运动的地区，产生的问题和存在的经验教训相对较早呈现。

抗日战争胜利后，因为东北的战略位置和经济优势，中共中央立即派出大批干部和部队进入东北，创建革命根据地。被日本统治了十四年之久的东北人民渴望得到土地，拥有自己的生产资料。为了进一步满足农民对经济上的要求，变革东北农村生产关系，提高东北农民建设根据地和参军的积极性，有效准备开展自卫革命战争，中共在东北建立自己的根据地的同时，就顺应民意开始全面发动农民进行土地改革。

1946年"五四指示"的发布，为东北土地改革带来了理论指导。到1947年7月，中国共产党全国土地会议在西柏坡召开之前，东北已经解放的地区土地分配任务基本完成。10月10日，土地会议上制定的《中国土地法大纲》公开颁布。东北局迅速组织贯彻落实，各解放区采取点面结合、由点及面、全面铺开的工作方法，充分发挥广大农民群众的积极性，在东北平分土地运动中参与的贫雇农是其他任何时期土地运动的几倍，斗争比其他任何时期都要激烈，分粮分地、废止农民债务、挖匪根、反国民党特务等，彻底消灭封建势力，在运动初期取得了很好的成绩。

东北解放区土地改革运动的深入开展推进了解放战争的胜利进程，也为新解放区的土改运动积累了丰富的经验和教训。1948年2月9日，刘少奇将他对东北地区土改政策的意见和建议书面呈报给毛泽东，并在信中详细阐述了在东北实行土地国有制的具体方法，分析了东北土地现有状况，以及实施土地国有的主要原因。19日，毛泽东将此电批转东北局，请他们加以研究并提出意见。辽沈战役胜利结束后，东北全境解放。东北局根据中共中央的指示，借鉴老解放区土改的经验和教训，于1948年11月，颁布实施了《关于新解放区土地改革的指示》。

周恩来致邓颖超①

（一九四七年九月二十九日）

超：

今天是八月中秋，日近黄昏，月已东升，坐在一排石窑洞中的我，正好修写家书寄远人。今年此地年成不好，夏旱秋涝，直至前天还是阴雨连绵，昨天突然放晴，今天有了好月亮看，但是人民苦了，只能望收到二成左右。河东来电，亦说是淫雨不止，不知你们那里的情形怎样？

山居过节，居然也吃到两块月饼，几串葡萄。对月怀人，不知滹沱河畔有无月色可览，有无人在感想？假使你正在作农村访问，那你一定是忙着和农家姑嫂姊妹谈心拉话；假使你正在准备下乡的材料，那你或有可能与中工委②一起过一个农村秋节。不管怎样，一切话题总离不开土地改革和前线胜利。九个年头了，似乎我们都是在一起过中秋的，这次分开，反显得比抗战头两年的分开大有不同。不仅因为我们都大了十岁，主要是因为我们在为人民服务上得到了更真切的安慰。你来电提议在东边多留半年，我是衷心赞成。再多在农民中锻炼半年，我想，不仅你的思想、感情、生活会起更大的变化，就连你的身体想也会更结实而年轻。农民的健美，不仅是外形，而且还有那纯朴的内心，这是一面。另一面，便是坚强，坚定的意志，勇敢的行为，这在被压

① 选自《周恩来邓颖超通信选集》，中央文献出版社，2014年4月第2版，第50～53页。

② 中工委，即中共中央工作委员会。

迫的群众中，更是数见不鲜。你从他们中间自会学习很多，只要不太劳累。我想半年的熏陶，当准备刮目相看。

土地会议的材料，等待参座[①]回来，当可听到看到。实际的经验，留待半年后再听你面叙吧！

大反攻已开始，事情会一天天忙起来。我们现在已经比初离延安时忙了许多。六个月中我们也走了不少地方，但既未到黄河边，又未看见长城，心既不死，又非好汉，相差又只有几里路，你说怪也不怪。我们的工作，还是伏案的多，接触的少，除了电报来往外，就是听新闻，读新闻。看书阅报，一天天的日子也就这样过去了。

农村的情况，与你们在晋绥五台所见所闻，本质上都相同的，只是这里还没大动起来，一方面由于敌人已深入堂户，许多弱点已客观地暴露出来，另方面还待秋收后再来普遍平分与清查。领导的转变，河东河西都还好，现在这里要克服的是粮食和人力的困难，打出去，将帮助解决这一困难。

各级农会[②]，将在平分后逐步地由下而上开起来。团也在谋恢复。妇女组织不知你和工委怎样计划的，还没见你们电告。

过几天杨道同志将由此东去，我将托他带些城工部材料给

---

① 参座，即叶剑英。

② 农会，即农民协会，是中国共产党领导下的农民自愿结合的群众组织。1921年9月，创始于浙江省山衙前村。大革命时期，广东、湖南等地农民协会蓬勃发展。1927年5月，在武汉成立了全国农民协会。抗日战争时期，改称农民救国会。解放战争时期，以贫雇农中的积极分子为核心，以雇农、贫农、中农和农村中的手工业工人及贫苦知识分子为成员组成的农民协会，在中国共产党的领导下，为废除封建的土地所有制、实现耕者有其田的土地改革运动，作出了积极努力。

你。华岗[①]、友渔[②]、其芳[③]走得快，都来不及约他们过河一谈。

老高夫妇[④]来电要求参加土革一时期再出去，我们自然同意。你如与他们相隔不远，望转告他们，如坚决愿回湖南发展，最好的办法是先到刘邓[⑤]中原局[⑥]的大别山去工作一时期，然后相机南下。如通信不便，亦不必提，反正我们会电告他的。

这封信是托陈默[⑦]同志带过河去，他们将继续前进，希望不久能达到你的手中。要说的话很多，执起笔来，又不知从何说起。你上次托之栩转来途中的两封报告信，我们都传观过了。

夜深月明，就此打住，留着余兴送我入梦。愿你安好。

𬸚

九月二十九　夜

---

① 华岗（1903—1972），又名延年、少峰、西园，浙江龙游（今浙江省衢州市衢江区）人，时任中共上海工作委员会书记。

② 友渔，即张友渔（1898—1992），原名张象鼎，山西灵石人，时任晋冀鲁豫边区人民政府副主席兼秘书长、中共中央华北局秘书长。

③ 其芳，指何其芳（1912—1977），四川万县（今重庆市万州区）人，时任朱德的秘书。

④ 老高夫妇，指高文华和贾连夫妇。高文华（1905—1994），湖南益阳人，1923年加入中国共产党，1934年任中共中央北方局书记，1938年任湖南省工委书记、省委书记，同年底作为代表列席中共中央六届六中全会，1942年到重庆，任中共中央南方局委员、南方局组织部长，1944年到中共中央政策研究室工作，1945年出席了中国共产党第七次全国代表大会，同年至1947年先后在山西、山东等地参加土地改革。贾连（1903—1981），中共党员，早年曾做地下组织的工作，1947年随高文华在山西、山东等地参加土地改革。

⑤ 刘邓，指刘伯承、邓小平。

⑥ 中原局，即中共中央中原局，1939年1月正式成立，刘少奇任书记，负责领导华中地区党组织的一切工作，1941年5月，与中共中央东南局合并组成中共中央华中局。

⑦ 陈默，即程默（1916—2014），江苏丹徒人，当时是西北局宣传科下属的延安电影制片厂的摄影师。

1947年3月18日，在国民党集结重兵意图大规模进犯陕甘宁边区的形势下，党中央作出主动撤出延安的战略决策。3月29日，中共中央在陕北清涧县枣林沟召开会议，讨论中央机关的行动问题，会议决定：毛泽东、周恩来、任弼时留在陕北，主持中共中央和人民解放军总部的工作；刘少奇、朱德、董必武等组成中央工作委员会，前往河北平山，担负中央委托的工作。随后，又决定由叶剑英、杨尚昆等组成中央后方委员会，到山西临县，统筹后方工作。当时，周恩来和毛泽东等其他中央领导已率中央机关来到神泉堡，随着陕北和全国战局逐渐好转，中央领导们有了相对比较安全的环境，他们在神泉堡居住了近两个月时间，并对局势发生根本转折后面临的新情况和新问题进行了考虑。第一次公开提出“打倒蒋介石，解放全中国”的口号的《中国人民解放军宣言》，以及彻底废除封建性及半封建性剥削的土地制度、实行耕者有其田的《中国土地法大纲》都是在神泉堡公布的。邓颖超此时在中央工委驻地西柏坡附近参加土改工作，他们夫妻在不同地方为革命工作贡献自己的力量。

当日正值中秋佳节，时近黄昏，月已东升，寂静的山夜和明亮的圆月，不禁让周恩来思念因工作不得不分隔两地的妻子。就在当天，周恩来给邓颖超写下了这封文笔优雅、情意绵绵的书信。信中处处体现出周恩来对人民疾苦的牵挂和关心。周恩来曾援引过鲁迅先生的两句诗“横眉冷对千夫指，俯首甘为孺子牛”，他说，我们应该像鲁迅先生所说的那样，要诚诚恳恳、老老实实为人民服务。从书信中，我们可以知道周恩来把他们夫妻的分开与以往分开看得很不同，主要是因为他们俩在为人民服务上得到了更真切的安慰，这种安慰体现在为最大多数人民利益的奋斗上。这也便解释了虽然他们已经分别半年多，周恩来十分担心患有心脏病的邓颖超，但是他仍满心赞成邓颖超在农民中多锻炼半年的提议，向劳动人民学习，不仅可以锻炼强健的体魄，劳动人民的淳朴、坚毅、勇敢，也定会让人受益匪浅。

周恩来和邓颖超不仅在生活中、情感上互相关心，互相体贴，而且在思想上、工作中相切相磋，相扶相携。邓颖超参加的土改工作面广量大，政策性强，涉及问题多，她不时地给周恩来写信倾诉自己在工作中的体会和感受。周恩来先后就邓颖超下乡参加土改遇到的土地划分、群众工作、干部队伍建设以及宗教、农会等问题，谈看法，提建议，与邓颖超交换意见。而后的半年多时间里，他们俩你东我西继续在两条不同的战线上工作，邓颖超时常给丈夫写信，周恩来很忙，但总会抽空回信，仔细解答邓颖超在工作中遇到的困惑。1948年4月，分别了一年多的夫妻俩终于再次相见，久别重逢，彼此都有说不出的喜悦。周恩来和邓颖超是有着共同理想信念的革命伴侣，他们的感情融入了对人民、对国家的无私大爱，于是就连书信的浪漫也都处处体现着为革命、为理想的共同奋斗。

周恩来致毛泽东[①]

（一九四八年五月二十日）

主席：

昨日少奇、必武、剑英三同志在赴华北局开会前，约同贾托夫、杨立三、薛暮桥[②]等同志谈西北财经及军委后勤问题。大家认为，如欲解决西北财经困难，尤其为便于对阎[③]敌作战，以如另电所提办法[④]为最有利。因如此，既可集中双方力量作战，又可大大减轻晋绥的负担（约二万人）。一旦阎敌支点减少，力量更加削弱，即使太原未下，而平绥路[⑤]已通，彭罗纵队[⑥]即可开

---

① 选自《西柏坡档案》（第一卷），中国档案出版社，2012年3月第1版，第252～253页。

② 贾托夫，即贾拓夫（1912—1967），陕西神木人，时任中共中央西北局常务委员、西北局后方委员会党组成员、西北财经办事处主任。杨立三（1900—1954），湖南长沙人，时任人民解放军总后勤部部长、华北各解放区财经联合办事处副主任。薛暮桥（1904—2005），江苏无锡人，时任华北各解放区联合办事处副主任兼秘书长。

③ 阎，指阎锡山（1883—1960），山西五台人，时任国民党军太原绥靖公署主任。

④ 指《解决西北财经问题方案拟议》中提出的西北财经工作完全统一于华北财经体系之内的方案。

⑤ 平绥路，指北平（今北京）至绥远（今属内蒙古自治区）包头的铁路，即今京包线。

⑥ 彭罗纵队，指吕梁军区司令员彭绍辉、政治委员罗贵波指挥的军区部队。1948年7月，由第十、第十二旅（原吕梁军区和晋绥军区部队组编）组建陕甘宁晋绥联防军区第七纵队，纵队司令员彭绍辉、代政治委员孙志远。罗贵波后调任晋中军区司令员。

往河西，归还联防军建制。如你同意此电所提意见，请令汪东兴①以电话告知。如有更改，即将原稿退回。

周恩来

五月二十日

1948年4月23日，周恩来和任弼时等率领中央机关从阜平县城南庄晋察冀军区司令部驻地先转移到了西柏坡，毛泽东尚在城南庄准备出访苏联。5月19日，刘少奇、周恩来、董必武、叶剑英、杨立三、贾拓夫、薛暮桥等开会，商议解决西北财经困难等问题。这封信是5月20日周恩来写给毛泽东，告以商谈简况。

在信中，周恩来首先向毛泽东汇报了刘少奇、董必武、叶剑英与西北局、华北局一些负责人的意见。他说，经过商议，一致认为，“如欲解决西北财经困难，尤其为便于对阎敌作战，以如另电所提办法为最有利”。信中周恩来提出了自己的意见和建议。他指出，西北财经困难一旦解决，“尤其为便于对阎敌作战”，以另电所提办法“为最有利”。信中提到的另电是1948年的《解决西北财经问题方案拟议》，提出了西北财经工作完全统一于华北财经体系之内的具体方案。

1948年3月，随着西北战场上的节节胜利，延安重新回到人民手中，但是国民党一年多来的祸害，使得原本底子就薄弱的西北经济受到严重破坏。虽然西北财经办事处千方百计为前线筹集粮草和经费，但因为物资缺乏，仍不能完全保证战争供给的需要。当时除了西北解放区亟待发展生产改善经济等问题外，随着战争的发展，华北、西北、华东等解放区之间的贸易联系、物资交流因为各地货币不统一、货币比价不固定，经济发展和贸易往来存在重大障碍，给支援野战军的机动作战带来很大困难。

① 汪东兴（1916—2015），江西弋阳人，时任中共中央书记处办公处副处长、警卫处处长。

为了适应新的战争形势，统一领导指挥各解放区之间的金融贸易工作，中央令华北财经办事处4月在石家庄召开各解放区的金融贸易会议，研究讨论中国人民银行、统一发行货币、稳定物价、调整各地贸易关系等问题。8月6日，中央批转了会上通过的《关于华北金融贸易会议综合报告》，要求“华北、华东、西北各地党、财办及一切财经机关即遵照该报告所提之金融贸易工作方针和各项具体政策努力实行”。12月1日，华北银行、北海银行、西北农民银行合并为中国人民银行，同时开始发行统一的人民币。到年底，全国各解放区除中原、东北等解放区自成独立的货币体系外，华北、西北、华东三大解放区货币统一工作基本完成。新币的发行和流通，对于发展解放区经济和支援解放战争起了巨大的作用。

1948年初，贾拓夫带领陕甘宁、晋绥两个边区财经负责人组成的西北区代表团参加了金融贸易会议。会议期间，他从石家庄到西柏坡请示汇报工作，参加了5月19日周恩来主持召开的商议解决西北财经困难等问题的会议。1948年7月，中共中央决定将晋冀鲁豫解放区所辖晋南十九个县划归西北解放区以支援西北解放战争，使得西北解放区范围更趋扩大。在中央的领导和西北局的努力下，1948年底，西北经济得到了很大的恢复和发展，支援了解放战争。

周恩来除了参与指导作战外，还承担了人民解放军庞大后勤保障的组织领导工作，领导后勤人员为战争的全面胜利提供了可靠的后勤保障和财经支持。周恩来非常重视后勤工作，在每个战役开始之前，他都要召开后勤工作会议，研究战役的后勤保障计划，他从兵员补充到武器弹药的生产和分配，从财政经费到物资供应，都逐一进行研究，作出细致周密的安排。为了加强人民解放军的后勤建设，1948年12月26日，周恩来组织召开了军委后勤工作会议，总结战略决战阶段后勤保障工作的新经验。他在总结报告中指出：“战争是五年计划三年完成，后勤工作就加重、加快、加大了。前后方合作才能更快地从根本上打倒蒋介石，取得全国胜利。”

周恩来致吴玉章[1]

（一九四八年五月二十八日）

玉章同志：

为加强华北大学领导并便号召起见，中共与华北局商定，拟请你担任华北大学校长，范文澜、成仿吾两同志任副校长，不知你愿意接受这一职务否？李得胜（毛泽东）同志已回。在你精神好时，请来此一谈。如来，请先令小鹏以电话通知，当派车来接。祝好

周恩来

五月二十八日

随着中国革命形势的迅猛发展，1947年12月，毛泽东在《目前形势和我们的任务》中指出，中国人民革命战争已经到了一个历史转折点。面对解放全中国、夺取全国政权的胜利前景，中国共产党有很多新的课题，提高全党首先是领导干部的理论水平就是其中很重要的一项。石家庄解放后，在西柏坡的刘少奇向中央提议晋察冀和晋冀鲁豫两个解放区合并为华北解放区，同时提出办大党校、大军校、大党报，为迎接全国解放和建立新中国培养大批建设干部和有用人才。这个建议得到了中共中央的批准。

1948年春，为了集中力量扩大办学规模，华北局在华北联合大学和北方大学的基础上成立了华北大学，校址设在河北正定县。这封信就是5月28日，经过中共中央和华北局商定后，周恩来致信吴玉章，请他出任华北大学校长一职并征求他的意见。吴玉章时任中央法律委员会委员，转战陕

① 选自《吴玉章年谱》，四川人民出版社，1998年12月第1版，第336页。

北期间一直致力新中国宪法草案的起草。他历经戊戌变法、辛亥革命、二次革命、北伐战争、抗日战争、解放战争、新中国建设而成为跨世纪的革命老人，与董必武、徐特立、谢觉哉、林伯渠一起被尊称为“延安五老”。

接到信后，吴玉章欣然接受了中央的这一安排，并于7月13日，由石家庄华北人民政府交际处乘马车赶到了正定县城，住在新南街华北大学校部对面。华北大学副校长由范文澜、成仿吾担任，钱俊瑞任党委书记，学校实行校长负责制。在中共中央华北局的领导下，他们开始了华北大学的筹备和建设工作。

在吴玉章的主持下，华北联大的同志们为迎接北方大学同志们的到来，积极进行准备，安排住房和伙食、打扫庭院，迎来后召开了会师大会。随后，遵照中央的指示，确定了华北大学的教育方针和专业设置，调配了干部，一切筹备工作以战斗的姿态很快就绪。8月24日，华北大学举办了隆重的成立典礼，谢觉哉、胡乔木、周扬等参加了大会。大会共开了四天，自始至终洋溢着欢腾活跃的气氛。吴玉章在成立典礼上作了《建立新民主主义的文化中心》的报告。

华北大学以培养为新民主主义社会服务的政治、经济、文化艺术、教育等方面的干部为办学宗旨，当年学生们要学习政治、改造思想，树立全心全意为人民服务的观点，同时要学习各种专业知识，以便毕业后能够参加解放战争和解放区建设的实际工作。吴玉章要求学生“积极参加解放战争，把革命进行到底”“实行社会革命，进行土地改革，组织农民发展生产；参加城市工作，把工商业发展起来”。为了适应迅速发展的革命形势，华北大学主要采取了短期培训的办法，即学生经过基本训练后即分配工作，以便迅速为迎接全国解放和建立新中国培训干部。1949年4月4日，吴玉章率华北学校部各单位迁入北平。遵照中共中央关于放宽招生条件、大量吸收知识分子、为解放全中国迅速培养大批干部的指示精神，华北大学把办学重点放在政治训练班，招收学员一万五千余人，并在正定和天津各办一所分校。1949年底，大部分学员毕业并走上工作岗位，至此，华北大学圆满完成了为全国解放培训干部的历史性任务。

从1948年8月到1949年底，华北大学虽然只存在了一年多，却为党培养了数以万计的干部，为中国人民的解放事业作出了重要贡献。吴玉章为此付出了大量的心血。华北大学筹建期间，他兼顾组织研究两校合并及机构人员安排等问题，主持起草华北大学规章制度，筹备召开开学典礼，召开校务会议，研究制订各部教学计划和加强组织领导等事宜。那时平津尚未解放，偶尔会有敌机轰炸石家庄一带，他组织安排疏散学校一部、二部的师生去正定附近的农村坚持上课。为提高教职员工的理论水平，加强纪律建设，以培养更多更好的干部适应新时代的需要，他还组织华北大学党委主办了刊物《新时代》，使“我们的党在政治上组织上提高一步”。

周恩来致刘少白[①]

（一九四八年七月二日）

少老[②]同志：

数数返延，均因来去匆匆，未得一叙，至引为憾。

顷得亚雄[③]一信，来自东北，辗转收到，兹特奉上，想能慰念。专此，既致

敬礼！

周恩来拜

七月二日

这是1948年7月2日，周恩来收到东北局机关党委副书记刘亚雄的信后，专门写给刘亚雄的父亲、开明绅士刘少白的一封亲笔信。在信中，周恩来说因为来去匆匆，未能得以一叙，表示“至引为憾”，并特地将辗转来自东北他女儿的信转呈给他，以慰藉思女之情。信的抬头对刘少白尊称为“少老”，在信末署名处，还专意写上“周恩来拜”，信虽然寥寥数句，却处处表达着周恩来对刘少白的尊敬之意。

著名的开明绅士、民主战士刘少白，被誉为中国红色银行事业的创始人之一，也是一位老共产党员。《毛泽东选集》（第四卷）中，有篇写于1948年的《关于民族资产阶级和开明绅士问题》的文章。文章提到两位开明绅士，一位是陕甘宁边区的李鼎铭，另一位就是晋绥边区的刘少白。

---

① 选自《西柏坡档案》（第一卷），中国档案出版社，2012年3月第1版，第326页。

② 少老，即刘少白。

③ 亚雄，即刘亚雄（1901—1988），山西兴县人，刘少白的女儿，时任东北局机关党委副书记。

刘少白于1883年6月30日出生于山西省兴县黑峪口村一个没落地主家庭，1903年赴西安参加科考被拔为贡生，后入山西大学堂攻读法律，开始接受新学，1918年毕业，获法学学士学位，曾先后任太原阳兴中学董事和山西省立工业专门学校秘书长兼国文教员。任教期间，他大胆改革教育内容，向学生灌输民主革命新思想。土地革命战争时期，刘少白担任过河北省建设厅秘书主任，天津商品检验局副局长、局长，绥远省乡村教育委员会主任等职务，任职期间倾力支持革命。他在北京的住所成为共产党秘密联络点，负责转送党中央寄给中共河北省委的活动经费。同时，他还加入了党的外围组织互济会，帮助党组织做了大量工作。他曾积极参与营救中共河北省委刘锡五、刘澜涛、刘亚雄、安子文、杨献珍等人的活动，1931年为营救王若飞做了大量工作。

1937年初，刘少白回到太原，积极投身抗日救亡运动。他的家不仅成为革命同志聚会之所，而且秘密设立印刷厂，为党印刷材料。1937年8月，刘少白加入中国共产党。不久，他根据党的批示返回兴县，在第二战区民族革命战争战地总动员委员会兴县分会担任经济部长，负责征集粮草，支援八路军一二〇师开辟晋西北抗日根据地。1937年11月，刘少白把自己多年来的全部积蓄拿出来，并动员牛友兰等一百多位富户入股，创办了兴县农民银行。1940年1月，兴县农民银行改为西北农民银行，刘少白出任行长，为发展抗日根据地经济、解决军需民用、巩固晋西北抗日根据地发挥了重要作用。1942年5月，刘少白和牛友兰率领晋西北士绅参观团赴延安访问，受到毛泽东、朱德等中央领导的亲切接见。参观回来后，刘少白被选为晋绥边区临时参议会副议长。毛泽东和参观团交谈五个小时，对国际、国内形势及“减租减息”“三三制”政策作了详细的解读。刘少白深受教育和启发。

毛主席在王家坪第五次接见刘少白是在王若飞等人不幸遇难后，刘少白深感国共和谈无望，决意返回晋绥投入新的斗争。动身前，毛主席要他过好土改这一关。临别时，天降大雨，毛主席冒雨送他上车，使刘少白极为感动。1946年6月初，刘少白将自家四百五十亩土地、一处四合院和百余棵枣树献给政府。毛泽东说，刘少白“在抗日战争和抗日战争以后的困难时期内，曾经给我们以相当的帮助”。

新中国成立后，刘少白牢记毛主席教导，努力为人民服务，为改变山西的贫穷落后面貌积极建言献策。1958年后，刘少白虽定居北京，仍为兴县捐款三千元，资助家乡人民搞好山区经济建设。

信中的刘亚雄是刘少白的大女儿，她曾先后担任河北省委秘书长、太行专署第一任女专员、直辖长春市委书记、劳动部副部长等职务，是党的杰出的妇女工作者。1988年3月4日的《人民日报》对她作出高度评价，称赞她“以坚忍不拔的献身精神完成了党和人民在各个历史时期所交给她的种种艰巨任务，为中国革命和社会主义建设事业作出了不可磨灭的贡献”。

周恩来致毛泽东①

（一九四八年十月十一日）

毛主席：

请考虑明年全国青年代表大会，究只成立一个新民主主义青年团及其中委会，还是同时仍须成立青年联合会的中央机构。我意，为包括全国学生联合会、基督教青年组织及其他青年团体等等，恐只成立一个新民主主义青年团，是不够的。而在开全国青年代表大会同时，即可开新民主主义青年团的代表大会。因此，两个团体恐仍须分别成立。但全国青年联合会，可成为青年团体的联合组织，新民主主义青年团亦以团体资格参加，并起领导作用。解放区的青年群众组织，有新民主主义青年团即够。

周恩来

十月十一日

这是1948年10月11日，在准备召开全国青年代表大会之前，周恩来关于青年团工作给毛泽东的请示信。从信中可以看到当时中共中央和中央领导同志决定组建全国青联的良苦用心。在信中，周恩来提请毛泽东考虑成立新民主主义青年团及其中委会的同时，仍须成立青年联合会的中央机构。他认为，根据形势发展需要，建立新民主主义青年团对于先进青年群众性组织非常必要，只成立一个新民主主义青年团是不够的，因此他提出“两个团体恐仍须分别成立”。他还建议，“在开全国青年代表大会同时，即可开新民主主义青年团的代表大会”。关于两个团体的关系，周恩

① 选自《西柏坡档案》（第二卷），中国档案出版社，2012年3月第1版，第535页。

来在信中明确提出：“全国青年联合会，可成为青年团体的联合组织，新民主主义青年团亦以团体资格参加，并起领导作用。”这是关于全国青联性质及与青年团关系的最初表述。毛泽东在随后的批示明确说：“同意这样做。”并将此信批给刘少奇、朱德、任弼时、彭德怀、冯文彬阅。自1949年新民主主义青年团和青年联合会正式建立以来，两者的关系就是按照毛泽东同意的周恩来提出的建议原则实行的。

早在1946年10月，党中央就已发出建立先进青年积极分子的组织——中国新民主主义青年团的提议，并责成各中央局、各分局择地试办。两年以来，在东北、华东、华北、西北（包括晋绥）各解放区都已在若干地区建立有团的组织。根据形势的发展需要，1948年9月在西柏坡召开的中共中央政治局会议决定，1949年上半年将召开全国青年代表大会并成立全国青年联合会，同时也将建立新民主主义青年团。1949年1月1日，中共中央作出了《关于建立中国新民主主义青年团的决议》，正式决定在全国普遍建立新民主主义青年团的组织。

1949年4月11日至18日，新民主主义青年团全国第一次代表大会在北平召开，大会通过了团的工作纲领、团章、《团的任务与工作》的报告以及大会结论等决议，选出了正式中央委员四十五名，候补中央委员十五名，组成第一届中央委员会。大会一致通过任弼时为团中央名誉主席的决议，选举冯文彬为团中央书记，廖承志、蒋南翔为团中央副书记。大会还规定以《中国青年》作为团中央机关刊物，同时办好各级团校、训练团的干部。22日，周恩来为大会代表作了《全国青年团结起来，在毛泽东的旗帜下前进》的重要报告，号召全国青年“学习毛泽东”，强调青年团要有一个好作风，要谦虚，要搞大圈子，要团结广大人民群众一道前进。这次大会的召开标志着中国新民主主义青年团的正式建立，从此，中国青年运动又有了自己的核心组织，进入了一个新的发展阶段。

新民主主义青年团一届一中全会于1949年4月22日至24日在北平召开。会议总结了青年团成立以来的工作，确定了下一阶段的工作任务。毛泽东和中共中央其他领导人接见了与会人员。

就在这次会议结束之后的第十天，即5月4日，来自全国不同地区、不同职业、不同民族、不同阶级、不同党派、不同信仰的青年团体代表五百五十二人举着不同旗帜，依次走进北京大学的礼堂，有史以来第一次聚集在一起，召开具有广泛代表性的全国青年代表大会。中共中央向大会发来祝词，毛泽东向大会题词并同其他中央领导同志接见了全体会议代表，朱德代表中共中央在大会上讲话，刘少奇、周恩来等先后到会讲话。会上，廖承志作了题为“中国青年基本任务”的报告。5月10日，大会发表的《宣言》指出：“全国青联把全国一切反对帝国主义、封建主义和官僚资本主义的爱国青年，不分阶级、党派、政治信仰、宗教信仰、民族、职业和性别的差异，紧紧地团结起来，为着将中国人民大革命进行到底，将农业的中国建设成为工业化的新民主主义的新中国。”会议通过了全国青联章程，选举出中华全国民族青年联合总会第一届委员会，选举廖承志为全国青联主席，钱俊瑞、谢雪红、钱三强、沙千里为副主席，吴晗任秘书长。大会正式宣告中华全国民主青年联合总会诞生，实现了中国青年久已盼望的民主团结的愿望，是中国共产党领导的革命运动的重要果实之一。5月12日，毛泽东、朱德、刘少奇、周恩来等接见了中华全国青年第一次代表大会的代表。从此，全国青联开始了紧跟党奋斗的光辉历程。

周恩来致郑洞国[①]

（一九四八年十月十八日）

洞国兄鉴：

欣闻曾泽生军长已率部起义，兄亦在考虑中。目前，全国胜负之局已定。远者不论，近一个月，济南、锦州相继解放，二十万大军全部覆没，王耀武[②]、范汉杰[③]先后被俘，吴化文[④]、曾泽生相继起义，即足证明人民解放军必将取得全国胜利已无疑义。兄今孤处危城，人心士气久已背离，蒋介石纵数令兄部突围，但已遭解放军重重包围，何能逃脱。曾军长此次举义，已为兄开一为人民立功自赎之门。届此祸福荣辱决于俄顷之际，兄宜回念当年黄埔之革命初衷，毅然重举反帝反封建大旗，率领长春全部守军，宣布反美反蒋、反对国民党反动统治，赞成土地改革，加入中国人民解放军行列，则我敢保证中国人民及其解放军必将依照中国共产党的宽大政策，不咎既往，欢迎兄部起义，并照曾军长及其所部同等待遇。时机急迫，顾念旧谊，特电促速

---

① 选自《西柏坡档案》（第二卷），中国档案出版社，2012年3月第1版，第552页。郑洞国（1903—1991），湖南石门人，黄埔军校第一期毕业学员，是最早参加抗日战争的国民党将领之一，国民革命军陆军中将，时任国民党“剿总”副总司令兼第一兵团司令。

② 王耀武（1904—1968），原任国民党军第二“绥靖”区司令官，1948年9月在济南战役中被俘。

③ 范汉杰（1896—1976），原任国民党军东北“剿匪”总司令部副总司令兼锦州指挥所主任，1948年10月在辽沈战役中被俘。

④ 吴化文（1904—1962），原任国民党军整编第九十六军军长，1948年9月19日率整编第八十四师等部三个旅约两万人起义。

下决心。望与我前线萧劲光、萧华[1]两将军进行接洽，不使吴化文、曾泽生两将军专美于前也。

周恩来

十月十八日

这封信是1948年10月18日，周恩来写给继续困守长春的国民党“剿总”副总司令兼第一兵团司令郑洞国的，敦促他认清形势，尽早率部起义。郑洞国是黄埔军校第一期毕业学员，周恩来当时担任黄埔军校的政治教官，郑洞国是他的学生，这封信对长春守军投诚起了重大的推动作用。

辽沈战役是经过长达半年的酝酿和磋商，于1948年9月12日发起的。按照中央军委指示，东北野战军南下北宁线，直取东北战略枢纽锦州。10月15日，锦州解放，取得辽沈战役的关键性胜利。锦州失守后，蒋介石急得数度大口吐血，急忙飞赴沈阳，向长春空投手令，要郑洞国率领新七军和六十军立即突围，如不遵守命令突围，军法从事。

就在锦州解放两天之后，即17日，长春守敌第六十军军长曾泽生不顾蒋介石的命令首先率部起义。这时，周恩来向毛泽东介绍正在困守长春、负军政全责的郑洞国是黄埔一期学生，为人老实，可以争取。周恩来认为，在目前情况下，有可能争取其起义。如果能争取郑洞国起义，“则对整个黄埔系军队的影响当会很大”。毛泽东赞同周恩来的意见。随即，周恩来致电东北局，介绍郑洞国的有关情况，指示应努力争取郑洞国起义。18日，周恩来写了这封信，亲自致函郑洞国：“届此祸福荣辱决于俄顷之际，兄宜回念当年黄埔之革命初衷，毅然重举反帝反封建大旗，率领长春全部守军，宣布反美反蒋、反对国民党反动统治，赞成土地改革，加入中国人民解放军行列，则我敢保证中国人民及其解放军必将依照中国共产

① 萧劲光，时任东北野战军副司令员兼第一兵团司令员。萧华，时任东北野战军第一兵团政治委员。

党的宽大政策，不咎既往，欢迎兄部起义，并照曾军长及其所部同等待遇。”并在信中殷殷嘱托，“时机急迫，顾念旧谊，特电促速下决心。望与我前线萧劲光、萧华两将军进行接洽，不使吴化文、曾泽生两将军专美于前也。”

根据中央电令精神，东北野战军总部当即派第一兵团解沛然参谋长为全权代表进城与守军谈判，处理有关事宜。郑洞国兵团之副参谋长杨友梅、新七军副军长史说等见大势已去，突围不成，守亦不成，生死的抉择摆在面前，本来寄希望于兵团司令员郑洞国，可是郑洞国的态度仍很顽固，愚忠“党国”的思想很深，于是杨史二人商定10月19日上午新七军全军自动放下武器，向解放军投诚。而不知内情的郑洞国仍率兵团部机关和特务团据守在大楼内，拒绝放下武器。此时，解放军不以武力强攻，而是命令独九师将郑洞国兵团团部大楼包围起来，向其展开政治攻势，尽最大努力争取其投诚。经过多方努力，21日凌晨，郑洞国率兵团团部及直属队共八万余人，放下武器，长春终获得和平解放。

长春的和平解放给国民党军以强烈震撼。在这一有利形势下，周恩来又于10月20日为中共中央起草致东北局电，强调：“你们目前最紧急的工作除继续争取瓦解敌军，与巩固并准备逐步改造起义反正的部队外，还应立即动员大批得力干部不仅去接管长春，而且要准备接管沈阳及抚顺、本溪。”随即，东北局派遣地下工作人员潜入沈阳，大力开展内部策反工作。东北解放军亦采取强大的军事打击和政治攻势相结合，使沈阳守军无心组织抵抗，整师整团地向解放军请降。11月2日，这座东北最大的工业城市宣告解放，辽沈战役胜利结束。

周恩来致毛泽东的三封信[1]

（一九四八年十月二十七日）

主席：

已与聂[2]通了电话，要他转令三纵连二十六号在内以四天行程赶到满城。他说以五天赶到，每天已将近百里，我要他们以此命令转告郑维山（三纵司令），他定今日接通电话后即转告郑，并催其轻装取捷径按四天行程赶到。七纵主力今（二十七日）夜到达完县方顺桥、高阳以西之线布防。军区给他们的命令，是坚守方顺桥到唐河西线，以待三纵到达。其他一个旅，则尚在来沙河途中。顷聂第二次电话，他已将提前一天到满城的命令，经北岳电话，转告三纵。三纵今（二十七）日可能赶到紫荆关以北。地方已在动员。物资在疏散。

周恩来

二十七日四时半

主席：

三纵昨二十六日上午方得到出发命令，得令下午即走，故昨日下午及夜间均在走路。今日恐亦须下午才能出发。俟叫通电话后，当告聂转达你的指示。

周恩来

二十七日六时

① 选自《西柏坡档案》（第二卷），中国档案出版社，2012年3月第1版，第588～589页。

② 聂，即聂荣臻。

主席：

顷与聂电话，三纵昨天多部分时间是白天行军。在山沟走，不成问题。今天，得催其三天（今天起）赶到满城，当更会白天走。已告其再以电话通知。给各县命令，已告。与各县通电话，须经过地委。现新乐、望都、安国、高阳等县，均由孙毅及九地委在直接指挥。完、唐①、曲阳、行唐等县，则由四地委在指挥。石门②附近各县，则由萧克③指挥。聂经过他们三处与各县联络，并负责检查各县道路要点及纵深的破坏情形与民兵日夜的袭扰。聂亦认为如三纵赶到出现，及我正面阻敌三天，可能破坏敌之袭击计划。今天下午，当再检查其执行程度。

周恩来

二十七日七时

这三封书信是周恩来在西柏坡为应对国民党蒋介石、傅作义的军事偷袭石家庄的阴谋，分别于1948年10月27日凌晨4时30分、6时、7时，在两个半小时内连续三次向毛泽东书面汇报军队部署情况，从军事上有力地迎击了国民党部队。

1948年10月下旬，西柏坡中央机要室收到了一份十万火急的军事情报：蒋傅正以骑兵第九十四军、新编第二军，共计十万余人的兵力，组成一支快速部队，分为偷袭和策应两个梯队，分别向西柏坡和石家庄发动袭击。当时华北留守在西柏坡的兵力只有一个团一千人左右，而进犯之敌达十万人之多，且敌人从北平到石家庄也只有三百公里路程，如果敌人依靠

① 完、唐，指河北完县和唐县。

② 石门，即今河北石家庄。

③ 萧克，时任华北军区副司令员。

快速运输和空中优势，两三天便可到达石家庄。但是这时我野战军主力大都在平绥作战，即使日夜兼程到达保定也需要四天时间。当时的石家庄的的确确是一座空城。

这时，中央军委很快作出了迎击敌人的准备：在军事上调动部队和民兵抗阻奔袭南进之敌，在政治上揭露敌人的阴谋。驻守在西柏坡的机关部队进行紧急动员，西柏坡的警卫部队立即进入临战状态。周恩来派中央办公处副处长汪东兴和中央警卫团干部带两个步兵连、一个骑兵排、一架电台和一部电话机，到中央驻地东北方向行唐一带担任警戒，侦察敌情。如果遇到敌人的进攻，就要坚决抵抗，掩护党中央、毛主席安全转移。中央机关也做好了转移的准备。中央机关的后方机构也将机要、文书档案等一类文件装进了大木箱，用牲口一批一批地送到了后方。从延安来的中央保育院、托儿所、洛杉矶幼儿园的小朋友，也进行了转移。

时任中央军委副主席、代总参谋长的周恩来在西柏坡得知情报后立即调兵遣将，进行具体指挥。他为中央军委起草了《保卫石家庄的部署》，致电华北军区司令员聂荣臻、政治委员薄一波等，简要地通报了敌军偷袭计划，命令华北军区部队立即赶至指定地点阻止敌军南下。华北军区接到中央军委命令后，于25日、26日两次电令三纵、七纵和冀中、北岳等部队，制订了具体作战计划。

三纵的行动事关重大。在西柏坡，中央军委一直密切关注着局势的发展和三纵的行动。为了进一步揭露敌人的阴谋诡计，周恩来分别于10月27日凌晨4时30分、6时、7时两个半小时内写了这三封信，三次向毛泽东主席书面汇报军队部署情况。在第一封信中，周恩来写道："已与聂通了电话，要他转令三纵连二十六号在内四天行程赶到满城。他说以五天赶到，每天已将近百里，我要他们以此命令转告郑维山（三纵司令），他定今日接通电话后即转告郑，并催其轻装取捷径按四天行程赶到。"10月26日近午，聂荣臻已经同三纵司令郑维山通了电话，传达了周恩来的指示，命令三纵立即出发，四天内赶到满城，会合并指挥七纵，阻击向石家庄进犯之敌。当时三纵队的三个旅正在司令员郑维山的率领下，准备围歼被诱至平绥路南侧的矾山堡到涿鹿一线之敌暂编第三军一部。突然接到聂荣臻电话，郑维山虽然感到有点儿突然，但是他很坚决地说："坚决完成任务！"并问道："还有什么指示？"聂荣臻说："可走紫荆关，翻山抄近路，昼夜赶，不要怕疲劳。出动后，设法同我联络，周副主席等待着你们出发的消息。"兵团司令员杨得志也指示，做好动员及早出发，并遵照军委电令、军区和兵团首长指示，下达了纵队决心，即放弃原作战计划，立即收拢部队做准备，下午3时行动，立即组织机关干部去各连传达上级的命令和指示，做简短动员，号召部队誓死保卫石家庄、保卫党中央。指战员们一听说敌人要突袭石家庄，个个义愤填膺，急不可待，在下午3时，三纵队准时出发了。从矾山堡到满城，约二百五十公里，四天赶到，这就意味着部队每天要走五十公里以上路程。这一路都是层峦叠嶂、沟壑纵横的山区小路，加之七个月来，三纵队连续征战达三千五百公里，极度疲劳，要完成这次任务，相当艰巨。三纵队以急行军的空前速度无声地前进着，指战员们一副副坚毅严峻的面孔表明只有一个坚定决心：坚决完成任务，保卫石家庄！保卫党中央！

一个半小时后，周恩来又写了第二封信："三纵昨二十六日上午方得到出发命令，得令下午即走，故昨日下午及夜间均在走路。"报告了三纵已经出发等行动情况。

又过了一个小时，周恩来接着写了第三封信，向毛泽东汇报了晋察冀军区执行部署情况，信中写道："聂亦认为如三纵赶到出现，及我正面阻敌三天，可能破坏敌之袭击计划。今天下午，当再检查其执行程度。"

郑维山率领三纵部队连续走了两天两夜，行程二百七十余公里，终于翻过了紫荆关。郑维山与聂荣臻报告部队到达了预计位置。聂荣臻司令员听了高兴地说："周副主席刚来过电话，问你们今天能否到达紫荆关？你们提前到了，我立即向他报告。部队要恢复体力。"周恩来在27日向毛主席报告了三纵出发的情况，主席很满意。毛主席指示三纵："过紫荆关后，改为'白天赶路，晚间休息'。""由于突袭的敌人今天已经集结保定，明天会合刘化南师南犯，我们已令七纵和九地委至少在保定到唐河段阻敌两天以上，只要你们三十日赶到望都地区，就有破敌把握。”10月29日，石家庄市政府、警备司令部联合发布戒严令，宣布在全市戒严。同日下午3时，三纵队的先头部队到达了满城西南的康冠，这里距离望都不到四十公里。郑维山决定再一次轻装，以最短的时间到达望都。战士们都丢掉了背包、米袋和一切生活用品，只剩下了枪支弹药，急速向望都奔去。10月30日拂晓，解放军主力三纵经四天急行军，提前一天到达望都。然而这时敌主力九十四军已经望都到达清风店地区。傅作义电令郑挺锋30日突过唐河，向石门进袭；同时，命令后梯队三十五军自涿县出动，乘汽车进至保定策应。因受解放区军民破路和地雷阻击，第三十五军艰难进至徐水以北田村铺，未能到达保定。但敌九十四军已经突破了我军的望都防线，正在唐河以南进犯。唐河到沙河二十三公里，沙河到石家庄五十公里，我方七纵在沙河防线尚立足未稳，如果敌军乘势强行突进，两个小时内即可到达石家庄。情况相当危急。郑维山得知这一情况后，感到事态很严重，于是当即决定：不管多么疲劳，以最快的速度赶往沙河一线，会合已经到那里的七纵队，坚决把敌人阻击住。国民党郑挺锋令炮兵向唐河南岸的我军七纵阵地猛烈轰击，一小时发射炮弹三百四十发，七纵英勇阻击，打退敌人多次进攻，歼敌一千五百余人。七纵因工事较弱被敌突破，迅速转至沙河一线，准备新的阻击。31日凌晨，郑维山率领的三纵队赶到了沙河以北的燕赵、东抵村地区，准备与七纵队共同阻击敌人。

尽管中央军委对敌人偷袭石家庄在军事上做了周密的部署，但是军情仍然十分紧急。毛泽东看到周恩来的三封信后，决定采取三项措施。一是快速调兵遣将，保卫中央机关。冀中第七纵队迎击敌兵，同时动员二十余万民兵埋地雷破坏道路，阻击敌人。调第二兵团日夜兼程南下，预定在定县以外地区歼灭来犯的敌人。二是做撤退准备。中央机关将机要文书档案等一类文件运到后方，从延安来的革命后代也进行了转移。三是进行广泛的宣传战，迷惑迟滞敌人。在同周恩来商议对策时，毛泽东说：“我们不妨也来学诸葛亮，唱段‘空城计’，即使我们在动员华北军民准备粉碎敌人进攻的时候，还要通过新华社把蒋介石、傅作义的阴谋公开地揭露。向他们宣布我华北军民已做好准备，必将歼灭来犯之敌。”周恩来赞同地说道：“主席，你真是活孔明！当初诸葛亮用‘空城计’吓退了司马懿，你这一揭露虽不至把敌人完全吓跑，至少也能使敌人不敢快速疾进，那粉碎敌人的偷袭就容易多了。”

于是，毛泽东坦然自若、临危不惊，当即提笔接连给新华社撰写了四篇广播稿，犀利的文笔如刀枪般揭露了蒋介石偷袭石家庄的阴谋。当时，敌突袭副总指挥刘化南听到10月25日新华社的消息后，曾哀叹说：“我们自以为这是一次极为秘密的行动，可是部队尚未出发，解放军对一切都了如指掌，登载报上，只怕此举是‘有去路，无回路’。”傅作义听到广播后，认为共产党已做好充分准备，便急令部队撤回北平。

由于毛泽东、周恩来巧妙地利用情报做文章，揭露敌人阴谋，再加之解放军主力三纵和七纵提前赶到预定布防地域，地方武装和民兵开展破路袭扰游击战，对敌人很快形成了迎面阻击和南北夹击之势。鄂友三指挥的骑兵十二旅在唐河南岸就落入了解放军的埋伏圈，被歼灭一个团后慌忙撤回保定，其所率主力第九十四军和一〇一军的一个师也在30日准备经定县向石家庄进攻，当即被我方七纵在定县围击，31日急忙撤回北平。刘春方见偷袭无效，也率骑四师马上撤回了北平。这样，从10月24日至31日，仅用了一个星期，蒋介石、傅作义精心策划的偷袭西柏坡的阴谋就宣告破产了。

周恩来致冯文彬①

（一九四八年十一月十日）

文彬同志：

十三日晨来信悉。关于青年团的决定，主席曾在一次座谈中提到新民主主义青年团的方针，应以新民主主义的组织形式，团结更广大的青年，进行马列主义的教育，即是说以新民主主义为形式，以马列主义为参考。此点，你可在青年会议中开展讨论，征求意见。这几天战争形势正在发展，无暇开会讨论，你可留在平山开会暂不返回。

周恩来

一九四八年十一月十日

这是1948年11月10日周恩来在西柏坡写给时任中共中央青年工作委员会书记冯文彬的信，主要是讨论关于青年团的筹建和组织形式的问题。

1947年5月，中央青年工作委员会到达晋察冀边区的平山县后，受中央工委领导。1947年8月28日，中央青委书记冯文彬在全国土地会议上就重建青年团、土改中建团等问题作了专题发言，从青年的需要和当前革命斗争的需要层面阐述了建立青年团的必要性和迫切性。在当前革命斗争

---

① 选自《西柏坡档案》（第二卷），中国档案出版社，2012年3月第1版，第635页。冯文彬（1911—1997），浙江省诸暨县（今诸暨市）人，1937年，冯文彬担任中央青年部部长；解放战争时期任中共中央青年工作委员会书记；1949年4月在北平主持召开中国新民主主义青年团第一次全国代表大会，被选为团中央委员会书记，成为著名的中国青年领袖；新中国成立后，他历任团中央书记处书记、上海市委工作委员会副主任、中央党校副教育长等职务。

中，青年人必要建立一个自己的组织，团结青年群众斗争，引导青年群众学习、走正路。建立青年团不仅有助于在土改中发动青年参军参战，壮大战斗力量，还能够促使广大青年积极分子更好地接受党的教育，不断向党组织靠拢，满足他们的政治要求。

由于建立青年团的紧迫性，在1947年9月土地会议期间召开了解放区青年工作会议。这次会议在吸收了各地试点建团的基础上，总结交流了试点工作经验，最主要是传达了刘少奇在平山召开的全国土地会议上所作的结论中讲的关于在土改中建团的指示："青年团问题，由中央决定后着手去办。头一步要选择和训练青年干部。在土改中把青年团下层组织形成起来，选择积极分子加以训练。中央局、区党委要选择一批有群众工作作风的、虚心的、能接近群众而没有官僚主义毛病的青年干部去做青年团的工作。"同时也传达了冯文彬关于在土改运动中建立青年团组织的意见。

这一年，冯文彬的主要任务就是指导各地建团工作，发动解放区广大青年参军参战，支援人民解放军作战。在吸收各地建团工作经验基础上，中共中央在九月会议中对于建立青年团的工作作出计划：明年上半年，将召开全国青年代表大会，成立全国青年联合会，并将建立新民主主义青年团。在九月会议中，我们可以看到中共中央对于青年团名称基本已经定为新民主主义青年团。在1948年9月9日，中共中央就曾复电东北局，要求将哈尔滨成立的"毛泽东青年团"改为"新民主主义青年团"。这说明党中央、毛主席从名称上就已经对青年团的性质和形式作了要求。

周恩来在西柏坡这段时间也一直关注着青年团的创建工作，并提出了一些合理化建议。在一个月前，即1948年10月11日，周恩来致信毛主席建议在成立新民主主义青年团的同时成立全国青年联合会。毛主席当即批示："同意这样做。"这时，华北青年工作会议召开了。这是新中国成立前夕一次最大规模的青年工作会议。会议确定了华北统一建团的计划，选出了华北团的筹委会。这次会议极大地推动了华北的建团工作。会后不久，周恩来写下了这封信，写到毛主席曾经在一次座谈中提到筹建新民主主义青年团的方针应该以新民主主义的组织形式，可以起到团结更广大的青年，进行马列主义的教育；还说道，以新民主主义为形式，以马列主义为参考，进一步明确了新民主主义青年团的创建方针和组织形式。同时，建议冯文彬在召开青年工作会议时要开展讨论，多征求意见。这些建议推动了全国青年团的创建工作。

任弼时致任远志[①]

（一九四七年七月二十七日）

远志：

你几次来信都收到，未曾单独给你回信并非忘记了你们，而是当着有人要走时来不及单独给你写信。你和远征[②]走后我时常想念你们，特别当我捉臭虫时，就会记起你们[③]。后来搬动了几次地方，每处都有很多臭虫。现在住的地方初来时每夜要捉三四十个，要起来寻一二次。后来杨主任[④]到此，为我们带了杀臭虫粉和蚊帐，现在少了，可谓免除了对臭虫的恐怖。

从你和你妈妈来信中得知，你到三交后我到教员补习国文、算术和英文，这很好，下学期如果没有适当学校可进，就正好这样继续补习下去。读书主要在乎自己用心，希望你能坚持用功学

---

① 选自《任弼时书信选集》，中央文献出版社，2014年4月第1版，第39～41页。远志，即任远志（1931—2021），任弼时的大女儿，生于中央苏区，出生后不到一百天，任远志就和母亲陈琮英一起被关进了国民党的监狱，经过组织营救后，住了将近一年监狱的陈琮英及其女儿才被释放出来。按党中央要求要去中央苏区，母亲陈琮英当机立断就把年幼的任远志放回到了湖南老家，任远志在老家一待就是十五年。

② 远征，即任远征（1936—2024），任弼时的二女儿，生于长征路上的四川省阿坝地区，出生后不久，被母亲陈琮英送回了湖南老家，同姐姐远志一起跟随奶奶生活，直到1946年才到延安同父母团聚。

③ 1947年，任远志、任远征与父亲一起住在陕北的窑洞里。陕北蚊子和臭虫多，每到晚上姐妹俩就手持燃着的蜡烛，顺着炕洞中的每一条缝隙，墙上、炕上、窗台上烧蚊虫，因此任弼时在信里提及“特别当我捉臭虫时，就会记起你们”。

④ 杨主任即杨尚昆，时任中共中央后方委员会副书记，负责中共中央书记处办公厅工作。

习，而且在国文、算术方面多用功。平常要多看解放区出版的报纸，借以增加你的政治常识。

自从你和远征走后二十天，敌人（三万余）就向我们驻地地区进攻，六月七号晚边我们离开王家湾，当时敌人距我们只有二十多里，九号敌人就到了青阳岔（你们回去时第一天经过的地方），十一号敌人回头时又经过距我们二十余里地方走过。在这短短不到十天当中我们搬动了三次，两次夜行军都遇着大雨。有一次夜行军天又黑雨又大，当时我想着幸喜你们没有随我们行动，不然那是可以引起病痛的，因为所有的人全身衣服都打湿了。从那以后，我们又安静的驻到现在，几乎有一个半月没移动。最近，敌又集中到保安、安塞地区，时常有小部到龙安镇杨家园子花子坪（即你们学校以前驻过的地方）一带游击，如果再向我们地区进攻，那我们又得有一时期要行动。

来信很关心我的身体健康，感谢你的关心，但在这时期幸而未曾生过病，也未感冒过，一般说身体比在延安时更觉健强些，原因正是因为在敌人的"督促"下，使我们得到更多运动的机会，这不独我个人如此，其他几位伯伯叔叔也是如此。

听说你到三交后又病了两次，是什么病？你妈妈身体近来是否要好些？念念。远远[①]据说好了很多，甚慰。远征近亦有一信来，我不另给她写信，你可将情形告她。并祝你们都好！

你的爸　南[②]

七月二十七日夜

你七月二十日信昨日收到。又及。夜。

---

① 远远，即任远远（1940—1995），任弼时的儿子，生于延安，1993年3月晋升为大校军衔，曾任原总参谋部情报部二局局长。

② 南，即二南，任弼时的号。

这是任弼时于1947年7月在陕北转战途中写给大女儿任远志的家信。任弼时在信中回忆了与女儿们相处的短暂而快乐的时光，同时关心着女儿的学习情况，惦念着家人们的身体，问候家人的身体健康情况，也写了自己近期没有生过病，告诉家人身体还不错，互报平安。

任弼时给大女儿远志写这封家信时，父女相聚在一起生活了仅一年时间。在血雨腥风的革命年代，任弼时和妻子陈琮英这一对革命伴侣，为了国家的解放和人民的幸福，无暇顾及自己的家庭生活，无法将子女留在身边照顾，只能长时间地托付于亲人朋友去照顾。他们同为革命战士，也是孩子的父母，但是为了中国的革命事业，忍受着同子女们长时间离别的痛苦。当咿呀学语的大女儿任远志正需要父母的关爱、照顾和陪伴的时候，却被母亲陈琮英强忍着离别之痛送到了相隔千里之外的湖南老家，跟随奶奶生活。这样一别竟是十五年。在这漫长的五千多个日日夜夜里，任弼时夫妇就像亿万普通父母一样思念着自己的女儿，脑海里不时浮现着她小时候的样子，想象着她长大的模样，时刻盼望着能与亲爱的女儿相聚团圆。

任远志在一岁时就与父母分别，对于父母的印象可以说一点儿也没有，更感受不到父母的爱。在幼小的心灵里，任远志虽然知道自己有爸爸妈妈，但是一直都觉得自己像孤儿一样，没有见过父母，也不知道父母的爱是什么。直到1946年7月11日，任弼时派人将两个女儿接到了身边，任远志第一次乘飞机来到延安，见到了瘦瘦小小的妈妈和戴着黑边眼镜留着胡子的爸爸。任弼时和妻子陈琮英伸出双臂将大女儿拥进怀抱，连声道："大女儿！你回来啦！大女儿，你回来啦！"任远志也扑到了父亲的怀抱里，流着幸福的眼泪，这时才感觉到自己不是孤儿，和别的孩子一样，有疼爱自己的爸爸妈妈，一种从未有过的幸福感油然而生。这是任远志永生都不会忘记的日子，这一天任远志认识了自己的爸爸妈妈，也认识了许多中国共产党老一辈无产阶级革命家。

在1947年4月中旬的陕北窑洞，任弼时和两个女儿一起生活了一小段时间。这是一段难得的快乐时光。一个月后，任远志要离开她的父亲过黄河了。她找到毛伯伯，希望能给题字作为留念。当时毛泽东坐在一把帆布椅上，目光慈祥地说：“大女儿，要过黄河啦！给你写什么呢？”毛泽东想了想，就在任远志的笔记本上用铅笔飞快地写下了四个大字——“光明在前”，寓意是中国革命光明在前，中国革命胜利在望，体现出希望当时全国解放战争局势扭转，迎接光明未来的信心。任弼时也为女儿题了“努力学习”，这是任弼时对子女一贯的希望与要求。就这样，任远志姐妹铭记着革命前辈的殷切教诲，告别了父亲，踏上了新的征途。

1947年5月，任远志、任远征和母亲陈琮英便去了信中所提到的三交镇。任远志到三交后，很想念父亲，也十分惦念他的身体。于是，任远志就开始一封一封地给父亲写信，可是直到7月底都没有收到父亲的来信。正在不安的时候，任远志突然收到了父亲的这封信。

在和两个女儿分别后，尽管任弼时工作非常繁忙，并患有严重的高血压、糖尿病，但他时刻惦念着女儿的思想、学习与身体。1947年7月27日，任弼时在新驻地安静待了二十余天，没有敌人进攻，这天夜里他终于有时间给女儿任远志写信了。在信的开始，任弼时说明了没有给女儿写信的原因。因为国民党军向陕北中央驻地王家湾地区进攻，任弼时等中共中央领导人开始于6月7日晚离开王家湾，而后与国民党军队进行游击战，就如任弼时信中所写的那样：“在这短短不到十天当中我们搬动了三次，两次夜行军都遇着大雨。”在这期间，任远志给父亲的几次来信，任弼时都收到了，因为要不断转移，却没有时间给女儿回信，所以在这封信中写“未曾单独给你回信并非忘记了你们”，而是时常想念着女儿，表达了内心深深的思念。爱女之心跃然纸上。

任弼时回忆了与女儿们在一起相处的快乐时光，“特别当我捉臭虫时，就会记起你们”，这一句朴实而充满生活情趣的话语，勾起了父亲任弼时对女儿的思念与牵挂。那时候，任弼时一家人住在陕北窑洞，陕北蚊子和臭虫多，每到晚上姐妹俩就手持燃着的蜡烛，顺着炕洞中的每一条缝隙，墙上、炕上、窗台上烧蚊虫。

任弼时也十分注重对女儿的教育，关心女儿的学习，肯定了女儿远志一到学校就找老师补习功课的好做法：“你到三交后找到教员补习国文、算术和英文，这很好……”任弼时在信中叮嘱女儿一定要抓紧学业：“读书主要在乎自己用心，希望你能坚持用功学习……”同时作为一代伟人、政治家，任弼时教育子女时，建议女儿多看看解放区出版的报纸，关心时事，增加政治常识，拓宽视野和知识层面。

任远志在信中读到了父亲对自己的勉励和关爱，内心得到了抚慰，顿时充满了力量，坚信“光明在前”，现在仍须“努力学习”，为未来奋斗。

任弼时致毛泽东[1]

（一九四七年十一月十二日）

毛主席：

关于解放区政权问题，再三考虑还是将中工委原电[2]转发各地，要各地按情况采择试行为好。不过在原电文中加上了两个"注"：一个是指出各级代表会的名称以用人民代表会为妥。因为现在许多地方的农会多系贫农会，其中只有少数好的中农参加，如用农民代表会，则将有一批中农也不能参加，而用人民代表会，人们感觉要民主一些（葭县[3]县委同志有此意见）。另外一个"注"，是在指出地主富农不应有选举权被选举权的地方，加上"新式富农应除外"。在民主政权下，由贫雇中农上升为富农者，剥去其选举权似不妥，也不必要，如吴满有[4]式的富农，剥去其选举权将产生不好影响。

新式富农的土地和财产是否应完全如旧式富农同样处理，也值得考虑。下面由富农手里拿出多余财产等，多是采取逼、吊、

---

① 选自《任弼时书信选集》，中央文献出版社2014年4月第1版，第57～59页。

② 中工委原电，指1947年9月26日中共中央工作委员会对冀东区党委的指示。指示提出：解放区各级政权形式应采取从下至上的代表会议制度；一切权力应集中于代表会，县以下代表由区、村人民直接选举，县以上代表由区县代表间接选举；代表会有权审查政府机关的工作和撤换不称职的工作人员。同年11月12日，中共中央向各中央局、分局及野战军负责人等批转了这一指示。

③ 葭县，今陕西佳县。

④ 吴满有（1893—1959），陕西横山人，1928年逃荒到延安务农，原是雇农，后成为新式富农，1942年在大生产运动中努力开荒，成绩显著，被评为陕甘宁边区劳动英雄。

打的方法；同时，新富农多余的土地财产都拿出来，在农民中会产生一种怕变富农的思想。这一问题究应如何处理为妥，还无成熟意见，可否规定对新式富农多余的土地，应当劝说他们自动拿出平分（如对富裕中农一样），对他们多余的房屋、粮食、财产、耕牛和农具，除自愿献出分给贫苦农民者外不动，或简直规定不动他们多余的东西（土地除外，即土地应平分），以示与对旧式富农处理的分别。此问题请考虑一下。

各地分析阶级不一致，做得过火点的地方，恐有将富农算作地主，富裕中农算成富农者，因此确须颁发一大体通用的"怎样分析阶级"的文件。已电五台、山东、东北将他们在土改中如何分析阶级的情况电告（其他地方的此地已有），待复电到齐后可考虑发出此项文件。

敬礼

弼時

十二日

这是任弼时于1947年11月12日在陕北神泉堡写给毛泽东的信。1947年7月至9月，中国共产党全国土地会议在西柏坡召开，通过了《中国土地法大纲》草案，确定了解放区土改的基本方针政策。解放区开始了轰轰烈烈的土地改革运动。针对解放区土改中的政权问题、新式富农的土地财产如何处理以及怎样划分阶级等问题，任弼时在信中实事求是地提出了三个方面的建议。

首先是关于解放区的政权问题。从抗日战争转入人民解放战争后，由于阶级关系的新变动，反映在政权建设方面的新情况，是政策性很强的问题。经过再三考虑，任弼时在信中一面同意将工委原电转发各地"采择试行"，一面建议在转发中央工委的来电原文中加两个"注"。一个"注"是指出各级代表会的名称以用人民代表会为妥。"因为现在许多地方的农会多系贫农会，其中只有少数好的中农参加，如用农民代表会，则将有一批中农也不能参加，而用人民代表会，人们感觉要民主一些”，对此，他还听取了葭县县委的意见，“葭县县委同志有此意见”。另一个“注”，“是在指出地主富农不应有选举权被选举权的地方，加上‘新式富农应除外’”的限制。这样，在中共中央转发工委的指示时，在政权名称处加上了“一般以称人民代表会议为妥——中央注”，在地主富农“均不应有选举权被选举权”处，又加上“新式富农除外——中央注”。这两个“注”，对于团结全体中农及其他阶层人民，在民主权利上区别对待新式富农起了很好的作用。这是任弼时注意“左”倾偏向的第一举措。心底无私天地宽，任弼时的政策观念和直陈己见的风格，于细微处见精神。

其次是关于新式富农的土地和财产是否应完全如旧式富农同样处理的问题。鉴于群众运动发动起来的地方，“左”的做法正在发展，经过调查研究后掌握的情况，任弼时在信中进一步写到对新式富农多余财产的处理：“新式富农的土地和财产是否应完全如旧式富农同样处理，也值得考虑。下面由富农手里拿出多余财产等，多是采取逼、吊、打的方法；同时，新富农多余的土地财产都拿出来，在农民中会产生一种怕变富农的思想。”任弼时谨慎地说“究应如何处理为妥，还无成熟意见”，提请毛泽东“考虑一下”。毛泽东阅后当即批示：“照办”。

最后一个是关于怎样分析阶级的问题建议。1947年9月17日，全国土地会议上通过的《中国土地法大纲》，为在全国推翻封建半封建的土地所有制提供了一个战斗纲领。但是会议并没有对土改工作形成纲领性的总结，没有制发划分阶级成分的文件，对已经出现的“左”倾错误倾向也没有及时注意。任弼时十分重视这个问题。土改运动中如果政策不完善，就会错乱阶级阵营，影响社会安定，最终影响革命战争的成败。在土改运动中，任弼时认为及时纠正群众运动中“左”的倾向，关键是要确立划分阶级成分的正确标准。任弼时从中央苏区到湘赣苏区，以及在湘赣川陕根据地，多次面临过这个问题，因此，他在给毛泽东的信中最后写道：“各地分析阶级不一致，做得过火点的地方，恐有将富农算作地主，富裕中农算成富农者，因此确须颁发一大体通用的‘怎样分析阶级的文件’。”任弼时对这个问题的建议，既需要做历史的考察，又要研究各地现行的做法。1933年10月，毛泽东为了纠正查田运动中的一些“左”的错误，曾经起草过一个《怎样分析农村阶级》的文件，经中华苏维埃共和国中央政府批准后下发执行。但是，当时这个文件已经难以找到。1947年10月9日，也就是在《中国土地法大纲》正式公布的前一天，任弼时电示在晋绥的曾三[①]，请他查找这个1933年的文件。过了半个月时间，谢觉哉来到了陕北神泉堡。任弼时和周恩来、陆定一同谢老一直夜谈至十二时，任弼时趁机问谢老这个文件，谢老记得陕甘宁边区政府曾把划阶级成分的两个历史文件作为附件下发过。10月26日，任弼时跟踪求索，致电陕甘宁边区政府主席林伯渠：“此间急需此件，请嘱人查出并即派人送给我们。”11月8日，他为中央致电华东局、东北局、五台局、太行局：“请将你区在土改中怎样划分农村阶级，即如何确定地主、富农、中农、贫农、雇农、工人等的材料，日内电告我们。”其殷切的心情，溢于电文。11月12日，任弼时写这封信时再次强调了分析阶级的重要性。不久，任弼时高血压复发，病倒了。遵照中央的安排，11月中旬，任弼时到骑兵连的驻地钱家河去养病。这时任弼时利用养病机会，亲自对钱家河地区农村的土改情况进行调查，征求农民对土改的意见，同时还布置身边的人员利用外出帮助群众干活儿的机会，调查每个村、每一户的人数和土地数，评定阶级成分的情况等，写成材料交给他。任弼时就是这样以“处处留意皆学问”精神，汇总分析，掌握了十几个村子的基本情况。到11月下旬时，任弼时也终于找到了1933年的两个历史文件。11月29日，中央决定将这两个文件略加删改，经新华社电告各地。这也是任弼时纠正“左”倾错误倾向的第二个举措，有力地推动了土改运动朝着健康轨道发展。

① 曾三（1906—1990），湖南益阳人，1925年加入中国共产党，1933年任苏区中央局电台政委，红军无线电通信学校校长、政委。

任弼时致叶剑英、杨尚昆[1]

（一九四七年十一月十四日）

叶杨同志：

戴镜元[2]同志来谈，二局一部分身体病弱及少数电政负责人员，须实行一种休息制度以利长期工作，除每年能给以一定时间（如一个月分两次）之休息外，对少数基于体弱者决由中央及军委给以特别健康补助费，受补助者确以身体最弱确须特加照顾方能保持长期工作下去的同志，并不机械以职位为标准，打破二局传统的平均主义。经与戴同志初步商定，在三交约有四十五名左右（河西除外），拟每月每人补助三斤小秤的猪肉，从本年十二月份起每月上旬按市价由特会科付款。四十五人的名单附上，是否还应有变更，要戴同志回三交后再与二局几个负责同志交换意见，并最后取得你们同意作最后的决定。

至于休息制度与办法如何规定为妥，请你们考虑。三局与机要处同志，也须有轮流休息之必要，可合并决定办法。

敬礼！

任弼时

十一月十四日

---

① 选自《任弼时书信选集》，中央文献出版社，2014年4月第1版，第60～61页。

② 戴镜元（1919—2008），福建永定人，1928年5月加入中国共产主义青年团，同年参加永定农民暴动，1929年5月转为中国共产党党员，当时年仅十岁；先后任乡儿童团团长、区儿童团团长、共青团金丰区委书记；解放战争时期任中央军委二局局长兼政委，在辽沈、淮海、平津等战役中，所部受中央军委传令嘉奖；新中国成立后历任中央军委技术部部长、中共中央机要局副局长、中共北京市东城区委书记兼区长、总参谋部三部部长。

这是任弼时于1947年11月14日在陕北钱家河写给中央后方委员会[①]领导叶剑英、杨尚昆的信。在信中，任弼时针对戴镜元反映的军委二局同志们长期高负荷工作得不到休息的问题，向叶剑英、杨尚昆建议军委二局和同样工作繁忙的军委三局及机要处的同志们实行一种休息制度，以利于长期工作。

在1947年3月，党中央主动撤离了延安。随后，中共中央在枣林沟召开会议，对中央机关进行了合理的分工。当时，毛泽东、周恩来、任弼时率领的中央前方委员会留在了陕北，牵制胡宗南部队，继续指导全国解放战争。

从1947年9月底开始，任弼时开始协助周恩来主管电讯联络、密码通信工作。1947年11月14日，党中央准备离开陕北神泉堡向杨家沟转移。这天，中央军委二局局长戴镜元来到钱家河向任弼时汇报工作。戴镜元在汇报电台工作时，提到有些业务人员和电政人员，他们不分昼夜地在机房收发译校电报，健康状况逐渐恶化，需要有一种休息制度。军委二局是负责情报工作的机要部门，自1931年在中央苏区时建立，已经有十六年的历史了。作为中共中央和军委的耳目，无论是在反“围剿”中、长征途中，还是在抗日战争和解放战争中，军委二局都立下了不可磨灭的功劳。在党中央转战陕北期间，军委二局的同志们为了保卫党中央安全、收发校译重要情报，经常加班，日夜不停地工作。许多同志身体处于高压力、高负荷的工作状态，身体健康状况堪忧。听了戴镜元的汇报，任弼时非常重视这个意见。他立即写信给中央后委主抓情报工作的负责人叶剑英、后委副书记杨尚昆，应“由中央及军委给以特别健康补助费”，此种补助应从人员的

① 中央后方委员会，指1947年4月11日党中央决定组成由叶剑英为书记、杨尚昆为后方支队司令员的后方工作委员会（时称后委），统筹后方工作。后经中央批准，由叶剑英、杨尚昆、李维汉、李克农、邓颖超为常委，李涛、戴镜元、王铮、帅孟奇为委员，秘书长由杨尚昆兼任。中央后委，实际是转战陕北的中央纵队的后勤部与总参谋部，统筹中央的后方工作和参谋工作。

体质出发，打破平均主义，“并不机械以职位为标准”，“在三交约有四十五名左右（河西除外），拟每月每人补助三斤小秤的猪肉，从本年十二月份起每月上旬按市价由特会科付款”。当时的特会科驻守在山西省临县三交镇双塔村的八号院，暂时由中央后委书记叶剑英负责，特会科主要掌管党中央特别重要经费的收入和支出，以及党的珍贵财物。

在休息制度上，任弼时不仅建议军委二局的人员“每年能给以一定时间（如一个月分两次）休息”，同时还想到了工作任务同样沉重繁忙的军委三局①和机要处的同志们。任弼时在信的结尾写道：“三局与机要处同志，也须有轮流休息之必要，可合并决定办法。”据军委二局局长戴镜元回忆任弼时建议规定这个休息制度与补助办法时说：“他对同志们的对别人的关心真是无微不至，这不是形容词，而是我的切身感受。我没有想到的问题，他想到了；工作上同你一起研究，采取措施，而不是说我让你怎么干；生活上有机会和同志们吃住在一起。”任弼时对待工作和同志们总是考虑得细致而周到，一直把他人的健康看得比自己还重要。中央后委领导叶剑英、杨尚昆及时采纳了任弼时的合理建议，虽然当时的条件下后委机关人员的生活十分艰苦，但对于奋不顾身坚持工作的工作人员，后委规定在三交镇的电台、军委二局、军委三局人员每人每月补助三斤猪肉，轮流休息；对病弱的电信业务人员及少数基层干部，发给特别健康补助费。叶剑英、杨尚昆等在困难时候的关心、关怀鼓舞和调动了后委机关工作人员的工作热情和积极性，为后委出色完成党中央交办任务有着重要作用。

在西柏坡时期，任弼时也非常关心军委二局的工作。1948年12月6日，任弼时从西柏坡到军委二局驻地东岗南去视察工作，看望二局的同志们。由军委二局局长兼政委的戴镜元陪同，任弼时每到一个地方，他不仅对具体工作作指示，还对同志们的生活嘘寒问暖，关怀备至。任弼时看到

---

① 军委三局，由中央后委领导，驻地在山西临县孙家沟村，王铮任军委三局局长。1947年3月至1948年3月，军委三局派出四个无线电分队组成通信大队，保障了中共中央和中央军委转战陕北期间对全国解放战争的战略指挥。

办公室内烧煤炭炉子取暖，就亲切叮咛同志们要常打开窗户，换换空气；看到有的办公室房子太小，过于拥挤，就提出要适当调整；还反复询问夜间工作时灯光亮不亮；等等。在辽沈、淮海、平津三大战役期间，军委二局的同志们及时破解了敌军战报，为我们党提供了重要的军事信息，对取得军事胜利起到了关键作用，受到了军委传令嘉奖。

任弼时致任远志[1]

（一九四八年三月七日）

远志：

很久没接到你的信，是否你曾去乡村工作了一时期。

望将你们学校三查经过情形能详细写告我。

妈妈东去开刀，望你好些招扶她。

二月后当可再见面。

你的爸

三月七日

这封不足百字的信是1948年3月7日任弼时转战陕北时在杨家沟给大女儿任远志写的家信。虽然寥寥数言，但字里行间都传递着任弼时对女儿工作、家人身体情况的挂念之情。

这时党中央在陕北转战将近一年时间，陕北的军事形势有了很大的好转，西北人民解放军已经转入了外线作战，特别是西北野战军攻克宜川城的战役，一举歼敌三万多人，使得陕北战局发生了根本性的变化。1948年3月7日，中共中央机关在陕北杨家沟为庆祝2日西北野战军攻克宜川城举办晚会。毛泽东、周恩来带头和群众一起扭秧歌，任弼时拉胡琴伴奏。大家一起载歌载舞，沉浸在欢庆胜利的喜悦氛围中。

夜晚，庆祝晚会结束，人们都回到了家中。此时，任弼时想起了大女儿远志和妻子，于是提笔写了这封简短的家信。在信的开头，任弼时用“很久没接到你的信”来表示对大女儿远志的思念与牵挂。因为革命原

① 选自《任弼时书信选集》，中央文献出版社，2014年4月第1版，第63页。

因，任弼时与妻子、儿女时常不能在一起生活，一家人总是分隔在几个地方。虽然任弼时经常不能陪伴在子女身边，但是作为父亲，他时刻都牵挂着儿女的学习、工作和身体，他坚持用写信的方式，通过一封封家书联络着感情，传递给儿女们深沉而厚重的父爱和高尚的精神品格。对于长女远志，任弼时寄予厚望，和大女儿的通信也是最多的。

在信中，任弼时非常关心大女儿远志的工作，询问道“是否你曾去乡村工作了一时期”。任弼时在信中还叮嘱女儿“望将你们学校三查经过情形能详细写告我”。当时人民解放军利用战争间隙，开展了一次新式的整军运动，称为“诉苦三查”运动。这时这场“诉苦三查”运动的显著效果引起了毛泽东的极大关注。这次西北野战军能够取得宜川城战役的胜利，最值得注意的原因就是这两个多月开展“诉苦三查”运动的正确进行，增强了部队全体指战员的思想觉悟和凝聚力。任弼时一直关注中国革命中“三查运动”的情况，在这封家信中提到的“三查”就是指这次查阶级、查工作、查斗志的运动，想通过女儿的亲身见闻了解一下“三查”的情况。这也是任弼时工作中善于从细处着眼、善于多方调查研究的求真务实精神的体现。

这时任弼时还在挂念着同为革命战友相伴二十年的妻子陈琮英，在信中写道“妈妈东去开刀，望你好些招扶她”，希望女儿能替自己多多照顾患病的妻子。最后，任弼时预计“二月后当可再见面”，这里的“二月”是指农历二月，写信这天是阳历3月7日（农历是正月廿七），离农历二月还有三天时间，这是任弼时在告诉女儿，家人们很快就可以见面了。

十几天之后，任弼时再次见到了分别近一年的女儿远志。这时任弼时同毛泽东、周恩来刚刚结束了历时一年零五天、行程两千多公里的转战陕北，来到了山西临县三交。任远志将自己亲手做的布鞋作为见面礼递给了父亲，任弼时高兴极了，迫不及待地换上，在地上走来走去，乐呵呵地说：“不错，真舒服！还是我的大女儿好啊！”听到父亲的夸奖，任远志十分开心。和女儿相处仅两天后，由于革命工作原因，任弼时顾不上子女，与他们又分别，开始向河北挺进。

任弼时致毛泽东[①]

（一九四八年三月十日）

毛主席：

此件[②]看过两次，觉得包括的问题太大太广，因而显得不紧凑，同时又有把政纲内容的问题与当前具体政策问题混在一起，把将来的问题——如人民共和国要办的事（现在并未成立）与现在应办的事混在一起，这样使现在应解决的重要问题不显得突出，反不若前次稿的清楚。

此外第九页上，把地主和旧富农平列提出当作阶级来消灭似不妥，是否用"彻底地从经济上和政治上消灭地主（当作阶级……）和旧式富农的封建剥削与压迫。"为妥。

第六页上，"……它保护中小规模的资本主义经济……"规模两字可不要，因民族资本家也会有较大规模的企业。

其他内容无不同意见，但在整党项内感觉有些与二月所发"老区半老区土改及整党"文件[③]内容有些重复。

弼时

十日

① 选自《任弼时书信选集》，中央文献出版社，2014年4月第1版，第65～66页。

② 此件，指《中共中央关于在中国人民民主革命中几个基本政策的决定》稿。1948年3月8日，毛泽东在决定稿上批示："请各同志先看，并提出意见。"这个文件后来没有发出。

③ "老区半老区土改及整党"文件，指中共中央于1948年2月22日作出的关于老区半老区土地改革与整党工作的指示。

这封信是1948年3月10日任弼时在陕北米脂县杨家沟写给毛泽东的。当时毛泽东、周恩来、任弼时率领的中央前委从1947年3月18日主动撤离延安后，已经在陕北地区转战了近一年时间，这个“最小的指挥部”在陕北的山峁沟岔间，指挥着全国各路大军奋勇作战，西北人民解放军共歼国民党军九万九千多人，其中毙伤三万五千多人，生俘六万三千六百多人，收复与解放延安等城镇二十二座，取得了重大胜利。

这时中央纵队已经在陕北米脂县杨家沟驻扎了一百零八天。1948年1月18日，毛泽东、周恩来、任弼时、彭德怀、陈毅等召开会议，讨论并原则通过《关于目前党的政策中的几个重要问题》，亦称“中央一月决定”。当天，毛泽东在给刘少奇的电报中写到《中央一月决定》，本日通过，声明是原则通过，“须待征求你们意见加以修改，然后发往各地”。3月6日，毛泽东在给刘少奇的信中写到“划分阶级草案”[①]，写出之后，感觉一月决定草案[②]上所写的东西不够了，“现在以一月草案中间一大段为基础重写一个决定，准备尽速公开发表。”可以看出，这段时间毛泽东一直在思考起草一个文件，尽快公开发布，以指导当前的土改和革命工作。从任弼时这封信中可以看出，毛泽东在1948年3月8日时已经起草好了一篇决定稿，即《中共中央关于在中国人民民主革命中几个基本政策的决定》，并批示：“请各同志先看，并提出意见。”任弼时的信中注释上又有“这个文件后来没有发出”，经过考证，这篇《中共中央关于中国人民民主革命中几个基本政策的决定》文件，应该是1948年的毛泽东在一月会议决定草案基础上修改的文件，想征得中央领导同志们的意见和建议。任弼时在信中实事求是并有针对性地提出了四条意见，切实可行。

之后一段时间，毛泽东对这个决定稿还是不满意。最后经过反复思考考虑，1948年3月17日，毛泽东在发给刘少奇的电文中说：“我们决定发

---

① 指《中共中央关于土地改革中各社会阶级的划分及其待遇的规定》的草案，这个草案曾于1948年2月16日发给党的高级领导机关进行讨论，规定不下达。

② 指中共中央1948年1月18日原则通过的《中央一月决定》草案。后来主要内容收入《毛泽东选集》（第四卷），即《关于目前党的政策中的几个重要问题》一文。

表弼时同志一篇讲演[1]，不发表一月决定草案，因为弼时同志的讲演比一月决定充实得多。”在毛主席看来，“充实”二字的背后，是任弼时带病在陕北米脂县杨家沟周围的三十几个村子进行调查、利用各种渠道了解各解放区土改情况的积累。两天后，即3月19日，刘少奇在给毛主席的电报中也表示赞同，写道：“一月决定内容用弼时同志的一个讲演的形式发表甚好。”

任弼时的《土地改革中的几个问题》是1948年1月12日在西北野战军前线委员会扩大会议上作的报告。这时有些地区在土改中发生了“左”的错误倾向，毛泽东就委托任弼时进行调查研究，提出土地改革的方针政策。这时，任弼时的高血压已经比较严重，但他仍然带病到米脂县杨家沟周围三十几个村子作广泛调查。他还详细研究了各解放区土地改革的经验教训，研究老区半老区土地改革的区别，并发电报给各个解放区，了解他们是怎样划分阶级的。经过充分调查研究，他分析了发生“左”的错误的原因，提出了纠正的原则和方法。

毛泽东对任弼时的这篇报告十分重视，亲自修改补充定稿，确定为中共中央的土改政策指导文件。同时，指示新华社要在两三天内转播全国各地，并在一切报刊上公开发表，印成小册子送中央后委。《中央一月决定》此后就没有下发。在1948年3月28日，中共晋冀鲁豫分局机关报《人民日报》全文发表了任弼时的重要文章《土地改革中的几个问题》。这篇文章对提高全党的政策水平，纠正“左”的错误倾向，保证土地改革的正确进行，起了很大作用。

---

① 指《土地改革中的几个问题》。

任弼时致任远志[1]

（一九四八年十月六日）

远志儿：

你前后来信四次均收到。我们曾寄你一信，并附旧棉衣一套，你是否收到。据瑞华[2]阿姨说，你患肚泻病，不知已经好了没有。甚念！特着邵昌和[3]叔叔来看看你，望详细回信告我们。

你虽然没有插上二年级[4]，这也不要紧，但绝不要因为许多功课已经学过就不必用心了。以前对你说过，学习要靠自己努力，要善于掌握时间去学习。你们这辈学成后，主要是用在建设事业上，即是经济和文化的建设事业，须要大批干部去进行。建设事业就是要有科学知识。学好一个工程师或医生，必须先学好数学、物理、化学，此外要学通本国文并学会一国外国文，有了文字的基础，又便利你去学科学。外国文又以学俄文为最好，因为将来帮助中国建设的，不是英美而是苏联，许多建设事业必然要向苏联学习。但如果你们学校将来只有英文，那你只好随着也学习英文，如有英俄两种文字，你可选学俄文。你说不会把已学的一点俄文忘记，那很好，寒暑假回家时还可以帮助你补学一些。将来进高中或专科大学时，会要以俄文为主修课的。

---

① 选自《任弼时书信选集》，中央文献出版社，2014年4月第1版，第69～71页。

② 瑞华，即张瑞华（1909—1995），河南信阳人，聂荣臻的夫人，时任中共中央华北局妇女委员会书记。

③ 邵昌和，当时是任弼时的警卫员。

④ 任远志在延安上初一时没有安定的条件，没按部就班地学习，大部分时间都用在受军训、造地雷、坚壁清野、转战陕北，所以没能插上初中二年级。

你妈的身体比你在家时要好些，有时有些头晕痛。我的身体最近又不甚好，因为开了一个时期的会，引起血压又高涨，现正由医生检查，可能要休息一时期，其他尚好，勿念。弟弟已经在本村上学，他读书还算用心有进步，身体也还算好。远征妹前天到张阿姨[①]处打电话来说，身体很好，上月月考成绩平均是八十五分。

送来半磅毛线，你一定要自己打好两双毛袜，以备你自己冬天用。这里不比南方，也没有延安住窑洞那样温暖，要自己好好保重。

祝你努力学习

你的爸妈

南、英[②]

十月六日

弟弟问你好。

外附来你所要的地图、字典及红蓝铅笔各一。又奶粉白糖各两包，听说华明[③]也生病，奶粉白糖各分一包送给华明。

1948年10月，任弼时给女儿任远志写这封家书问候女儿的身体和学习情况，鼓励女儿要多用心读书。当时任远志患泻肚病，父亲任弼时从聂荣臻夫人张瑞华的电话中得知了情况，于是很不放心，特意派邵昌和看远志，并给她带去了这封家信和所需要的学习用具以及半磅毛线，叮嘱女儿："一定要自己打好两双毛袜，以备你自己冬天用。这里不比南方，也

① 即张瑞华。

② 南，即任弼时；英，即陈琮英。

③ 华明，即叶华明，叶挺的儿子，当时在华北育才中学学习。

没有延安住窑洞那样温暖，要自己好好保重。”

任远志刚从父亲任弼时那里回到学校不久，因为在延安没能插上初中二年级，心中也不痛快。父亲任弼时在这封信中就特别地鼓励大女儿：“……这也不要紧，但绝不要因为许多功课已经学过就不必用心了。以前对你说过，学习要靠自己努力，要善于掌握时间去学习。你们这辈学成后，主要是用在建设事业上，即是经济和文化的建设事业上，须要大批干部去进行。建设事业就是要有科学知识。学好一个工程师或医生，必须先学好数学、物理、化学，此外要学通本国文并学会一国外国文，有了文字的基础，又便利你去学科学。”这个时候，任弼时就已经按照大规模经济建设的需要，去要求女儿学好数、理、化及外语了。他对子女的教育从来都是置于整个革命事业中，丝毫没有为个人、为自己的小家庭着想。他教育孩子们将国家发展与个人发展联系起来，将祖国富强与人民幸福相联系的“大爱”教育影响子女，以身作则，为国家建设贡献力量。

任远志读着父亲的来信，不禁回想起了前一段时间与父亲相处时对自己的教育。当时父亲工作十分繁忙，但无论多忙，他都尽量抽出晚饭后的一点儿时间和子女们在一起。他经常与毛毛[①]和妹妹等几个孩子到村外小河边去散步，问候孩子们的生活情况，有时候还对孩子们进行无产阶级革命的启蒙教育，还会给孩子们讲解毛泽东的《新民主主义论》。他给孩子们讲述自己当年曾在敌人监狱中如何坚守党的秘密不暴露身份与敌人斗争，讲述着毛毛的母亲是怎样在南京被反动派杀害的。孩子们都流着泪。任弼时就抚摸着孩子们的头安慰地说道：“不要哭，要懂得憎恨，要化悲痛为力量。”在父亲身边的那些短暂的日子里，任远志等几个从大后方来的大孩子们接受了最直接的革命教育，进一步懂得了什么是国民党和共产党，什么是革命，革命是为了什么。

任弼时对生活在身边的战友的子女就像自己的孩子一样关怀备至，对烈士遗孤细心照顾，更寄予另一番深情。毛毛刚到王家湾时，张口就要找

---

① 毛毛，原名叫刘允诺，是刘少奇与烈士何宝珍的儿子。

他爸爸，任弼时告诉他：“你爸爸已经到晋察冀去了。”毛毛不知晋察冀有多远，一心想见到爸爸，便哭着找爸爸。任弼时就哄着他说：“做我的儿子吧，以后就叫我爸爸好了。”第二天毛毛仍叫“任叔叔”，任弼时笑着嚷道：“不对，不对，叫错啦，叫错啦！说好了应该叫‘爸爸’。”一句话把周围的人惹得哄堂大笑，毛毛也不说找爸爸了。由于毛毛年龄小，晚上不肯早点儿睡，任弼时就像哄自己的孩子一样，讲着故事哄毛毛睡着。当任弼时在写信前得知叶挺将军的儿子叶华明也生病了，因叶华明和大女儿任远志是同学，他便在托人给任远志带去食品的附信中特别说明：“奶粉白糖各两包，听说华明也生病，奶粉白糖各分一包送给华明。”对华明就像对自己的女儿一样，绝对平等，没有亲疏之分。受父亲言传身教的影响，任远志也渐渐懂得接济比自己生活差的人，并成为她一生的习惯。

任弼时致毛泽东[①]

（一九四八年十月二十七日）

毛主席：

土地、财经、组织、妇女、青年五个问题的材料（妇女材料是利用这次妇工会议[②]的报告）已收集，写材料者并不知是为何目的收集，因之有的写得很长，只能带作参考之用。你如有时间则请看看，阅后仍退我保存。

军事问题材料及“预算”等由恩来负责收集和办理。

职工问题，因李颉伯[③]去东北参加工代会[④]，此地无人能写，如需要则只好电东北写好交陈云[⑤]。

弼時

十月二十七日

这是1948年10月27日任弼时在西柏坡中央大院里写给毛泽东的信。在西柏坡时期，周恩来曾专门函告中共中央政治研究室秘书长廖鲁言，除中央领导交办的文件材料外，“凡是有关政策的传观材料，望送交弼时同志审阅”。可以看出，由于任弼时的马克思主义理论修养和政治涵养高，重

① 选自《任弼时书信选集》，中央文献出版社，2014年4月第1版，第77～78页。

② 妇工会议，指1948年9月20日至10月6日在西柏坡召开的解放区妇女工作会议。

③ 李颉伯（1912—1987），河北丰润人，1932年参加革命，同年加入中国共产党，时任中华全国总工会秘书长。

④ 工代会，指1948年8月1日至22日在哈尔滨召开的第六次全国劳动大会。

⑤ 陈云（1905—1995），江苏青浦（今上海市青浦区）人，1925年加入中国共产党，时任中共中央书记处候补书记、中共中央东北局副书记。

视党的政策和策略，这一时期，他投入了大量时间和精力去研究和指导工、青、妇方面的工作事宜，对这些方面的工作材料都非常熟悉。因此，对毛泽东需要的资料，任弼时在信中写道，关于土地、财经、组织、妇女、青年五个问题的材料都已经收集完成，还指出写材料者并不知是为何目的收集，因此有的材料写得很长，只可以做参考用，希望毛主席有时间能够看看，阅完还退回他保存。这反映了任弼时对工作认真、细致的工作作风。

信中提到的“妇工会议”，指1948年9月20日至10月6日在西柏坡召开的解放区妇女工作会议。任弼时在会前多次同邓颖超等中央妇委的负责人谈话，指出今后妇女工作不仅限于农村，要学会做城市妇女和民主党派中的妇女工作，还要加强和国际民主妇联的联系；并强调，妇女运动的任务是要把马克思关于妇女解放的学说和当前党的中心任务和妇女的特殊要求结合起来，要在结合点上下功夫。党中央高度重视这次会议，中央书记处讨论了妇女工作，刘少奇、朱德、周恩来出席了大会，并作了重要讲话。中央妇委代书记邓颖超在会上作了关于解放区农村妇女工作几个主要问题的报告。会议还提出了加强与国际民主妇女联合会的联系，参会代表们根据大会报告，结合各地妇女运动情况和经验展开了热烈讨论。这次会议还提出了加强与国际民主妇女联合会的联系，准备召开第一次全国妇女代表大会。

对于军事问题材料及“预算”，任弼时写道：“由恩来负责收集和办理。”这是因为周恩来在西柏坡时期担任中央书记处书记和中央军委副主席并兼任代参谋长。在军事问题上，毛泽东是挂帅的，周恩来主要参与决策并组织实施。周恩来对敌我双方的战争态势、兵力部署、部队特点、战斗力强弱，甚至国民党方面指挥官的简历、性格等都是了如指掌。在军事上，毛泽东总是和周恩来研究后确定对策，大多数文电是由毛泽东起草，少数由周恩来起草，但是所有的军事方面的文电都是由周恩来签发的。周恩来自然对军事方面的材料非常熟悉。

关于职工方面的问题，主要是由时任中华全国总工会秘书长的李颉伯负责。因当时李颉伯去东北哈尔滨参加第六次全国劳动大会，如果需要提交职工方面的材料，则需要致电东北局写好交给中共中央东北局副书记。

任弼时将土地、财经、组织、妇女、青年及军事、职工等各方面的问题考虑得十分周全，还精心安排合适人选去准备材料。这封简短的工作书信的字里行间都彰显着任弼时那认真负责、严谨务实的工作作风。

任弼时致任远志[1]

（一九四八年十一月六日）

远志儿：

听说最近你又病了，因你身体太弱，决定接你回来休养一短时期，望将行李也带回。共有路程一百五十里，你们可做两天走（穿上棉衣裤），就是病已大体好了，也还是回来一次。远征昨天也回来了，她的身体也不大好。余面谈。

你的爸妈

弼、英

十一月六日晚

这是1948年11月6日晚上任弼时听说大女儿任远志病了，很是担心，于是在西柏坡的家中给在保定阜平华北育才中学学习的大女儿写了一封家书。

任弼时和子女们的联系，体现的是典型的中国老一辈革命家艰苦创业的共产党人特色。在极其艰苦的革命年代，父母为了革命事业，大多把孩子寄养在故乡或者老百姓家。革命环境好些了，大多又送到了寄宿学校，找不到的，也就算是为革命牺牲了。住在学校中的子女们，自然大多是靠写信来和父母沟通交流。

1948年5月，任弼时和周恩来、陆定一等率领中央机关已经去了平山县西柏坡。这时，任远志、任远征姐妹也到达了晋察冀军区司令部驻地的阜平县城南庄。在这里，任远志进入了晋察冀边区联中（后改名为华北育

[1] 选自《任弼时书信选集》，中央文献出版社，2014年4月第1版，第80页。

才中学）读书。年仅十二岁的任远征被送到聂荣臻家住，随后被送到荣臻小学[①]读书。姐妹们也算是安定下来了。平时星期天，她们大多在学校住宿，远征有时候会到聂荣臻家住。每到寒暑假，她们才回到西柏坡家中。然而，任弼时在西柏坡却没有寒暑假，没有星期天，仍旧整天忙于开会、听汇报等。1948年的华北，盛夏入伏后暑热蒸人，格外闷热，这使患有严重高血压的任弼时非常难受。有时候为了避暑，任弼时就把帆布椅拿到西柏坡附近郭苏河边的小树林中，在树荫下面处理公文、阅读材料、研究问题。紧张忙碌的工作中，任弼时的病情也在逐渐加重，他却没有时间多卧床休息。他曾对给他看病的苏联大夫说过："我们中华民族多少年，多少代受着封建主义的束缚和帝国主义的奴役，现在全国胜利就在眼前，我们要迅速夺取全国胜利，建立一个新中国，有多少事情急需办啊，我能躺得住吗？"

1948年11月6日，淮海战役揭开战幕。在和国民党军决战决胜的关键时刻，中共中央书记处五位书记在西柏坡集中办公。在五位书记中，四十四岁的任弼时是最年轻的，但也是照顾对象，因为他的血压经常高达二百多，脉搏每分钟跳一百一十多次，加上血管硬化、脑供血不足，视力已受到影响，但是他坚持不要照顾。有时候，夜深了，其他几位书记常常劝任弼时要休息休息，他却说："我年轻些，应该更多地做事，不舒服时，靠一会儿就行了！"11月6日这天，任弼时照例工作到很晚才回到家中休息，他这时才有时间给大女儿远志写信。

任弼时得知女儿身体生病了，在信中称呼"远志儿"，反映了父亲听闻女儿生病对女儿的心疼和爱怜之情。华北育才中学当时由彭文担任校

---

① 荣臻小学，1947年3月1日创建于晋察冀军区河北省阜平县向阳庄（原名沟槽村），1947年5月初开始，师生陆续迁往城南庄西三公里处的易家庄。1948年5月，中央决定将晋察冀解放区和晋冀鲁豫解放区合并为华北解放区，将两个军区合并为华北军区，聂荣臻任华北军区司令员。晋察冀军区各机关相继离开阜平县，荣臻小学改名为华北军区荣臻小学，随部队迁往平山县古贤村。1949年，华北军区荣臻小学迁入北京市，改名为北京市八一中学。

长，师生们过着“军事共产主义”的供给制生活。任弼时考虑到女儿身体太弱，才决定将女儿接回来休养一段时期。任弼时在信中希望女儿能回家来休养一段时间，对女儿说一百五十里的路程可以分作两天走，特别叮嘱女儿回来时要穿上棉衣裤。任弼时在最后提到任远征已经在前一天回到了西柏坡的家中。当时，任远征在位于平山县古贤村（今属石家庄市鹿泉区黄壁庄镇）的华北军区荣臻小学学习。荣臻小学到西柏坡交通不便，出行基本都是靠徒步走。任远志从学校回到西柏坡家里大约要走两天时间。任弼时在写信时落款“你的爸妈”，向女儿传递出父母都盼望常年不在身边的大女儿能回家休息一小段时间，让女儿在家人陪伴下调养好身体，多感受家的温馨与欢乐的情感。

任远志是任弼时的长女，也是几个子女中同任弼时相处时间最长、对父亲的印象最深刻的。然而，就是这样，她和父亲虽然共同生活四年之久，但实际在一起的日子还不到一年。尽管时间短暂，但是任远志觉得父亲给予他们的浓浓的爱温暖着他们一生。任远志在回忆父亲时曾这样深情地说道：“生命与事业赋予他担当父亲的角色为时过短，但他的确不失为一个真正的父亲。”

任弼时致刘少奇、朱德、周恩来[1]

（一九四八年十二月二十九日）

刘、朱、周：

青年决议[2]及团章草案[3]，原拟经一月中央会议[4]通过发表，顷据文彬[5]同志谈一月初晋绥及华北各区党委开青年工作会议，中原、东北已几次来电催促，如由一月会议讨论通过则费时过久，有妨各地工作进行，因此决定二号即由新华社广播出去（即不再经一月会议讨论通过）。如你们无意见，即如此办（毛主席也说过如须要快则二号广播）。

弼时

十二月二十九日

这是任弼时关于青年团创建工作给刘少奇、朱德、周恩来等中央书记写的信。

任弼时是中国新民主主义青年团的直接的提议和倡导者。早在1946年夏季，任弼时同在山东负责青年工作的同志们详细谈话后，又经过调查研

---

① 选自《任弼时书信选集》，中央文献出版社，2014年4月第1版，第82～83页。

② 青年决议，指《中共中央关于建立中国新民主主义青年团的决议》，该决议于1949年1月1日发出。

③ 团章草案，指中国新民主主义青年团团章草案，该草案由中共中央于1949年1月1日提出。

④ 中央会议，指即将召开的中共中央政治局会议，这次会议于1949年1月6日至8日在西柏坡召开。

⑤ 文彬，即冯文彬。

究，便积极提出试建青年团的建议。任弼时认为在革命胜利发展的形势下，建立新民主主义青年团这样一种先进青年的群众性组织，非常必要，同时他也知道在中国当时情况下，建立一个全国性的青年团要克服各种困难，非常不容易，因此他亲自担任了筹备委员会主任，来领导和推动中国新民主主义青年团的创办工作。

1948年，任弼时伴随着毛泽东、周恩来在坚持了近两年的陕北大战之后，东渡黄河来到了西柏坡村。党中央开始在这里指挥全国解放战争。在西柏坡的九月会议上，党中央决定在1949年上半年准备召开全国青年代表大会，成立青年联合会，并将建立新民主主义青年团。

九月会议后，任弼时一直按照党中央的计划和部署积极筹备青年代表大会和青年团创建工作。他亲自指示中央青委书记冯文彬等准备召开第一次青年代表大会，仔细地审阅了青委草拟的《中央关于建立新民主主义青年团的决议》和《新民主主义青年团章程》后，送交毛泽东、刘少奇逐字批改、审定。毛泽东在12月27日审阅完这两个文件后批示“写得简明扼要，完全可用”，并请刘少奇、周恩来、朱德、任弼时考虑，“是否应在明年一月一日至五日的中央会议上通过，如果不必在此会上通过，可即于一月二日以后发表”。这两个文件就是信中所提到的“青年决议”和“团章草案”，原计划这个文件等着1949年1月8日在西柏坡召开的中共中央政治局会议上讨论通过后发布，但当时担任中共中央青年团工作委员会书记的冯文彬谈到了1949年1月初晋绥地区和华北各区党委要召开青年工作会议，中原、东北局也曾几次来电催促。任弼时考虑到实际情况，于是在信中提出“如由一月会议讨论通过则费时过久，有妨各地工作进行，因此决定二号即由新华社广播出去（即不再经一月会议讨论通过）”，并征求刘少奇、朱德、周恩来的意见，“如你们无意见，即如此办（毛主席也说过如须要快则二号广播）”。

任弼时根据实际需要，建议将“青年决议”和“团章草案”这两个关于青年团创建的文件，在1949年1月1日通过新华社广播及时地发出。《中央关于建立新民主主义青年团的决议》中阐述了中央正式决定在中国普遍建立新民主主义青年团组织的必要条件，规定了中国新民主主义青年团的性质和基本任务，以及新民主主义青年团的建立基础原则、建团步骤，筹备1949年夏召开新民主主义青年团全国代表大会的各项事宜，还要求各地区应定期举办青年干部培训班或者学校，由中央青年工作委员会定期出版《中国青年》刊物。

在当时的中国，建立全国性的和各地方的新民主主义青年团是青年运动的中心环节，是党在革命形势胜利发展下的极重要工作之一。任弼时建议利用新华社广播不失时机地发布了两个文件，适应了形势需要，有力地推动了全国和各地青年团的创建工作。

任弼时致任远芳[①]

（一九四九年一月二十日）

你好！亲爱的卡佳：

你一九四八年八月三十日写的第一封信我们已收到。从信中看出你生活和学习都好，我们为此很高兴。但是你为什么没有给我们寄你本人的照片呢？你大概已经长大了，我们很想看看你，哪怕是看到你的照片也行。

中国人民解放军取得了一系列重大胜利，占领了许多大城市，很快就要解放全中国。我们都过得好，你的姐姐们和可爱的弟弟都会合了，现在都和我们住在一起。很快我们就要去一个大城市，到时候就可以经常通信了。

我们希望你好好学习，争取全优。如果你成绩好，我们准备奖励你，有可能的话就把奖品寄给你。

你大哥[②]住的地方离我们很远，但我们已经派人去接他了，很快他也会到我们身边来。你小弟弟今年开始上学了，学习也不错。等你大哥来到我们身边后，我们会把他的照片寄给你。

我们随信寄给你一个小手绢，是你可爱的弟弟送给你的，还

---

① 选自《任弼时书信选集》，中央文献出版社，2014年4月第1版，第85～86页。任远芳（1938—），任弼时的小女儿，俄文名卡佳，昵称卡秋莎，生于苏联首都莫斯科，当时任弼时任中共驻共产国际代表，1940年2月任弼时夫妇回延安时，将任远芳留在莫斯科儿童院。1944年9月苏联卫国战争中，任远芳被转移到伊万诺沃市第一国际儿童院。任弼时写这封信时，任远芳正在伊万诺沃市第三十七学校学习。

② 大哥，指任远芳的哥哥任湘赣，1934年初生于湘赣革命根据地，同年8月任弼时率红六军团先遣长征时，将其寄养在当地群众家里，后来几经寻找，没有下落。

有三张照片，一张是爸爸和妈妈的，另一张是可爱的弟弟，第三张是姐姐们。当你收到后告诉我们一下。

我们希望你能多给我们写信，和给我们寄你的照片。

学习优秀！

再见！

热烈地吻你！

爸爸　任弼时

妈妈　陈琮英

一九四九年一月二十日

这封书信是1949年1月20日，任弼时在西柏坡写给远在苏联的小女儿任远芳的家信。

任远芳在1938年12月8日出生在莫斯科，当她一岁零两个月时，任弼时夫妇奉调回国。为了回国后工作便利，他们再次牺牲了天伦之情，将年幼的女儿留在异国他乡。从此，任远芳在苏联一待就是十年，父母也没有在她的心里留下丝毫印象。认识父亲，是任远芳上小学四年级时通过书信开始的。

1948年，中国国内解放战争不断取得胜利，任远芳才有条件开始同父亲任弼时进行通信了。1948年的8月30日，这时任远芳正在苏联伊万诺沃市第三十七学校学习，不满十岁的她用俄文第一次给家里写信，讲述自己的学习和生活情况。从那时起，父亲任弼时才开始渐渐走进了任远芳的生活。

历时四个多月时间，穿过欧亚大陆，跨越万水千山，直到1949年1月20日，这封普通的家书才被送到了任弼时在西柏坡的家中。纵使千万里之隔的遥远距离，也割不断这浓浓的父女情。

在三大战役即将取得胜利的时刻，西柏坡中央大院里的任弼时收到了远在异国他乡的小女儿的来信，此刻任弼时夫妇内心激动、喜悦，也百感交集，纵有千言万语要对十年未曾谋面的女儿说，也急切盼望着想要见到日思夜想、百般挂念的女儿，好奇着女儿的一切。据大女儿任远志回忆当时收到妹妹任远芳的来信时说："全家惊喜万分，最高兴的莫过于爸爸了。开始时，他还念一句俄语，说一句中文，不知是怕我们听得不连贯还是他自己迫不及待，几句过后，他就直接译成中文读出来了。"我们也能从中感受到任弼时收到小女儿来信时那种激动之情。

于是，怀着对女儿的浓浓思念，任弼时在西柏坡给远在万里之外异国他乡的小女儿任远芳写了第一封信。在信的末尾注有"原信为俄文，根据译文刊印"的字样，而且信中称呼女儿任远芳的俄文名字"卡佳"，这是因为知道女儿不会中文，任弼时专门用俄文给女儿写信。从这封信中，任远芳第一次体会到了被父母疼爱的感觉，第一次从照片中见到了父母和姐弟，看到了家人，第一次有了"我的家"的概念，尽管还很抽象。任弼时给女儿用俄文回信的字里行间都洋溢着浓浓的亲情，非常盼望能够看看十年来未曾见面的女儿的迫切心情跃然纸上："亲爱的卡佳：……从信中看出你生活和学习都好，我们为此很高兴。但是你为什么没有给我们寄你本人的照片呢？你大概已经长大了，我们很想看看你，哪怕是看到你的照片也行。"任弼时在信中还告诉女儿中国人民解放军打了许多大胜仗，占领了许多大城市，并即将解放全中国的喜讯，告诉女儿"你的姐姐们和可爱的弟弟都会合了，现在都和我们住在一起。很快我们就要去一个大城市，到时候就可以经常通信了"。这时的任弼时一家人就住在西柏坡中央大院东侧南北狭长的一所老百姓民房里，两个女儿任远志、任远征和小儿子任远远都住在一起，现在旧居里陈列的照片中能看到缺少大儿子任湘赣和小女儿任远芳。大儿子任湘赣是任远芳的哥哥，1934年出生于湘赣革命根据地，同年8月任弼时率红六军团先遣长征时，将其寄养在当地群众家里。任弼时在西柏坡时还非常盼望着大儿子能回来团聚，但后来几经寻找，没有下落。小女儿任远芳这时正在苏联读书。任弼时希望女儿能好好学习取得优异成绩，并且说："如果你成绩好，我们准备奖励你，有可能的话就把奖品寄给你。"这是任远芳第一次接到来自学校以外的鼓励和鞭策。在信末，任弼时再三叮嘱女儿“希望你能多给我们写信，和给我们寄你的照片”。随信，任弼时还附着弟弟任远远送给姐姐任远芳的一方小手帕和家人的三张照片：任弼时和妻子陈琮英的合影、两个女儿（任远志和任远征）合影和小儿子任远远的照片。通过书信和照片，任远芳和父亲任弼时就这样相识了。

七十多年过去了，今天再读这封信，每一个字都浸润着父亲任弼时对女儿那份溢于言表的浓浓父爱，我们从历史中也更能够感受到任弼时等老一辈革命家为了国家独立和民族解放事业，舍小家为大家的崇高无私的精神品格。

任弼时致中共中央书记处[1]

（一九四九年一月二十二日）

各同志：

关于反动组织人员登记问题[2]，我认为还有加以分别而慎重处理的必要。即普通的国民党员和三青团员似不必规定每人都必须登记，而只规定特务机关（如中统、军统等）的人员和国民党党部（从下层的区分部起）及三青团团部（也从下层的起）委员必须向政府一定机关登记就够了（党部和团部委员登记时，规定必须将该下层组织所有党员或团员名单交出）。因为这件事如若处理不妥，是可以引起混乱而脱离群众的。

国民党统治区的工人、学生及一般公教人员，过去有不少是被迫加入或是为着饭碗而加入国民党、三青团者（自然少数是自觉的），他们中的许多人过去对国民党、三青团关系本来不甚密切，但现在要他们出面登记，他们又会惧怕因此将来要受累（因为他们不会都明白登记的意思，怕将来找他们的麻烦），而不愿登记。由于此种情形，下面执行登记时，就可能产生强迫威胁等办法，我们又一般对逾期不登记分子规定“政府认为有必要时可随时将其逮捕法办”，更容易造成不必要的混乱现象。我认为在今天胜利发展形势下，那些普通国民党员和三青团员，在我们宣布解散国民党、三青团等反革命组织，不准再有活动，如继续活动则严加处分之后，以及在我们手里有了他们的名单，我们有充

① 选自《任弼时书信选集》，中央文献出版社2014年4月第1版，第89～90页。

② 指正在起草的《中共中央关于国民党、三青团及特务机关处理办法的指示》，该指示于1949年1月27日发出。

分可能去分别查究之后，是没有多大可怕的地方。如发现他们中继续反革命活动的分子，可以另行严加处理。这或者比强迫他们都要登记会要好一些。

至于特务系统人员及下层党部团部的委员，是必须强制他们登记的。

此问题必要时可提书记处会议上谈谈。

弼時

一月二十二日

这是1949年1月22日任弼时在西柏坡针对党中央正在起草的《中共中央关于国民党、三青团及特务机关处理办法的指示》中的“反动组织人员登记问题”写给中共中央书记处的书信。

1949年1月，中国历史由渐变走向突变。1月10日，淮海战役胜利结束，歼敌五十五万余人，国民党的精锐主力已消灭殆尽；15日，天津解放；20日，当了二百四十六天总统的蒋介石宣告“引退”。当时三大战役即将胜利，古都北平也即将解放。随着全国解放战争不断取得胜利，人民解放军攻占的城市越来越多。越是胜利，越要注意党的政策。新的革命形势不断变化，新的问题也层出不穷，党的政策必须及时跟上，否则便会无章可循，导致社会不稳定。毛泽东也曾多次强调：“政策和策略是我党我军的生命。”面对新形势，任弼时时刻保持着清醒的头脑，不断研究新问题，为中央起草规定政策的文件提出了政策性建议。

当时在人民解放军攻占的地方，军管会规定，反动组织人员必须限期到指定的机关登记，逾期不登记者，政府认为有必要时可以将其逮捕法办。中共中央书记处正在针对这个问题起草重要指示文件。任弼时在慎重思考这个问题后，及时给中共中央书记处写信，他建议对反动组织人员登记是完全必要的，但范围可以再研究考虑。鉴于国民党统治区内有不少人员是被迫加入或是为着饭碗而加入国民党、三青团的，对此应该加以分别而慎重处理。打下石家庄后，在工人中搞“挖蒋根”，群众颇有反映。任弼时也很重视这一问题，并在信中书面向中共中央书记处建议，规定国民党人员必须强制登记的范围，普通的国民党员和三青团员可以不必规定每人都必须登记，国民党党部和团部委员登记时必须将下层组织所有党员或团员名单交出。在任弼时看来，这个问题如果处理不好，就可能引起混乱，导致脱离群众的严重后果。因此，任弼时在信中认为在当时胜利发展的形势下，宣布解散国民党、三青团等反革命组织，不准再有活动，这对那些普通国民党员和三青团员要比强迫他们都要登记会好一些。这也是任弼时在城南庄会议上所说的团结争取百分之九十、分化其余百分之十的思想策略的具体运用。

1949年1月27日，中共中央书记处审阅完信件，根据任弼时的建议发出《关于国民党、三青团及特务处理办法的决定》，规定“一切反动党派、团体的各级委员会（从最下层的区分部起）的每一个委员及特务组织的每一个特务工作人员，向市政府或军事管制委员会所指定之专管机关（或公安局）进行登记”，其中，“普通党员和团员，则均免予履行登记手续”。

任弼时致中共中央书记处[①]

（一九四九年二月十六日）

各同志：

冯文彬及青委其他同志于本月二十号即由此地[②]出发到北平指导三月一日在北平召开的全国学生代表大会[③]，他们出发时间再不能推迟。

下列两个大会主要文件："中国学生运动的当前任务"（是对大会的中心报告，也就当作大会中心决议的草案）及"中华全国学生联合会章程草案"，务请在十七及十八两天内轮阅完毕，以便十九日再作必要修改，庶二十日能带走。

弼时

十六日晚

这是1949年2月16日，任弼时在西柏坡同中央青委的同志们商定有关召开全国学生代表大会的事宜时写给中共中央书记处的信。

这时，党中央在西柏坡正紧锣密鼓筹备七届二中全会的各项工作，任弼时也非常繁忙，除了准备七届二中全会的发言报告外，他还要参加在北平召开新民主主义青年团代表大会、全国民主青年代表大会、全国学生代表大会和中国妇女代表大会等的筹备工作。计划3月1日在北平召开全国学生代表大会，冯文彬等人最迟也将在2月20日赶到北平筹备会议。这天晚

① 选自《任弼时书信选集》，中央文献出版社，2014年4月第1版，第91～92页。

② 此地，指中共中央当时的驻地西柏坡。

③ 全国学生代表大会，指即将召开的中华全国学生第十四届代表大会，这次会议于1949年3月1日至6日在北平召开。

上，任弼时还要将学代会的主要文件草稿，包括《中国学生运动的当前任务》《中华全国学生联合会章程（草案）》送到毛泽东、刘少奇、朱德、周恩来等书记手中进行审定，并在信中说明：“务请在十七及十八两天内轮阅完毕，以便十九日再作必要修改，庶二十日能带走。”

中央书记处很快就对文件进行了审定、通过。第二天（17日），任弼时得知结果后便立即函告冯文彬：全国学生代表大会的文件稿，中央书记处的各同志已经阅过，可以用；会议照原定计划及中央书记处各同志所批办理；并督促冯文彬等：“如各种应写文件准备来得及，可提早一天即在十九号出发，并交涉好汽车，以免途中耽误时间。”

2月18日，任弼时召集中央青委负责人研究团代会和民主青年代表会的问题，预定4月召开团代会，5月4日召开民主青年代表大会，以纪念五四运动三十周年。同一天，成立了团代会的筹备委员会，任弼时任主任委员，冯文彬、廖承志、蒋南翔为副主任委员。2月19日，中共中央发出通知。这时，全国已有十九万青年团员，平均每两千团员选出一名代表；青年代表大会总名额五百人，通知规定了代表产生的办法，要求两会的代表分别于4月5日、25日到达开会地点。

由于任弼时要出席党的七届二中全会，因此便无法参加学代会和妇代会。任弼时在西柏坡时期还领导过一个时期的妇女工作，他非常注意妇女工作的特点，特别重视培养妇女干部。1948年12月20日通过的《中国共产党中央委员会关于目前解放区农村妇女工作的决定》（即“四八决定”），就是经过任弼时审阅、修改的。他还亲笔在“男女干部同等能力者，应当分配同等工作，给予同等培养和教育的机会”后面填上了“不得加以歧视”一句。这对广大妇女和妇女工作是一个极大的鼓舞。这次任弼时虽然不能参加妇女代表大会，但是他专门给妇女代表大会题词：“妇女只有参加劳动，才能在经济上政治上文化上获得真正平等的地位。”

任弼时致冯文彬、蒋南翔[①]

（一九四九年三月十八日）

文彬、南翔同志：

文彬几次来信收到，知学代大会胜利结束，甚慰。

大会通过的决议及章程[②]可即照你们修改的公布。

给世青联[③]及给苏联和北朝鲜邀请书当提书记处获得同意后发出。

黄华[④]同志工作问题待我到平后再作最后决定。我们大概不久就可以见面了。

---

① 选自《任弼时书信选集》，中央文献出版社，2014年4月第1版，第96～97页。蒋南翔（1913—1988），江苏宜兴人，1932年9月入国立清华大学中文系学习，1933年秋加入中国共产党，当时任中共中央青年工作委员会委员、中国新民主主义青年团筹备委员会副主任。

② 决议及章程，指中华全国学生第十四届代表大会通过的决议《中国学生运动的当前任务》和《中华全国学生联合会章程》。

③ 世青联，即世界民主青年联合会，1945年在伦敦成立，以“争取和平、安全、合作和社会进步”为斗争口号，总部设在布达佩斯。

④ 黄华（1913—2010），河北磁县人，1936年1月加入中国共产党，1947年7月到达西柏坡，随即参加了全国土地工作会议和晋察冀土地工作会议，任晋察冀阜平（王快区）土改工作组组长、中共中央青年委员会委员，当时任中国新民主主义青年团筹备委员会委员、天津军管会外侨事务处处长，新中国成立后曾任外交部部长。

青年团及全国青年大会[1]的各种文件望快快准备好。

余面谈。祝

你们好！

任弼时

三月十八日

全国民青筹备会[2]由廖[3]或冯[4]任主任事亦待到平后决定。

又及

这是任弼时在即将离开西柏坡时写给时任青年工作委员会书记冯文彬和青年团筹备委员会副主任蒋南翔的书信。

任弼时在信中写道“学代大会胜利结束，甚慰”。学代大会是指1949年3月1日到6日在北平召开的中华全国学生第十四届代表大会，到会代表二百零七人，代表着中国一百万大中学生。这次会上正式成立了全国学生的统一领导机构——中华全国学生联合会，讨论制定了中华全国学生联合会章程，选举刘希圣等三十六人组成全国学联执行委员会，会议决定全国学联实行团体会员制，并确定了全国学生联合会的任务是在中共的领导下进行爱国主义和共产主义宣传教育的机构，旨在帮助学生进步和成长，做党和政府联系学生的桥梁和纽带，维护学生正当利益，加强各民族学生团结，发展同各国学生和学生组织的友谊和合作。中共中央也致电祝贺，并希望大会能号召全国学生再接再厉，积极参加和援助中国人民解放斗争，使这个斗争迅速取得最后的胜利。在这次学代会上通过的“决议及章

① 青年团及全国青年大会，指正在筹备中的中国新民主主义青年团第一次全国代表大会和中华全国青年第一次代表大会。

② 全国民青筹备会，即中华全国青年代表大会筹备委员会，该筹委会于1949年4月16日在北平成立，廖承志任主任。

③ 廖，指廖承志。

④ 冯，指冯文彬。

程”，任弼时批示冯、蒋二人可以按照修改好的文件予以公布。

任弼时一直是中国新民主主义青年团的主要倡导者，担任着青年团筹备委员会主任，致力于领导和推动中国新民主主义青年团的创办工作。在关于邀请国外青年组织时，任弼时在信中写道：“给世青联及给苏联和北朝鲜邀请书当提书记处获得同意后发出。”这体现了任弼时尊重中央书记处的决定，不私自做主的严谨工作作风。

任弼时在写信时中共七届二中全会已经胜利结束，距离中央进驻北平仅剩下了七天时间，这时期中共中央也在筹备迁往北平的各项准备工作。任弼时写道，“我们大概不久就可以见面了”，表达了内心胜利的喜悦和对未来的满怀期待，并且指示冯、蒋“青年团及全国青年大会的各种文件望快快准备好”。

1949年，北平解放，全国迎来了胜利的新春。任弼时指令中央青委机关进驻刚刚解放了的古都北平。在各解放区建青年团的基础上，经过认真筹备，1949年4月，中国新民主主义青年团第一次全国代表大会在北平召开，宣告了中国新民主主义青年团的正式建立。任弼时建团的思想，从设计，经过试点、扩建，终于把一座青春大厦营造成功。

在长期的革命斗争和忘我的工作中，任弼时的健康状况很不好。在筹备青年团建团过程中，任弼时由于辛劳过甚，病势也已经越来越重。这期间，他曾经经过两次休养，但是仍然念念不忘地关怀着青年团的成长。身体不容许他多做工作，但是他总是对从事青年团工作的同志们问得非常仔细，关心着青年团工作的方方面面。

在青年团召开第一次全体代表大会时，青年团的工作纲领、团的章程、各种报告，他都是亲自审阅修改，有时还要参加会议讨论。他还以坚强的毅力写了讲话稿。在会上，任弼时的身体被病魔不断折磨，但是他仍然以高度负责的精神来要求自己在第一次青年团代表大会上作政治报告，后来身体实在支持不下去了，无法亲自讲完，经过几次劝说，才由荣高棠代读完了凝聚着他心血的感人教诲。他却坚持坐在主席台上，直到会议结束。在新民主主义青年团代表大会上，任弼时被推选为团中央名誉主席，冯文彬当选为团中央书记，廖承志、蒋南翔当选为副书记。因为工作过度劳累，任弼时在青年团代表大会召开以后，就不得不停止工作，完全休养了。

任弼时一生对青年团的创建和筹备工作付出了很多心血，即使在生命最后的几个月时间里，还一直将指导青年团的工作放在自己的工作日程上。任弼时这种忘我的无产阶级革命精神，永远激励着中国一代代的青年人。

任弼时致任远志[①]

（一九四九年三月三十日）

远志女儿：

你离家后三次来信都收到了（最后一次是保定寄发的），因为怕你们学校搬了家，所以我们也就没有给你去信。我们现在已到了北平，遇到聂伯伯[②]和毛毛，知道你曾在聂伯伯家住过两三天，仍然回到学校，并听说你们学校将与女师大附中合并，惟不知何时可以开学。毛毛说你在来平途中曾患咳嗽病，已好了没有，念念。

妈妈当选为妇女代表，到此后第二天她就去平出席妇代大会[③]去了，远征妹的学校已移北平城内，四月一号正式开学，她明三十一日同燕燕[④]一起到学校去，待供给部学校[⑤]搬来后，弟弟准备进供给部学校读书。

我们现在新住的地方，风景很好，惟地势太高，对我来说是很不利的，不过我不多下山，也无多大关系。我的身体自你走后，比前更要差些，但只要每天不睡得太晚，且白天能争取午

① 选自《任弼时书信选集》，中央文献出版社，2014年4月第1版，第99～101页。

② 聂伯伯，指聂荣臻。

③ 妇代大会，指中国妇女第一次全国代表大会，这次大会于1949年3月24日至4月3日在北平召开。

④ 燕燕，即叶燕，毛泽东的秘书叶子龙的女儿。

⑤ 供给部学校，指1948年11月在河北平山县下东峪村成立的中共中央直属机关供给部育英小学校。

睡，还是可以拖下去。可勿念。

远志：我希望你好好学习，你要能够善于利用一切时间求上进，你缺的课，是否已经补上了。你要知道年纪已不小，过去几年又没能好好读书，如果不再好好努力，将来一定是要后悔的。我希望能够把你培养成为新社会上有用的人，但这又主要在于你自己的努力。

女师大在北平哪条街道，何时将搬进去，合并后的情形望详告。

来信寄"香山劳动大学招待处陈琮英收"可也。

妇女大会要在四月二号才开完，会后还有几天参观，因此妈妈哪天能回还不知道。

你的爸

三月三十日

再，你前寄回的书，是否要用？又及

任远志是任弼时的长女，父母对自己的第一个孩子一般都会寄予厚望，任弼时也不例外，他对任远志饱含期望。可是在那个战火纷飞的年代，作为革命者，面对的是比常人更多的颠沛流离。陈琮英生下任远志不过百日，因叛徒告密被捕入狱。经党组织多方营救，将近一年，母女二人才被释放。后来，党组织要陈琮英立即去中央苏区，为不影响工作，她当机立断把任远志送回湖南老家交给孩子奶奶照顾。奶奶去世后，靠着邻村好心人的照顾，任远志和妹妹任远征相依为命。任远志十五岁，才和妹妹来到延安父母身边。当任远志初次见到父亲时，就被他有力的臂膀拥进怀里，任远志从未体验过的一种幸福感油然而生。

1949年3月5日至13日，中国共产党在西柏坡召开七届二中全会，作出了党的工作重心从农村转入城市的重大决策。为了适应工作重心的转移，中共中央决定由西柏坡迁往北平。经过慎重考虑，香山成为中共中央进入北平后的新驻地。任弼时当时肩负着筹备召开青年团全国代表大会和全国青年大会的重任，这封信是任弼时在繁忙的工作间隙写给长女任远志的家书，信中除了表现出父爱的关心外，更多的是期望女儿能够努力上进，成为新社会有用的人。信中，任弼时渴望了解女儿的现状跃然纸上，对女儿的近况不禁“念念”，这更像是一位普通的父亲在絮叨着放心不下自己的儿女，人间烟火的气息扑面而来。同样，对于任远志，父亲是她最敬爱的人。在西柏坡的时候，任志远非常想念爸爸妈妈，她就用自己的方式表达着对父亲的思念和牵挂。她悄悄量好爸爸鞋子的尺码，给爸爸做了一双布鞋。尽管那是女儿做针线第一次出成品，技术不很娴熟，鞋被上歪了，看着有点儿难看，穿上有点儿难受，可任弼时还是高兴地穿在脚上走过来，走过去，嘴里念叨着“好女儿，乖女儿……”。

任弼时疼爱子女，却不溺爱，更不骄纵，他的严格体现在一些细微的小事上。有一次，工作人员找任弼时汇报工作，他留对方在机关小食堂吃饭。来人看见任弼时孩子们在身边，就要他们一同去小食堂吃饭，但任弼时不允许自己的小孩儿去享受首长待遇，硬要他们回家吃饭。小儿子任远远到了上学的年龄，任弼时特意为他题词勉励：“小孩子要用心读书，现在不学，将来没用。”在儿女的印象中，他们和父亲相处的时间太少，而这仅有的不多的时间里，任弼时却处处以身作则，言传身教，影响着自己的孩子们。到北平后，任远芳和父亲出去散步，因为到处乱跑，哪儿都踩，草地也踩，任弼时就对她说：“要尊重工人的劳动，不能乱踩，要绕着走。”任弼时有高血压，住的地方比较吵，影响睡眠，中央好多次提出来要给他们换房子，都被任弼时拒绝了。他总是说：“算了，能过就过，凑合着过吧。”任弼时一家就住在那个房子里，直到他去世，一直都没搬家。

陈毅致张茜①

（一九四八年三月）

茜，亲爱的同志和亲爱的妻子：

不料鲁中匆匆分别，又远隔山海将满一年，证明那次轻去胶东是失着的。特别九月后胶东战局紧张之际，我十分挂念留胶东所有人员和您及三个儿子。直到你们安渡渤海抵大连后才松了一口气，放下重担子。去年十一月我到渤海曾发一电报告行踪，你复电转至陕北毛主席处，我见到知您及三个儿子均好，十分安慰。此次到阜平开会遇饶政委②，谈及胶东去岁吃紧情形并打听到您渡海前的情况，更是一面惊惧一面庆幸。惊惧的是那时节真危险，苦了您和孩儿们；喜的是终于安全无恙，证明敌人把咱们无可奈何！记着此后不应分离了，迅速图团聚才是！

别来将近一年，七月诸战不利，八月反攻，九月渡黄河，十月到豫皖苏，十一月回渤海，十二月到太行阜平，一月过雁门关，二月初到陕北，三月初回阜平朱刘处③开会，现拟月底南下归队。这其间马不停蹄，人很疲困，跑路多，见识亦广，我军的

① 选自《老一辈革命家家书选》，中央文献出版社，1990年2月第1版，第169～170页。张茜（1922—1974），陈毅的夫人，湖北武汉人，当时随后方机关撤退到大连，新中国成立后曾在国务院外事办公室工作。

② 饶政委，指饶漱石（1903—1975），时任中共中央华东局书记、华东军区政治委员。

③ 指以刘少奇为书记、朱德为副书记的中共中央工作委员会。中共中央书记处于1948年4月30日至5月7日在阜平县城南庄召开会议，陈毅、饶漱石参加了这次会议。

胜利亦大，革命局面又大大不同于以前。现在可以肯定说我们迅速可以看见全国革命的胜利了，可喜可喜！

我身体如前，无他变化，一切请放心。您身体谅好，孩儿们谅亦好，我是最关心您及孩子们的。

现在此间派人到大连接洽电影材料，乘便寄此简信以慰远望。您不要回信，得此信即设法回山东转前方团聚。在渡海安全条件下应不迟疑，迅速成行，以快为好，至盼至盼。许多杂事见面畅谈，不在此多写了。

布礼！

仲弘[①]吻您并在三个孩子

面前提名问他们好。

您回时孩儿们可不带，托朱、戴、宋[②]及其他同志照料。此事请您全权处理。您应速回，应于七月雨季前赶到渤海（途间安全第一）。至要至要。

朱毅、裕和、济民、楚青[③]及其他同志前代问好。

陈毅

1947年，国民党集中兵力重点进攻山东和陕北解放区，山东成为国共两党激烈争夺的主要战场之一。4月，华东野战军在孟良崮全歼国民党王牌军整编七十四师。虽然国民党的重点进攻遭到重创，但局势依然非常严峻。为了粉碎国民党重点进攻，华东野战军按中央指示，兵分两路，一路

① 仲弘，陈毅的字。

② 朱，指朱毅，时任中共中央华东局财委驻大连工作委员会书记兼大连建新公司经理；戴，指戴济民，时任华东野战军卫生部副部长、大连干部疗养院院长；宋，指宋裕和，时任华东野战军后勤部部长、华东军区后勤部司令员、华东北撤干部管理委员会主任。

③ 楚青，粟裕的夫人。

坚持内线作战，一路迂回外线进攻国民党的后方，同时作出决定，把重要后方基地和野战军领导的家属全部撤到大连。7月，张茜带着三个孩子从威海登上了去大连的轮船，同行的有正在病中的徐海东一家，还有粟裕的夫人楚青、张鼎丞的夫人路凯、谭震林的夫人葛慧敏、曾山的夫人邓六金、钟期光的夫人凌奔等野战军领导的家属、孩子几十人及和平医院人员。因为国民党军舰在渤海与黄海交界处不停地巡逻，所以只能选择夜晚偷渡。渡海用的轮船因为长期缺乏维修，经常发生故障，但又没有更好的轮船，只能尝试冒险。所有人上船后必须躺在船舱里，不能随意走动。轮船行驶一个半小时后，突然发生了故障。情况非常紧急，一旦遇上国民党军舰，后果不堪设想。危急时刻，和平医院的专家站了出来，组织警卫员、船员进行修理。轮船终于修好了，他们顺利抵达大连。

陈毅听说当时在黑夜中抢渡遭遇危险，担心妻儿的安危，便于1947年8月写下一首《所思》："几番分离，饱识分离苦。誓不分离，分离又我汝。不言分离出意料，如问团聚在何处？战争遮断音尘隔，日日相思鬓带雪。朝朝暮暮理戎机，公义应将私情绝。自宽自解来复去，惧将生离成死别。蓦然昨夜梦中寻，又见汝身尽是血。醒来虽然知是梦，难解愁肠千百结。誓祝再聚不分离，但愿再会长欢悦！长忆送汝登车日，屈指迄今已三月。军中不羡愚夫妇，镇日相守到头白。但望渡海天地宽，稳渡勿为蛟龙得。"张茜在大连更加思念转战华东前线的陈毅，便仿当年陈毅写给她的告别诗，吟成满含深情的诗句："君转战苏鲁，我偏安大连。隔沧海关山，彼此形影单。"陈毅夫妇二人在战争动荡的年代，互相牵挂着彼此，虽然他们分别处在艰难的处境中，但是他们以极大的毅力承受各种压力，苦中作乐，以革命者的浪漫将自己的爱人写在彼此的诗中。

从1947年夏开始，人民解放军转入全国规模的战略进攻。刘伯承、邓小平率领大军突破黄河，挺进中原，以大别山为中心，驰骋于淮河以南、长江以北广大战场，有力打击并大量歼灭了敌人。陈毅也率领华东野战军外线兵团进军豫皖苏，与刘邓大军配合作战，在中原大量歼敌，建立中原解放区。

1948年3月，陈毅到达河北阜平参加中共中央书记处召开的扩大会议，会议采纳了粟裕提出的暂不渡江的意见，决定先集中兵力在中原打大仗，尽可能多地把敌军主力消灭在长江以北。在中国革命胜利前夕，作为华东野战军司令员，陈毅即将挥军南下，也是在即将打大仗之前的安静时刻，他写下了这封家书。在信中，他表达了对迅速发展的革命形势的喜悦之情，也表达了对匆匆分别将近一年的妻子、孩子无限的牵挂和思念之情。

1948年11月，中央军委决定，由陈毅、邓小平、刘伯承、谭震林、粟裕一起组成总前委，指挥六十多万解放军，进行了淮海战役。经过六十五天艰苦奋战，全歼国民党精锐部队二十二个军、五十六个师共五十五万五千余人，基本上解放了长江以北的华东、中原地区。辽沈、平津、淮海三大战役胜利结束，蒋介石主力部队基本上被我军消灭。不久，中共中央发出渡过长江、向全国进军的命令。上海解放后，张茜带着孩子们来到上海，跟陈毅相聚，开始了新的生活。

陈毅致陈修和①

（一九四九年一月七日）

修和大哥如见：

高岗同志来华北开会，得便谈及你在沈情况，此间同人对你保护机器爱惜工业的热忱至为钦佩，认为这是对国家人民的极大贡献。弟兄别来垂二十年，今得团聚机会十分快慰。两年内战争结束，可图长聚机会或举家东迁。前得兄电云嫂侄在平。望北平收复后仍归沈为好。家中长幼近四年已无音问，系念实深，不知存没如何？但望大伯、大娘、四叔、幺叔及弟父母无恙，倘能与我们欢聚数年，乐何如之！你一生以工业建设为职业，前三十年饱受颠沛流离之苦，近顷廿年来对抗日战争一段贡献为大，目前与人民事业结合必能长展骥足。我辈均属穷小子出身，能亲见新中国建设和人民翻身，应大为快慰，故弟愿兄努力业务，得便研究政治作发展工业方向之南针。在沈阳中共同人甚见重我兄才能和品格，中央同人亦复如此。向真理和人民低头，固我弟兄多年来之立身行道之风度也，兄以为如何？弟身体甚好，今年四八正向四九岁迈进。廿年来置身军旅，所获新知不少，而文人习气并

① 选自《老一辈革命家家书选》，中央文献出版社，1990年2月第1版，第171～172页。陈修和（1897—1998），陈毅的堂兄，曾任中央财经委员会技术管理局副局长、国务院参事、全国政协文史资料委员会委员等职务；新中国成立前夕，陈修和任沈阳第九十兵工总厂厂长，沈阳解放时，曾为保护该厂财产设备免遭破坏作出积极贡献，沈阳解放后，人民解放军总部任命他担任沈阳兵工总厂厂长，并作为特邀代表出席中国人民政治协商会议第一届全体会议。

未摆脱，故改变并不大。弟仍以能保持本来面目为慰。于一九四〇年结婚，妻张茜已生三个男孩。弟任务是向东南经营苏浙皖，春间掇挡后即南渡。在徐淮战役中黄维、黄百韬、邱、李、孙诸兵团已覆没[①]，此后大战也不多，两年内军事底定，即可顺利进入建设时期，吾弟兄亦可长聚也。望保重，并以坦率直爽的态度与人共事，在沈阳各同志均与弟熟习，必能获得助益。匆匆未尽所言，破敌收京取沪后当图一晤。即祝

春安！

弟　仲弘顿

一月七日

陈修和是陈毅的堂兄，由于年纪相近，陈毅与陈修和感情很深。陈氏兄弟从小接受了良好的教育。1925年，陈修和考入黄埔军校第五期炮兵科学习，后赴法学习兵工，回国后，在国民党军政部兵工署工作。蒋介石对陈修和的印象非常好，安排他进入自己的侍从室，成为一名侍从副官，虽然官职不高，但地位非常高。后来，蒋介石要重点发展上海兵工厂，就派了陈修和去上海兵工厂任职。

1929年在上海，陈修和遇到了陈毅，但此时的陈毅，已是国民党重点通缉的要犯，陈修和就在租界区给他秘密租了一套房子，还给他弄到了一枚兵工厂的徽章，陈毅戴上这枚徽章，就安全多了，没有人敢轻易查他。没过多久，陈毅又向陈修和提出了一个更棘手的请求——他要和周恩来见面，请他做掩护。当时，周恩来和陈毅都是国民党不惜代价要抓的，这任务可不好办。但陈修和说：“我知道你们是真正为国家民族做事的，这点

---

① 1948年11月6日至1949年1月10日，华东野战军和中原野战军所进行的淮海战役，歼灭了国民党军黄维所部第十二兵团、黄百韬所部第七兵团、邱清泉所部第二兵团、李弥所部第十二兵团及孙元良所部第十六兵团，计二十二个军五十六个师共五十五万五千人。

儿危险算什么，大不了我陪你们一起掉脑袋。”在陈修和的秘密安排下，陈毅和周恩来终于见了面，地点就在陈修和的家里。两人在里面谈，陈修和就在外屋给他们放哨。此后，陈毅和陈修和再未谋面，但彼此关心。

抗战结束后，蒋介石了解到陈修和与陈毅的关系，便指示他写信给陈毅，设法把陈毅拉到国民党这边来，如果陈毅肯过来，当以山东省主席兼集团军总司令重用之。陈修和深知陈毅具有坚定的共产主义信仰，当时就表示如果不以国共合作为前提，陈毅是绝不会加入国民党的。辽沈战役前夕，陈修和任沈阳兵工署第九十兵工总厂中将厂长，蒋介石一方面对他许愿，让他升任兵工署署长，一方面严令拆迁和破坏沈阳兵工厂。新中国成立前夕，蒋介石还派飞机接陈修和南下，却未能如愿。陈修和不顾个人安危，不但多次抵制拆迁和破坏工厂的命令，还率部起义，保护了这个当时中国最大的兵工厂。

1949年的1月上旬，淮海战役即将胜利结束，而在平津战役的战场上，解放军业已对天津形成包围之势。迎着人民解放战争胜利的曙光，陈毅给堂兄陈修和写下这封家书，充分肯定了他在沈阳解放中的正义行为，是对“国家人民的极大贡献”；同时，热切期盼与堂兄离别二十年后的团聚。信中，陈毅热情憧憬着新中国的美丽蓝图，鼓励堂兄在新中国的建设中作出更大贡献。

新中国成立后，陈修和长期担任国务院参事，提出了修建成渝铁路、兴办长江三峡水利工程等许多重大工程的方案建议，为新中国建设事业作出了自己的贡献。

邓子恢致刘少奇[①]

（一九四七年七月三日）

少奇同志转中央：

此次中央土地会议，我不能出席，深以为憾。兹乘李林[②]同志前来中央之便，对今后土地问题，提出下述意见，以供参考。

一、关于土改政策。我认为此次会议，应明确规定首先照顾雇贫农，使他们得到足够（不是指足够维持生活的土地，而是指在当地条件下得到足额的土地）的土地，并解决其牲口、农具、房屋、家具、口粮等问题；同时应照顾中农及劳动起家的新富农[③]之土地财产，不被侵犯。这是我们土改政策的基本方面。照顾了这个基本方面以后，再适当地去照顾地主、富农。过去有许多地方，恰恰与此相反，他们是首先照顾地主、富农，而对雇贫农反而照顾不周，或者无法照顾。因此，土改之后，地主、富农仍然留地很多，而雇贫农则得地很少、很坏，甚至根本不分。这在华中土改初期，是很普遍的，后经分局坚决反对，再三指示警告，才把这一精神改变过来。但一直到此次苏中、苏北复查，还有某些乡村，富农有地三、四亩以上，中农二亩至二亩半，而雇贫农平均只有地一亩多。在山东则华东局去年"九一指示"[④]及省府土地法令，竟公开规定地主及干部留地可比中农多一倍。

① 选自《邓子恢文集》，人民出版社，1996年7月第1版，第158～164页。邓子恢（1896—1972），时任中共中央华东局副书记兼华东军区副政治委员。

② 李林（1903—1987），时任中共中央华东局组织部部长。

③ 新富农指原来不是富农，在民主政权下新上升为富农的农户。

④ "九一指示"，指1946年9月1日中共中央华东局发出的《关于彻底实行土地改革的指示》。

因此山东土改后，雇贫农普遍得地很少、很坏，甚至未得到；地主、富农及干部留地很多。此次滨海莒县（山东群众基础较好地区）复查后，据地委报告，仍然是地主、富农平均有地三、四亩以上，中农二亩至二亩半，而雇贫农所有土地平均只一亩，有的只半亩地。我认为这种方针必须彻底改变，土改有无成绩，土改是否彻底，其主要标准，应以雇贫农是否得到足够土地为断。干部掌握政策是否正确，应看他是否首先照顾雇贫农，还是首先照顾地主、富农为断。因为土改基本目的是在经济上发展农村生产力，在政治上团结百分之九十以上的农民，壮大民主力量，去击破反革命的进攻。而在中国条件下，要发展农村生产力，不是靠美国式的资本主义农场经营，也不是靠苏联式的集体农场经营，也不是靠中国式的富农经济；在目前阶段中，发展中国农村生产力的最普遍、最进步、最主要的生产方式是中农式的小农经济。旧中国农村生产力之所以不能发展，反而降低，正由于土地集中于地主阶级，而富有劳动力占农村人口百分之七十以上的雇贫农没有土地或很少土地，使他们不能进行中农式的自耕自给、精耕细作，反而是广种薄收。因此，今天我们的土地改革，如果要求农村生产力发展，就要采取坚决的方针，首先满足雇贫农的土地要求，使他们得到足够的土地，并尽可能使他们得到够用的牲口、农具、房屋、家具及口粮等，使他们的劳动力能使用到自己的土地上面，大大提高其生产积极性，加工加肥，深耕细作，以达到改良土地增加生产的目的。这是目前条件下中国发展农村生产的主力军，这个强大的主力军得地越多，则农村生产力的发展也就越快，他们的革命积极性与政治觉悟也越高，民主力量也就越强，新民主主义革命胜利也就越有保证，这是一方面。但另一方面，我们必须保证中农土地财产及在民主政权下劳动起家的新富农的土地财产不被侵犯。只要这些人的土地财产不被侵犯，他们的生产力就不会削弱，生产情绪就不会降低，这是发展农村生产力仅次于雇贫农的劳动大军。因此，雇贫农要土地，只能引导他们向地主、富农要，绝不能引导他们向中农及新富农要，这是土改中与满足雇贫农要求同样重要的基本政策。违反这个政策，就要降低中农的生产情绪，妨害农村生产力发展。同时，在政治上会使中农动摇，使雇贫农孤立，而使封建势力增强，这对革命是极端不利的。中央对这个政策的慎重态度与坚决态度是完全正确的。但也有些人单纯强调不侵犯中农而对满足雇贫农要求表示不关心不积极；或在不侵犯中农口号下掩盖其包庇地主、富农的错误。因此，必须把满足了雇贫农土地要求与不侵犯中农土地，两者同提并重，并提防干部在执行中的左右偏向。去年中央"五四指示"[①]，对满足雇贫农土地要求这点提得不明确，我认为，此次会议应明确提出来。

至于对地主、富农的适当照顾，把中小地主与大地主区别开来，把恶霸与肉头地主[②]区别开来，把一般地主与抗日地主区别开来，把地主与富农区别开来，这是完全必要的。但我认为，照顾这些人，必须在照顾雇贫农与保护中农之后。必须首先满足雇贫农对土地的要求而后才适当去照顾他们，不应本末倒置，敌我不分。同时，照顾他们可以从多方面注意，如对中小及抗日地主的工商业部分及某些动产，不要采取过去打土豪方式，房屋家具等也留一些给他们。在这些方面，应说服农民。但在土地、牲口、农具等问题上，我认为，不应让步，因为这是农民赖以为生及发展农村生产力的主要手段。因此，我主张，一切地主应把他全部土地拿出来而与贫雇农一样平分土地（地少地方还可以少分些），无论抗日地主或干部都应如此，在这方面不应丝毫让步。

---

① 中央"五四指示"，即1946年5月4日中共中央发布的《关于土地问题的指示》。

② 肉头地主，指未与地方反动政权勾结，横行乡里、雄霸一方的地主。

对富农的土地问题：我认为，对新富农土地财产应坚决不动，但对旧富农土地，则不仅拿出其出租部分，且应拿出其自耕部分。原则上旧富农也与雇贫农平分土地，而且好坏搭平。富农自耕土地一般比较好，如果让地主多留地、留好地，如果富农自耕地不动，结果是使雇贫农少分地、分坏地，这是两者不可得兼的东西。把富农自耕土地拿出来后是否会妨碍农村生产力呢？我认为，不会的。当然富农的生产情绪，即使不动其自耕部分，只动其出租部分，也是会消极的。但上面说过，我们生产主力，主要靠雇、贫、中农，而不是靠富农，那么会不会影响中农动摇呢？我认为，也不会的。只要他自己利益不被侵犯，而新富农土地财产又不动，中农就一定放心。因此，我认为，中间不动两头平的方针，是此次土改的最好办法。这个方针，既公平合理，又简单明了具体，农民易懂易行（农民口号越简单越好）；既可防止被右倾分子富农路线所假借，又可防止幼稚者在分阶级不明确时吃了亏。这个方针，在晋冀鲁豫、华中都普遍实行过，并无坏处。因此，我希望此次会议，能把这个方针贯彻到各个解放区去。在新解放区，因为土地集中，中农土地往往少于当地总人口平均数以下。因此，以乡为单位，按全人口平分土地的原则，还是适用。但采用中间不动两头平的原则，亦无坏处。

对地主工商业部分，我认为，他们在农村和在小集镇的商行、店铺、作坊（如油槽磨坊）等可以由农民清算，禁止清算也不可能。一般地主在城市、特别大城市里的工商业，以保持为宜。这对解放区工商业发展有帮助，对全国工商界争取也有影响。但对豪绅恶霸为农民所痛恨的，其工商业则应让农民去清算。至于以工商业为主要收入兼收部分地租的工商业者的财产，则仍应保护。

二、关于群众路线问题。这是贯彻土改的基本关键。许多地方土改不彻底，主要是由于违反群众路线，不把大权交给农民，而采取包办代替、强迫命令的干部路线；加以上级机关规定地主多留地，富农地不动，更束缚了广大雇贫农不敢起来；起来亦因分不到多少地而不感兴趣，因而难于发动（如去年淮安石塘区某乡开始平分土地时，乡干部提出三亩以下不动的口号，群众便消极，后经调查才知该乡地少，如三亩以内不动，则每人分地只几分，又要得罪人，所以群众不感兴趣）。山东土改没有反奸清算时热烈，主要根源是“九一指示”规定地主多留地的缘故。因此，正确的组织路线，必须在正确的政治路线之下，才有可能，这是一个真理。晋冀鲁豫的实际行动与少奇同志最近的指示，给各地以很大的启发。我觉得要充分执行群众路线，除了在思想上教育干部，在组织上大权交给农民与纠正富农路线之外，还须明确指出我们的群众路线是与阶级路线分不开的。即是说，我们的群众路线，是以雇贫农为中心再去团结中农，而不是以富农或中农为中心。所谓倾听群众呼声，也是倾听雇贫农、中农的呼声，而不是去倾听富农的呼声，或者专门倾听中农的呼声。犯富农路线错误的同志，除在主观上错误的阶级立场外，便是错听这种呼声之故。因此，农会必须以雇贫农为中心吸收中农参加，而不准富农参加。同时必须解决党的建设问题。

三、党的建设问题。过去山东、华中党的组织成分，中、富农占很大比重。各级党、特别县、区以上领导成分，中、富农更占绝对多数，这就大大妨碍了土改之贯彻，就是富农路线产生与官僚主义作风形成的社会根源。这种组织成分不改变，要土改贯彻，要新民主革命胜利是不可能的，将来要由新民主主义转到社会主义更不能设想。因此，目前党建，必须强调加强无产阶级基础。其办法，根据华中经验是：

1. 在土改中教育现有干部，克服富农路线、富农思想与官僚主义作风，确实提高他们为人民服务的阶级立场与群众路线，使之无产阶级化。这种教育在目前很重要，华中有些地区，采取单纯改造撤换的办法，引起干部恐慌与消极，是不利的。

2. 大量吸收土改中雇贫农与工人积极分子入党，大胆提拔土改中有群众信仰的工农干部到领导机关中来，以冲淡原来的组织成分。

3. 在土改中开展党内民主检讨，洗刷一批原来成分不好、本质很坏的党员出党，撤换一批本质很坏教育不好的干部，或者调来集训，以达到改造目的。

上述三点是我个人的意见，是否有当，望考虑。

邓子恢

土地改革是中国人民在中国共产党领导下，彻底铲除封建剥削制度的一场深刻的社会革命，是中国民主革命的一项基本任务。旧中国的土地制度极不合理，占农村人口总数不到10%的地主、富农约占有农村70%至80%的耕地，他们以此残酷地剥削农民。而占农村人口总数90%以上的贫农、雇农和中农，则只占有20%至30%的耕地，他们终年辛勤劳动，大多数人却不得温饱。中国共产党一经成立，就把农民土地问题列为必须解决的重要问题。从土地革命战争时期的土地革命，到抗日战争时期的减租减息，再到解放战争时期的土地改革，中国共产党为解决农民土地问题进行了艰辛的探索。

抗日战争时期，为了联合一切抗日力量，中共中央以“减租减息”作为土地问题的基本政策。抗战胜利后，中国革命的主要矛盾转变为无产阶级和大地主大资产阶级之间的阶级矛盾。随着革命形势的迅猛发展和解放区群众运动的发展，作为抗日民族统一战线，土地政策的减租减息，已不能适应农民的要求。在反奸清算、减租减息斗争中，农民进一步要求消除封建剥削，并且已经突破减租减息的范畴。通过清算，部分地解决了土地问题，有的直接从地主手中取得土地，部分地实现了“耕者有其田”。在群众运动深入的地方，农民的行动远远走在了减租减息政策的前边。在这种情况下，为满足农民对于土地的迫切要求，进一步发动农民，中共中央于1946年5月4日发出《关于土地问题的指示》，史称“五四指示”，指出要“坚决拥护广大群众这种直接实行土地改革的行动”“坚决拥护农民一切正当的主张和正义的行动，批准农民获得和正在获得土地”，强调“各地党委必须明确认识，解决解放区的土地问题是我党目前最基本的历史任务，是目前一切工作的最基本的环节。必须以最大的决心和努力，放手发动与领导群众来完成这一历史任务”。

邓子恢长期从事农民运动，对中国农村的情况和农民生活非常了解，在土地革命战争、抗日战争、解放战争中，邓子恢一直领导农村的土地改革运动。到解放战争时期，邓子恢对土地改革中的阶级路线阐述得更加全面了，特别是突出地强调了依靠贫雇农的问题。要想彻底地打击封建地主阶级，落实土地改革，推翻农村的封建势力，必须要充分发动贫雇农、依靠贫雇农。在领导动员农民进行剿匪反霸、减租减息、土地分配的过程中，依靠贫雇农、团结中农，使得新民主主义革命思想在农村得以传播，能够在革命的关键阶段得到农民的支持和信任，推动新民主主义革命的胜利。

全面内战爆发后，人民解放军逐渐由战略防御转入战略进攻，为了使革命向全国胜利推进，推翻国民党反动统治，普遍地实行土地改革，彻底地消灭封建、半封建的剥削制度，满足农民对土地的要求，进一步提高农民的革命和生产积极性，成为关键因素。1947年7月17日至9月13日，中共中央工作委员会在西柏坡召开全国土地会议。会议通过了《中国土地法大纲（草案）》（1947年10月10日正式颁布），明确规定：废除封建性及半封建性剥削的土地制度，实行耕者有其田的土地制度。此外，还规定了彻底平分土地的基本原则等。由于不能出席会议，邓子恢给主持会议的中央工委书记刘少奇写了一封信，并请他转中央，信中系统地阐述了自己的土地改革基本观点。邓子恢认为当时条件下农村生产力的主力军是贫雇农，首先必须满足贫雇农的土地要求，但是，也必须保证中农土地财产及在民主政权下劳动起家的新富农的土地财产不被侵犯，才能保证其生产力，才不至于使贫雇农中立，而使封建势力增强，对革命成功造成阻碍。此外，他还论述了土改中群众路线问题及党的建设问题。

全国土地会议后，各解放区为贯彻会议精神，从各级党、政、军机关抽调大批人员组成工作组深入农村开展工作。一次以土地改革为中心的波澜壮阔的群众运动，很快在解放区开展起来。

邓子恢致毛泽东[1]

（一九四九年三月十一日）

毛主席：

会场[2]上不少同志谈到新区农村工作，认为在大的胜利形势下，似乎可以不需要经过减租减息这个过程。我的意见，像平、津周围这样的地区，由于我们长期工作，已造成土改区包围非土改区的形势，而新解放农村又不很大，在这些地区可以不经过双减过程，一开始即进行反霸民主运动，以打击大地主及地主当权派。同时由政府宣布农民停止对地主交租交息，其已交者以后还可以清算退还。但分配土地还不宜立即进行，而宜在农民发动以后。至于在长江以南及陕甘等地新开辟之农村，则一般需要经过三个过程，此三个过程时间长短，当然应看主客观条件与群众发动程度如何来决定，但不能将双减过程取消。将来就是没有战争，我们仍以经过双减转入土改为好，哪怕双减过程只有一年或几个月时间也好。理由是：按照一般规律，广大农民群众的觉悟与农民干部的培养，必须依靠他们在与地主斗争中自己的亲身经验。列宁说过，作为党的建设来说，主要靠宣传教育，但广大群众的觉悟，仅靠宣传教育是不够的，还要有群众自己的政治经验，这乃是一切大革命的根本规律（大意如此）。这句名言在中国革命实践中完全证明了其正确性。农民经过反霸反地主当权

① 选自《邓子恢文集》，人民出版社，1996年7月第1版，第191～194页。

② 会场，指中共七届二中全会会场。

派，只能算初步的启蒙与初步的发动，农民干部的初步发现。但反霸反地主当权派，并不等于农民与整个地主阶级的阶级斗争，因此，从反霸转入双减，还要打破农民的良心论与好人观点，打破农民依靠上级不相信自己的缺点（固然也有要求停租停息的，但这属于个别进步分子，大多数农民并不如此）。经过了再一阶段的斗争，才能使广大农民群众（而不是少数进步分子）真正觉悟起来，真正相信自己的团结力量，也才能真正涌现一批为群众所依赖的农民领袖出来，而形成党在农村的领导核心。

第一，我们农运目的是为了发展农村生产力，至少要保存现有生产水平，不使降低。不论双减也好、土改也好，如果不顺其自然、按照发展规律而人为地去缩短农运过程，用行政命令去分配土地、停租停息，当然也可以做到，但结果不是生产力发展，而往往是生产力降低，这对我们是极不利的。

第二，就打倒敌人来说，有几千年统治基础的地主阶级，要真正把他打倒，绝不是轻而易举的事。就是国民党军被消灭，上层政权被摧毁，但他们在农村的力量仍是不可忽视的。没有各县各村农民群众的真正发动与觉悟，要打倒地主是不可能的。这点我们有许多同志往往估计不足。过去我们在闽西、闽南等地，许多地区农民运动由反对苛捐杂税，转入减租减息或借粮后，即迅速转入抗租抗债、暴动、分田。那是因为当时四周反动势力迅速向我们进攻，我们为了应付迅速到来的反革命进攻，不得不迅速转入土改，使农民得到土地后生长革命力量以资抵抗。但这种过早转变，也妨碍了四周农运的发展。当时许多边区与苏区的对立，固然由于干部缺乏明确的阶级观点与充分的群众路线，但苏区过早土改，邻区农民赶不上，地主过早警觉、镇压，也是重要原因。当时傅柏翠[1]不主张转入土改，固然由于他的阶级立场，由于他害怕斗争，由于他看不到当时只停于双减而不转入土改，也同样引起敌人进攻所致。但如当时环境允许，我们多搞一个时间双减，以便推广双减区，发展农运面，则慢一点转入土改，并不是不可能的。今天情况已基本改变，我们已有强大的军队，已能控制全省全国政权，并不需要依靠新区农民组织新武装来对付敌人进攻。因此我认为就是把双减时间拖长一点（当然也不是很长），慢一点转入土改，对我们并没有大坏处，而对农民觉悟与自信、干部培养与考验、地主分化与削弱则有更大便利。因此我们的意见在将要发展之新区必须照你之报告实行双减，而在双减以前，应有一相当准备时间，这是发展新区农运的决定一环。

此外，在农运中群众路线问题是决定一切的。尽管政策正确，如果在组织群众上不走群众路线，而采取官僚主义的代替包办、命令主义的办法，结果群众运动只能是形式主义的。这样不仅不可能达到发展农村生产力、提高农民觉悟、培养干部、打倒地主的目的，而且往往适得其反。由于抗战以来我党有了军权、有了政权，而许多干部又多是地富出身，因此各地群众运动真正走群众路线者甚少，许多干部不懂得什么叫群众路线，不懂得争取群众大多数，不懂得依靠广大群众的自觉自愿行动，这是群运

① 傅柏翠（1895—1993），福建上杭人，1927年7月加入中国共产党；1928年6月领导蛟洋农民武装暴动；1929年任闽西红军五十九团团长、第四纵队司令员；1930年3月任闽西苏维埃政府执委、财经部长；1931年被开除党籍；此后接受国民党委任为杭连岩边界地方保安队总队长、省保安十一团团长、永定县（今龙岩市永定区）县长等职务；1949年6月与李汉冲、练惕生等人领导闽西国民党军政人员发动起义，脱离国民党；1950年任福建省人民政府委员、高级法院院长，后任福建省文史馆馆长、福建省人大常委会副主任；1985年重新加入中国共产党。

不能迅速开展的重要原因。望中央将来对农运指示中说到这点。因怕你事情多，无时间谈话，所以写成此信，供你做结论时之参考。

邓子恢

1949年3月，在中国革命即将取得最后胜利之时，中共中央为规划迅速取得胜利和胜利后如何建设新中国的各项方针政策，在西柏坡召开了第七届中央委员会第二次全体会议。在革命转折关头召开的这次会议具有重大的历史意义，会议所作出的各项政策规定，为党夺取全国胜利和建设新中国，做了政治上和思想上的准备，具有巨大的指导作用。

作为中央委员，时任中原局第三书记兼任中原军区副政委的邓子恢，参加了这次具有重大历史意义的会议。在此之前，邓子恢领导了中原战略区的财经工作，担负了淮海战役的后勤及支前等工作，为淮海战役的胜利作出了积极的贡献。在七届二中全会上，有的同志在谈到新区土地改革时，认为在大好的胜利形势下，似乎可以不需要经过减租减息这个过程，邓子恢认为没这么简单。淮海战役期间，因战争胜负未定，中原农村土匪恶霸横行，因此农村中最主要矛盾是广大人民群众与地主当权派的矛盾，农民最迫切的要求是剿匪反霸，以求得身家性命之安全，其次才是减租减息。那时农民并不敢要求土地改革，刘邓大军初到大别山时，进行“开仓济贫”，急于分配土地，实际上农民都不敢要。后来发现此路不通，便停止土改，改为减租减息。邓子恢到中原局时正是在这种政策改变之后，因此他们便以剿匪反霸为中心，继之以减租减息来发动群众，当时豫西群众便很快发动起来，豫东方面经过说服当时豫皖苏分局同志之后也逐渐开展起来。

以地主阶级为代表的封建势力统治中国农村两千多年，土改要打破这种局面，重新分配农村土地和财产，因而是反封建进程中最后的也是最激烈的一步。在新民主主义革命后期，革命形势迅速发展，农村的土改政策也应时而变，土地改革在革命大潮中却出现急于分配土地、不注重土改效果和农村实际的政策和现象。有鉴于此，邓子恢提出了土地改革的三个步骤。因怕毛泽东太忙，无时间谈话，便给毛泽东写下了这封信。他在信中说，长江以南新开辟之农村，一般需要经过反霸、双减、土改这三个过程，不能将双减取消，哪怕双减过程只有一年或几个月时间也好，理由有三个。第一，农民群众由初步发动到真正觉悟起来，农民干部由初步发现到真正成为群众所信赖的领袖，需要一个过程，要顺其自然发展，不要人为地去缩短。第二，推翻有几千年统治基础的地主阶级，绝不是轻而易举的事。第三，运动的目的是发展农村生产力，至少要保持现有生产水平不使降低。反霸、双减、土改这三个过程，他在1948年7月20日《关于新区初期群众运动方针——给桐柏区党委的指示信》中就提出来了，经过半年的实践，他更坚信这是新区农民运动必经途径。土地改革是完成反帝反封建这两个革命任务的中心环节，是中国社会从半殖民地半封建走向新民主主义发展的关键所在。在新解放区，农民和地主在思想上毫无准备，几千年的封建统治不可能一下子被改变，因而在面临大规模作战和反动分子依然猖狂的情形下，邓子恢主张农村土改进行三步走，是新民主主义经济思想的补充，稳扎稳打地推动了农村的反封建进程。

七届二中全会闭幕的次日，中央召集了人事安排座谈会，商讨各大区的人事安排方案，邓子恢被任命为华中局第三书记。随后，新建立的华中局在商丘召开第一次会议，邓子恢传达了中央七届二中全会文件，并组织开展了剿匪反霸、减租减税等运动，对中原解放区的巩固和壮大作出了贡献。1949年9月，在北京召开的中国人民政治协商会议上，邓子恢当选为中央人民政府委员。同年12月，邓子恢任中南军政委员会第一副主席，主持中南局工作，领导中南地区人民出色地完成了恢复国民经济、建立和巩固人民政权等项艰巨任务。他在这一时期的业绩，特别是在农村土地改革和群众工作方面的独特创造，受到党中央的充分肯定。

吴玉章致毛泽东[1]

（一九四七年十月二十四日）

毛主席：

我们经过了六个月，草拟了一个宪草初稿，由王明同志与谢老亲身送来，请示一切。我因痔疮脱肛之病不便远行，未能前来面陈一切，特用书面陈述我一些意见。

一、宪草宜及时发表。当我人民解放军大举反攻节节胜利的时候，又值全国人民痛恨蒋贼卖国殃民亟欲打倒他的时候，如果我们发表（用间接的，不是由党正式的）一个适乎时代要求的宪草，则有不小的作用：首先是全国人民知道了我们要建立的是怎样一种民主国家。因为许多人受了反动派的宣传，总以为我们得了政权，一定要如苏联的一党专政。有一个各革命阶级联合专政的宪草，可以使许多人安心；其次是我们解放区也可以有一个比较具体的法则来一律遵循。因为我们的革命是长期的，我们已得的地方要立刻建设一个统一的新的民主政权，一面是要巩固地方，一面是要试行我们的新法治。由于中国是一个松懈而无法纪的国家，必须在这军事时期，人人紧张而不得不守法的时候，把一切纪律建立起来，成为一个严肃而坚强的有组织的国家，这样才能战胜敌人，建立新中国。有这两个必要，所以我主张在蒋贼要崩溃和他正进行伪选的时候，用解放区人民代表大会筹备委员会或其他名义发表此草案，以征求全国人的意见，是有很大的意义。

① 选自《吴玉章年谱》，四川人民出版社，1998年12月第1版，第332～335页。

二、必须确定为新民主主义共和国。宪法的体裁，不仅内容要是新民主主义的，而形式也要是新民主主义的。所以我坚决主张总纲第一条，必须明白写出“新民主主义共和国”，而不赞成写为“新民主共和国”（有些同志主张这样写，争论了很久，现在草案虽然写为“新民主主义共和国”，但他们还是说待毛主席来决定）。因为这种写法意义很含混。新民主主义是您天才的伟大的创造，有您的《新民主主义论》为根据，有它丰富的内容，它是中国这个半封建半殖民地革命理论的产物，它是帝国主义将要崩溃，殖民地半殖民地革命时代的革命理论，它是马列主义的发展，是世界革命理论在今天最重要的一部分。它不使中国革命停顿在第一阶段，它要发展到第二阶段，以建立中国社会主义的社会。我们的新民主主义已宣传多年，不是今天才提出。有些同志恐怕民盟及许多民主人士不赞成，据我在外接触的民主人士，还未遇见有反对新民主主义论的，大概都是极赞扬这一伟大的理论。今天国内外情形更是证明这一理论的正确，凡稍进步的人士没有不赞成这个理论的。而且我们口头宣传的是这样，宪法所写的也是这样，这就表明我们言行是一致的。所以我主张一定要明白写出“新民主主义共和国”。纵然有个别民主人士不同意，我们也要据理说服，不能迁就少数人而把大道理服从小道理。

三、必须贯彻民主集中制。中国还是散漫的农业国家，社会各方面组织力量最差，尤是官僚主义最厉害，贪污腐化者不用说，就是廉净奉公的人，行政效能也是不大。必须要一个强有力的政府，发扬行政效率，组织广大人民，使我们落后的国家，迎头赶上近代新兴的国家。您规定的民主集中制，在这个宪草中是把它特别注意地写上去了。中央政府的权力很大，中央与地方的关系，既不是采取中央集权制，也不是中央与地方均权制，而是中央与地方都是国家权力机关，各级政府均由人民代表大会选举，实行在民主基础上的集中，集中领导下的民主。并且打破官治与自治对立的恶习惯，从中央一直到乡村都用民主集中制贯彻到底，中间毫无隔阂，使每一个公职人员都是全心全意为人民服务，受人民监督，审查，鉴定。这样不仅肃清了官僚主义，也教育了人民，组织人民来参加管理国家。现在中央发表了土地法大纲，又组织以雇农为骨干的农民代表大会，这正是改造中国社会经济的大事业。这时如发表我们的宪草，使各地方在此大革命时期，试建一种新的政治机制，是最合时宜的。

四、民族自决权应否写出尚须讨论。我最初主张必须把民族自决写在宪法上，但大家研究的结果，认为写上民族自决必须是联邦宪法，则其内容与形式均有不同。而中国现在实际上还没有要求独立成一个国家之少数民族（外蒙古除外），如内蒙古及新疆之回族，也只要求高度的自治权。而且中国人思想中都喜欢统一的国家，不愿国家分裂。从前联省自治的主张，就有许多人反对。因此我也不坚持必须把民族自决写在宪法上了。最近我人民解放军总部所发出的宣言中，有各少数民族有自治及自由加入中国联邦之一条，这问题还值得再加讨论。我想我们在宣言口号上可以主张民族自决，组织联邦，而在现在的宪草中可不写出来，待将来有实际需要时再修改宪法也可以。

五、检察机关必须设立。宪法及法律要有一个严肃监督遵行的执法机关。苏联从前有工农检察机关，现在设总监察长及各级检察长，来检察一切公职人员及人民是否严守法律。我们宪草中本来在司法制度中写有检察署行使国家检察权几条，有些同志以为这一制度还不清楚，暂时不写，待弄清楚后再写，这固然可以。但我认为必须要有这一机关，才能使宪法及法律，不成为具文。如果恐怕最高检察长一人权力太大，可用其他机关一样，采委员会议制。

六、应否设总统还须以时势的变化来决定。原来没有总统这一章，为了应付今天国内外的情形，所以添了这一章。如果时局再向前发展，不必多所顾虑时，则仍以不设总统为好。尤其把“总统为国家元首”写在宪法上，我是始终反对的。

以上意见是否有当，敬请裁夺示知为祷。

吴玉章

抗日战争胜利以后，中国面临着两种前途、两种命运的抉择。1946年12月25日，由国民党一手包办，通过所谓《中华民国宪法》，以根本大法的形式使国民党一党专政和个人独裁合法化。对这部宪法，中国共产党方面的态度是高度不认同，共产党是主张同中国人民及一切真正为和平民主而努力的党派，誓为真和平真民主奋斗到底。早在1946年6月，经中共中央批准，成立了中央法律问题研究委员会，由谢觉哉担任主任委员。该委员会起草了民法、刑法和土地法等，这对中国人民和中国革命是极大的贡献。

1947年1月，中共中央成立了由王明担任主任的法制委员会，由谢觉哉、吴玉章、李木庵、张曙时等成员组成。3月，根据中央决定，法委会撤离延安，转移到山西临县后甘泉村。在这里，冒着敌机轰炸，为迎接全国解放，起草着新中国第一部宪法草案和其他几个法律草案。新的法律，不只内容要冲破旧的范围，而且形式也不能为旧的形式所拘束，要使广大人民能了解。从1947年1月到10月，中央法制委员会对宪法进行了相当细致的研讨。起草过程中，他们以解放区的实践为依据，虽然研究借鉴吸收一些外国经验，但最终体现出一种中国本位和中国特色的观念。起草过程中，工作人员态度认真，何思敬与陈瑾昆还因不同意见争得面红耳赤，拍案辩论。10月，经讨论并三读的宪法草案初稿完成。王明、谢觉哉向毛泽东汇报宪法草案的起草情况。吴玉章因病未能成行，他便写信向毛泽东说明情况及自己的意见和想法。得到汇报之后，毛泽东综合形势，决定暂不发表草案，他把这一考虑及时告诉了吴玉章。尽管宪法草案最终决策暂不发表，但吴玉章等人起草的宪法草案毫无疑问是中共中央审时度势在法制层面进行的有益探索和实践，尤其当时为了解决农民土地问题而起草的《中国土地法大纲》，为打倒蒋介石、解放全中国而起草《中国人民解放军宣言》，无不是具有里程碑意义的法律法规，为后来制定全国性法律打下了基础。

1948年4月，中央法制委员会根据中央统一部署向河北平山县转移，并进驻平山县李家沟口村。此后，中央法制委员会按照中央的指示和要求，根据当时解放战争形势，结合解放区革命法制建设的实践，深入开展法律研究，组织起草全国性宪法、村县市政权组织条例等重要法律草案，研究筹办政府学校，组织培训司法干部，参与华北人民政府司法工作，为建立新中国人民政权、法律体系、司法制度以及政法队伍骨干人才的培养等作出了重要贡献。

吴玉章致周恩来[①]

（一九四八年八月十三日）

恩来同志：

华大（华北大学）于号日开学，我想在开学典礼大会上说主要的要学习毛泽东主义。把毛泽东思想的思想改为主义，并给以如下定义：毛泽东主义是帝国主义和殖民地半殖民地革命时代的马克思列宁主义。它是马克思列宁主义的向前的发展。它是以马列主义的普遍真理与中国革命的具体实践相结合而产生的。这样说是否适当，请同毛主席少奇同志商量后赐以指示。

吴玉章

1948年3月下旬，毛泽东、周恩来、任弼时等率中共中央机关从陕北出发，经晋绥解放区，进入晋察冀解放区，于4月中旬相继到达晋察冀军区司令部所在地——河北省阜平县城南庄。中共中央在城南庄召开了中央前委和中央工委会合以后的第一次书记处扩大会议，即城南庄会议。会议总结了人民解放军转入战略进攻以来的经验，分析了当前的战略形势，研究了夺取全国胜利的各项战略部署和方针政策。会后，中共中央、中央军委于5月9日作出《关于改变华北、中原解放区的组织、管辖境地及人选的决定》，它共有八条，并明确指出：晋冀鲁豫及晋察冀两解放区合并为华北解放区；两个中央局合并为华北中央局；华北局成立后，中央委托华北局办理大党校、大军校、大党报及华北大学。正是这一决定明确要成立华北大学，并且它是作为当时党的极为重要的战略措施中的完整配套措施而

① 选自《吴玉章年谱》，四川人民出版社，1998年12月第1版，第337～338页。

被提出来的。

1948年5月，中共中央决定，将华北联合大学与北方大学合并成立华北大学，校址位于河北正定。大学创办的首要目的就是适应革命形势发展的需要，保障和巩固解放区的革命政权，并进一步为建设新国家储备优秀人才。吴玉章当时年近七旬，有严重的肛肠疾病。周恩来担心工作繁重，他身体吃不消，亲自写信征求他的意见："玉章同志：为加强华北大学领导并便号召起见，中央与华北局商定拟请你担任华北大学校长，范文澜、成仿吾两同志为副校长，不知你愿意接受这一职务否？"吴玉章读过信后，立即回信表示接受中央的安排。他认为，办学校是为了振兴中华，提高民族文化素质，为国家培养人才，这是一项极其光荣而伟大的任务。从此，他全力以赴，组织学校筹建的繁重工作。

华北大学当时共有师生两千余人，校长吴玉章，副校长范文澜、成仿吾，教务长钱俊瑞；校部办事机构设有秘书室、教务处、总务处、组织科；学校下属四个部、两个学院（第一部为政治训练班性质，第二部为教育学院性质，第三部为文艺学院性质，第四部为研究部，两个学院分别为工学院和农学院）。吴玉章了解到一些单位办公和生活用房都十分紧张，他一再向总务部门要求，把自己的住房腾出一些让给校部作为办公用房。学校经过紧张的筹备和安排，逐渐具备了开学条件。

作为党创办的一所综合性大学，中共中央对华北大学寄予厚望。华北大学在创办、建设和发展过程中始终坚持党的领导，立足于培育革命的先锋队。华北大学是一所革命大学，是中国新民主主义革命过程中产生的大学，它要培养新民主主义革命与建设的干部，为完成中国新民主主义革命而奋斗。吴玉章认为华北大学教学要按照人民群众的需要来调整和补充教育教学内容，真正培养掌握新时代的思想观点、掌握最进步的科学技术，深入学习马列主义、毛泽东思想，全心全意服务人民的先锋队和优秀革命干部。鉴于此，吴玉章给周恩来写下了这封信，表达了自己想在华北大学成立典礼上提出"主要的要学毛泽东主义""把毛泽东思想改成毛泽东主义"，并让周恩来请示毛泽东。毛泽东获悉后，于8月15日回复吴玉章，不同意“毛泽东主义”的提法。他谦虚地指出：“那样说是很不恰当的。现在没有什么毛泽东主义，因此不能说毛泽东主义，不是什么‘主要的要学毛泽东主义’，而是必须号召学生们学习马恩列斯的理论和中国革命的经验。”吴玉章不仅对毛泽东的意见完全接受，而且对领袖谦虚谨慎的精神更加敬佩。

1948年8月24日下午举行开学典礼，吴玉章在开学典礼上发表讲话。他说：“华北大学是一个革命的大学，是中国新民主主义革命过程中所产生的大学。它要培养新民主主义革命与建设的干部，为完成中国新民主主义革命而奋斗。”为了鼓舞全校师生，吴玉章为华北大学制定了“忠诚、团结、朴实、虚心”的八字校训。

根据中央确定的教育方针和培养目标，华北大学以大量吸收大学、中学师生及社会各界知识分子为目的，以改造思想为主，用短期训练的方法，加快培养步伐，以适应全国的干部急需，力争早出人才，多出人才，出好人才。在成立不过一年多的时间里，学校培养了近两万名干部，不少学生成为社会栋梁，军政界司局级以上领导干部就有几百人之多，文教界高校正副校长有几十人、教授有几百人，文艺界著名演员、画家、编导等不胜枚举。新中国成立后，华北大学重组，成为今天的中国人民大学。

徐特立致徐陌青[①]

（一九四七年十一月二十八日）

柏青吾儿：

你的母亲年已七十，她不独维持了一家，并且办高级小学[②]共十三年，造就了许多学生。她没有念过书，能替地方做了教育事业，许多读书识字的女人不如她，我是很尊敬她的。你是她所生应该特别孝敬她。家中许多困难你们夫妇如能帮助，请你尽可能帮助，如不能帮助，还是把田卖出一些。至迟我在二三年内可回家，如我已死，我们的公家也会照顾你们。若有机会要萃英[③]回家一转。

秋生[④]叔父特别关心我的家庭，我很感激他，请你转告他。经武[⑤]已在中学毕业，现在到东北去了，准备到东北学工业，近日还没有回信。你的伯父、伯母还在否，有无疾病，没有见你一字提及，我没有另写信问他们，以后你写信要告诉我。

特立

十一月二十八日

---

① 选自《老一辈革命家家书选》，中央文献出版社，1990年2月第1版，第271～272页。徐陌青（1916—1994），又名徐柏青，徐特立的女儿，当时她和母亲熊立诚、侄女徐禹强生活在一起，住湖南长沙县五美乡。

② 徐特立早年在家乡兴办五美高级小学时，夫人熊立诚赞同腾出家里的房屋作校舍。后徐特立长期在外，五美高级小学一直由熊立诚照料。

③ 萃英，即刘萃英，徐特立的儿媳，1940年改名徐乾。

④ 秋生，即徐秋生，徐特立的远房堂弟，曾在湖南乡下行医。

⑤ 经武，即徐经武，徐特立的侄孙。

徐特立是伟大的共产主义战士、杰出的无产阶级教育家，新中国教育事业的奠基人。作为教育家，徐特立二十八岁时开始外出办学，他先后任教于周南女子中学、修业学校、长郡中学、湖南第一师范、湖南高等师范等学校，创办了长沙师范学校、平民夜校、长沙女子师范，还曾担任湖南第一女子师范学校、湖南孤儿院等地校（院）长。为了节省开支，他一直把妻儿留在乡下。常年扑在工作上，很少有时间待在家里，家里的事情都交给了妻子。熊立诚尽心尽力，在家操持家务、抚育儿女，尽量不要丈夫为家务操心。对于这段经历，徐特立曾回忆："我的收入除自己一家生活费用外，不事蓄积，均用在买书和办学校上。妻子不随我住长沙城，他们住乡间，这样可以节省好多费用。"对此，熊立诚毫无怨言。

1913年，徐特立看到家乡方圆几十里只有几所私塾，许多农民子弟找不到地方读书，于是拿出自己在长沙教书所得的薪金，筹建了五美乡第一初级小学堂，免费吸收贫苦子弟入学，后来又改成五美高级小学。办了两年后，乡里的封建顽固分子找出种种借口，对学校进行刁难，说"洋学堂会把娃娃教坏""在庙内办学堂会亵渎神灵"等，唆使一些不明真相的人将学校教室、课桌等捣毁。在办学遭受重大挫折的情况下，徐特立和妻子熊立诚商量，腾出自家用老屋改造的一栋较为宽阔的新瓦房作校舍，把学校搬进了家里。熊立诚带着儿女住进新搭的两间茅草房里，用实际行动成全着徐特立发展家乡教育事业的心愿。

1919年，徐特立赴法勤工俭学，五美高小的全部校务都交给了熊立诚。1927年，蒋介石发动四一二反革命政变，大肆屠杀共产党员和革命群众，全国陷入白色恐怖之中。在革命陷入困境、处于低潮、前途未卜的情况下，年逾五十的徐特立义无反顾地加入中国共产党，决心和工农大众站在一起，一头扎进党和人民的事业中去。徐特立长期在外从事革命工作，无暇顾及家庭。熊立诚一直默默支持丈夫的事业，悉心照顾着家庭。在极端困难的情况下，她想尽办法把五美高小继续办了下去。1937年底，徐特立曾回长沙，熊立诚带着家人来看他。一家人一别就是十年，熊立诚不仅没有半点儿抱怨，还对徐特立说："你就管好国家的事，我就管好家里的事。”这让徐特立很激动，他称赞道：“说得很好，很有见识！”

徐特立深深理解妻子的辛苦，也从心里感激妻子，他常说是妻子支持了自己的事业，也成全了自己的事业。因此，徐特立在这封写给女儿的信中教育子女要特别孝顺自己的母亲。新中国成立后，徐特立把妻子接到北京，两人终于得以团聚。在相处的日子里，他关心体贴妻子，经常对身边工作人员说：“你们对我的生活不要特殊照顾，可一定要在生活上照顾好老太太。她是家庭妇女，没有文化，容易有自卑感，不要叫她有思想负担。”每次到外地休养，徐特立总是带妻子一道去，吃饭时把好一点儿的菜让给妻子，休息时把好一点儿的床让给妻子睡。熊立诚去世后，徐特立深感悲痛，怀念不已，他将两人合影的照片，一直装在口袋里，走到哪里带到哪里。他用自己的行动证明着自己对妻子忠贞不渝的感情。

邓颖超致陈浩[1]

（一九四七年四月二十九日）

陈浩同志：

你的来信和三箱东西的清单都收到了。你提的处理意见很好，我在清单上作了一些补充意见，请你阅办。齐燕铭[2]的一箱代表团的文件，等问他以后再告曾三[3]同志。我们留下的书籍，可以和大家的放在一起，只是请你告曾三同志凡是有签名的于必要时如不烧毁，则将签名撕去为要！凡留下存放的东西和一箱外交文件，均请交清曾三同志妥为保存！另请你编号将清单带一份去三交镇，以便将来需要时易于调取应用也。

我前天接到叶参谋长[4]和罗迈[5]同志的来信要我回三交去参加城工工作[6]总结，我明天和李讷[7]动身回去。你工作完毕后也

① 选自《邓颖超书信选集》，中央文献出版社，2000年10月第1版，第43～45页。陈浩（1918—　），北京人，原中共中央南方局干部，1946年10月回到延安后，在周恩来处做秘书工作，当时在中共中央外事组工作。

② 齐燕铭（1907—1978），北京人，时任中共中央城工部秘书长。

③ 曾三，时任中共中央办公厅秘书处处长。

④ 叶参谋长，即叶剑英。

⑤ 罗迈，即李维汉（1896—1984），湖南长沙人，时任中共中央城工部副部长。

⑥ 城工工作，即城市工作，指在中央规定的方针下，研讨和经营国统区的一切工作（包括工、青、妇），并担负训练干部的工作。为统一领导城工工作，中共中央于1946年12月专门成立中央城市工作部，周恩来任部长，李维汉任副部长。

⑦ 1947年江青随毛泽东转战陕北时，党组织将李讷委托给邓颖超照管。

可回去，我已拜托张参谋长[①]过几天派人来看看你，如工作已毕，就接你来司令部等候搭便车回去，你如果工作完毕，亦可写信来告他取得联系。

另外我亦告重庆回来的一个四川司机同志易素云为你留心车子的机会，可能乘他开回去的车子。你选带的书和我告你带的东西，亦可一同乘车带去。三张书单的书，除你加红圈的以外，我增加了二三本要带去的，其余的统存此间交曾三同志保管好了。如果你在整理过程中还发生了新的问题，则请全权处理酌办好了。我们在这几天里很安静，从你们走后敌机没有来过。

你在那居处和生活还好吗？计程李晨[②]同志今日该到三交了。希望你工作完后，亦快快到那边去。我将再做你的学生，学点英文呢。

匆匆草复。即致

敬礼！

小超

四月二十九日

曾三同志同此致意不另。

1947年3月，在国民党集结重兵意图大规模进犯陕甘宁边区的形势下，党中央作出主动撤出延安的战略决策。邓颖超、康克清带领党中央机关五六十人的家属队，离开延安，经过长途跋涉，到达山西省临县三交镇。4月11日中共中央决定，中央及军委大部工作机构暂留晋西北，组成中央后方委员会，邓颖超作为常委之一，开始了在后委的工作。当时，中

① 张参谋长，即张经武（1906—1971），湖南酃县（今炎陵县）人，时任晋绥军区参谋长。

② 李晨（1920— 2016），北京人，陈浩的丈夫，原为中共中央南方局干部，当时在中共中央青年工作委员会工作。

央土改工作团在临县白文镇郝家坡村搞土改试点。中共中央机关妇女领导干部邓颖超、蔡畅、帅孟奇、王光美、宋丹华等先后来参加土改工作。在参加土改期间，邓颖超给尚在陕北的陈浩写下了这封信。

陈浩曾在中共中央南方局工作，后迁到南京梅园新村任中共代表团工作人员。当时以周恩来、董必武为首的中共代表团正与国民政府进行长时间的和平谈判。1946年5月11日，陈浩和丈夫李晨在南京梅园新村举办婚礼。邓颖超和周恩来参加了他们的婚礼，邓颖超还郑重向二人提出了“互爱、互敬、互勉、互助、互信、互谅、互让、互慰”的“八互”精神。这“八互”精神，是邓颖超和周恩来在长期夫妻生活中不断总结和积累的爱情真谛，也是他们夫妻之间爱情的真实写照。邓颖超从周恩来在现场的表情上也看得出他是支持她提出的“八互”的，就这样，“八互”成为邓颖超送给陈浩夫妇的最好的祝贺。

随着解放战争全面展开，驻南京、上海、北平等各地的中共代表团工作人员分批撤回延安，其中就包括陈浩等人。在周恩来的亲自安排下，这些曾经从事外事工作的同志们被编成一支队伍，由薛子正任队长，黄华任副队长，王炳南为党委书记，他们跟随部队转战到达山西省临县。1947年5月1日，根据中共中央指示，中共中央外事组在山西临县三交镇正式成立，主任由叶剑英兼任，副主任由王炳南担任。中央外事组工作人员有二十多名，他们是中国共产党在战争环境下培养的一批外事干部。

陈浩在撤离延安的过程中，曾给邓颖超写信，请示由她整理的南京带回的文件资料如何处理，并随信附上三箱文件资料的清单和处理意见。邓颖超在回信中都一一答复，她十分注意保密，还写了一些补充意见，让陈浩阅办。考虑到将来中央外事组要使用这些文件资料，她让陈浩把清单带一份去三交。邓颖超对档案工作非常重视和关怀，她很早就十分重视收藏中共中央机构及青年、妇女等人民团体在活动中形成的档案和有关文献资料，也亲自收藏周恩来撰写或批改过的手稿和原件，以及书信、日记、照片等档案和文献资料。

中共中央撤离延安后，为了确保档案材料的安全转移，由中办秘书处材料科、机要处文电科、中组部材料科、原总政治部秘书处资料室等单位组成材料保管委员会，分别携带各自的档案材料撤出延安，由曾三负责统一转移。经过艰苦跋涉，档案材料全部安全运到晋绥解放区的兴县。在曾三的主持下，遵照中共中央的指示，中央各机关档案按重要性与机密性被重新分类整理和编目，并实行了统一管理、统一存毁标准和统一行动规划，从而为战时档案管理创造了条件，打下了基础。

邓颖超致周恩来①

（一九四七年十二月七日）

鸾：

三号才由交通带了一信和一批材料给你，可能与此信同时到达。这几天一切都准备好了，就等阜平干部会完毕后，立刻开步下乡去，真是“万事俱备，只欠东风”哩！

此间从昨天起即万里雪飘，雪山寂静，事少较闲，因此，屡次惹起来相思！遥想西北，料早已千里冰封，万里雪飘了，不知冰天雪地中的征人，御寒的衣着可曾备好了？

寄给你们的一个在晋冀察边区土地大会②的发言大纲，希望你能再给我提些意见。这个发言比在全国土地会议的要好些，有些进步，听过两次的人都有此感觉，原因是接触和学习的机会多了一些。在全国土地会的发言，那真是硬赶逼成的。按当时的材料及自己的可能条件与听众的情况，只能把重点放在第二和第四部分，第一部分算是一个帽子，第三部分则太空，原想不说的，后当为问题，提下亦好，就这样组成了上次的那个发言。虽然方针、精神是对的，但缺点、不充实的地方，却不少。很愿意知道你及诸领导人的意见！

明天有专件送你们，有交通专行之便，乘尚未下乡，遂又写

---

① 选自《周恩来邓颖超通信选集》，中央文献出版社，2014年4月第2版，第57～58页。选入时略有删节。

② 晋冀察边区土地大会，指1947年10月3日到11月9日召开的晋察冀边区中央局扩大会和边区土地扩大会。邓颖超在会上讲了如何发动妇女参加土改的问题。

了一封短信给你。知你事较前忙，人较前瘦了，望你注意身体的健康，注意节劳与运动才好。

匆草，把我的深刻的想念带给你。

另有画报寄你。

凤

一九四七年十二月七日

周恩来和邓颖超有着共同的革命理想，他们之间充满着革命者的浪漫。因周恩来小名叫大鸾，邓颖超在写信时经常称呼他为“鸾”，落款处写上的“凤”实际上是她专门为他的“鸾”所起。因为工作，周恩来夫妇分处两地。亦是因此，山间的红叶、田中的青禾、落下的细雨、飘舞的雪花，都成了他们寄托情思的信物。邓颖超写这封信时，工作的地方早已被洁白的雪片覆盖而万籁俱寂，雪景不禁勾起对丈夫的思恋，更让她担心的是前线战友们御寒的衣物可曾备好。对丈夫的思恋在书信中只占去了很少，更多的却是在讲述自己在土改工作中的感想。

1947年7月至9月，在西柏坡召开了中国共产党全国土地会议，中央妇委代理书记邓颖超参加了会议，并在会上作了《土改中妇女工作的几个问题》的发言，强调要按照男女平等的原则，使妇女和男农民同样分得一份土地，并提出要保障妇女的土地所有权。在全国土地会议上，刘少奇在总结中吸收了邓颖超的意见，强调全党要重视妇女工作，土地改革中要进行妇女工作，根据妇女的觉悟程度决定政策，采取办法。全国土地会议通过了《中国土地法大纲》，大纲规定：废除封建性及半封建性剥削的土地制度，按乡村全部人口，不分男女老幼，统一平均分配土地。通过土地改革，广大妇女第一次取得了与男人平等的地位，拥有了分得土地的权利。

婚姻自由是妇女的基本权利之一，贫雇农男女一齐翻身之后，不仅要打倒地主的神权、财权、地权，还要打倒夫权，这是妇女解放的一个条件。土地会议结束后，邓颖超于11月带领工作组奔赴阜平县二区细沟村参加土地改革的复查工作。她改名肖超（小超谐音），工作组同志称她“肖大姐”，老乡们亲热地喊她“老肖”。邓颖超十分注意青年婚姻工作，当时她住在区公所隔壁，一连几天都看到一对男女青年在区公所门前徘徊。经过询问，邓颖超知道这对男女青年自由恋爱想要结婚，可家长不同意，阻挠他们结婚。区公所同志听了一面之词，也不给他们登记结婚。在邓颖超的帮助下，这对青年终于办了结婚手续。邓颖超随后把这一争取婚姻自由的事作为生动的教材，在细沟村群众中进行了婚姻自主、婚姻自由的教育。

1948年9月至10月，中共中央在西柏坡村召开解放区妇女工作会议，中央妇委代理书记邓颖超主持会议，中共中央领导人朱德、刘少奇、周恩来出席会议并作了重要讲话。会议期间，中央把起草新中国《婚姻法草案》的任务交给了中央妇委。邓颖超兴奋地说：“这些日子，大家通过在农村蹲点搞土改，更加深切地了解贫苦农民，特别是妇女们深受封建婚姻统治的痛苦，他们迫切要求婚姻自由。”会议结束后，中央妇委立即成立了《婚姻法》起草小组，邓颖超和中央妇委成员作了大量的调查研究，因为这是为新中国起草的《婚姻法》，大家都意识到它的分量，光是框架就推倒过好几次，每章每条都是字斟句酌。《婚姻法》的颁布与实施，对于改革旧的婚姻家庭制度、促进妇女解放具有极其重要的历史意义。

邓颖超致杨慧琳①

（一九四七年十月十六日）

慧琳同志：

你给我的信早收到，知道你参加土改，锻炼得有进步，我很高兴！因为当时忙着来阜平，所以没有即回你信。

我暂时留在这个地区参加土改，本来有意调你来工作，曾与冯文彬同志商谈过，因为平山的工作还需要你，只好作罢。但还是希望你能参加中妇委的通讯员的工作，特约你做我们的通讯员。我们准备在一年的时间内提出一个农村妇女运动纲领，现在就需要开始搜集材料，进行研究，特别是与土改的实际结合起来。现在附上研究的问题（另纸），希望你根据其内容给我们搜集你所工作的那一片地区的各乡的材料，最好是能够搜集到十个二十个村子的材料。这样子我们才能够看出一些一般的问题和个别的问题，也才能够研究出一些东西来。特别希望你注意农村妇女工作在家庭与在社会的各方面各种关系的情况。从这一点出发去了解如何为她们服务和争取到解放。除了搜集完整的材料以外，希望你把接触到的材料、问题，用简短的通讯告诉我，信可由晋察冀中央局转。我的身体较前健好，知注并告。

敬礼

邓颖超

十月十六日

---

① 选自《西柏坡口述历史第一册》，中央文献出版社，2015年12月第1版，第183页。杨慧琳（1919—2010），四川人，1935年参加共青团，1946年在延安担任新华广播电台播音员，1947年跟随中央工委来到西柏坡，从事土改工作，新中国成立后担任全国文联国际部副主任等职。

杨慧琳出生于四川，自小受社会进步思想影响，倾向革命。1935年加入共青团，年仅十六岁的她成为地下组织通讯员。抗战爆发后，杨慧琳先后到八路军南京办事处参与筹办《新华日报》，到重庆担任《新华日报》编辑、记者，主编《妇女之声》副刊；后到达延安，在新华广播电台担任播音员。中共中央撤离延安后，杨慧琳随同中央工委向华北转移，到达河北省平山县从事土改工作。

在艰苦的革命战争年代，杨慧琳和邓颖超结下了深厚的情谊。她非常尊敬邓颖超，经常向邓颖超汇报自己的工作学习情况，询问并聆听她的建议和教诲。1947年10月，杨慧琳致信邓颖超，向她汇报自己参加土改期间的工作和学习情况以及在农村的见闻。收到杨慧琳的信，邓颖超非常高兴，虽然工作繁忙，但她还是于10月16日给杨慧琳写了一封回信。在信中，邓颖超向杨慧琳传授工作方法、介绍工作经验。她希望年轻同志在工作中要注重调查研究和理论联系实际的优良作风，寄托着邓颖超对年轻同志的关怀和期望。邓颖超参加了在西柏坡召开的中国共产党全国土地会议，她作为中央妇女运动委员会副书记，在会议上作了题为“土改中妇女工作的几个问题”的长篇发言，提出“全党做妇女工作，男女要一齐发动”的工作方针。会议结束后，邓颖超与帅孟奇、张琴秋、杨之华、张秀岩等妇女干部一起，共同讨论研究妇女工作，并要求参加土改的同志注意收集发动和组织广大农村妇女参加土地改革的材料，希望大家在土改斗争中发现新情况，积累新经验，摸索和总结进一步做好妇女工作的更多更好的办法。

当时，邓颖超考虑到中妇委的机构班子需要健全，有意从各地调一批有能力的业务骨干，考虑把当时在平山参加土改的杨慧琳调到中妇委工作。邓颖超与时任平山县委书记的冯文彬商量，冯文彬认为，杨慧琳更适合留下来搞土改。邓颖超考虑到杨慧琳曾经在《新华日报》做过编辑、记者，是一位有经验的新闻工作者，而且，在土改工作中能接触到基层群众，于是，邓颖超在信中提出特约杨慧琳做中妇委的通讯员。邓颖超告诉杨慧琳，中妇委准备在一年的时间内提出一个农村妇女运动的纲领，并结合这项工作对杨慧琳布置了具体的任务，同时把接触到的材料、问题，用简短的通讯告诉她。邓颖超提醒杨慧琳，在开展调查研究时，最好能够搜集到十到二十个村子的材料，以便进行分析研究，然后归纳总结出一般的问题和个别的问题。邓颖超强调，希望杨慧琳注意农村妇女在家庭与社会各方面各种关系的情况，以此为基础，了解如何为广大农村妇女服务并争取妇女解放。

邓颖超写给杨慧琳的回信，不仅仅是一封普通的问候性私信，而是带有工作方法和工作目的的指示性回信，它见证了那场千年大变革的土地改革，反映了老一辈革命家亲自深入调查，多方征集工作经验、了解情况的工作态度和风范。就在写下这封信的一个月后，邓颖超还亲自带领工作组，奔赴阜平参加土改复查工作，吃住在老乡家里，进行了长达五个月的土改工作。

邓颖超致周恩来[①]

（一九四八年一月二十二日）

来：

自从你十月来信中许下“一定提意见”来的诺言以后，至今尚未接你的来信，我想“一定”恐怕要修改成为“不一定”了。我知道你是因为忙，而且几次传来了你忙瘦的消息，我当然不会怪你的；只是希望你还是注意一下身体，能够长期坚持工作才好！你要的止鼻血药膏的配制方，我已寄了一个给傅连暲，要他配些给你应用。

我在十一月初、十二月初、一月初，先后寄你三次信和一些资料、刊物，据夏大姊[②]来信说前两次都转给你了，当不致遗失，不过收件人虽忙不克写信，开个收条来总还可以吧，亦是应该的吧，你说对不？

下乡工作一个月，身体还好。十号回中局[③]开会，一二日会毕再回乡去。握手！

小超

22/1早

作为杰出的革命家夫妇，周恩来和邓颖超的爱情和婚姻始终与革命事业紧密相连。邓颖超曾说，他们之间的书信可以说是情书，也可以说不是

① 选自《周恩来邓颖超通信选集》，中央文献出版社，2014年4月第2版，第63页。

② 夏大姊，即夏之栩（1906—1987），浙江海宁人，是中共早期领导人、著名的工人运动领袖赵世炎同志的夫人。

③ 中局，指晋察冀中央局。

情书，因为信里谈的往往是革命，是给对方的勉励。他们的爱情总是与革命交织在一起，几十年的革命生涯出生入死，总是患难与共、悲喜分担。他们有时一起战斗，有时分散两地，但总是那么坚定，爱情经历了几十年也没有消减。的确，在长期的革命生涯里，周恩来与邓颖超总是心系国家命运。在他们的通信中，很少看到情侣之间的甜言蜜语，他们更多的是交流思想，讨论革命工作，洋溢着爱国主义情感。即便是彼此的关心，也是含蓄而理性的，互相敬爱，显得朴素自然。

1948年初，邓颖超在河北阜平细沟村参加土改工作，由于当地情况比较复杂，她又缺乏经验，便写信给远在陕北的周恩来，想听取他的意见。在信中，我们可以感受到恰似普通情侣间的那种甜蜜。邓颖超娇嗔地“埋怨”着他：“自从你十月来信中许下‘一定提意见’来的诺言以后，至今尚未接你的来信，我想‘一定’恐怕要修改成为‘不一定’了。”“先后寄你三次信和一些资料、刊物，据夏大姊来信说前两次都转给你了，当不致遗失，不过收件人虽忙不克写信，开个收条来总还可以吧，亦是应该的吧，你说对不？”

周恩来接信后，在2月2日马上回了一封长逾千字的“收条”，其中写道：“超：自从去年八月十五日下修书以后，一搁至今，未再执笔。你怪我好，骂我也好，我实在是忙得不可开交。正好陈毅同志来而复返，他可为此作证，故而托他带信，格外合适。”2月9日，周恩来再次给邓颖超回信，除了表达殷切思念外，还用了非常大的篇幅分析当地的实际情况、党的土地政策，对如何具体做好土改工作提出了建议。“我觉着你的确是在摸索，是在当小学生，但你还缺乏足够的分析能力，因此，你还未把问题的中心抓住去求解决。你不同意别人的性急去强求轰轰烈烈的场面而主张稳进是对的，但你却缺乏创造精神去打破群众中倚赖的观念。在这里，有两个观念束缚住你，一个是一切要以土改平分为中心，另一个是撤换坏干，搬开石头……”在周恩来的帮助下，邓颖超圆满地完成了这次土改工作。

邓颖超曾说，他们的爱情生活不是简单的，不是为爱情而爱情，他们的爱情是深长的，是永恒的。他们从来没有感觉彼此有什么隔阂。他们是根据革命事业、共同理想相爱的，以后又发现有许多相同的爱好，这也是生活协调的一个条件。这样的爱情是深长而永恒的，这种爱超越了世俗，超越了时空，令人动容，给人以永久的启迪与教益。

邓颖超致陈浩[1]

（一九四八年一月二十二日）

陈浩同志：

十二月七日来信收到。你和许多女同志特别是作了母亲的女同志都参加了土改工作，这是一件很好而令我欣慰的事！

现在你们又进入了“六新”“三查”运动中学习，我热望你们努力在学习中改造自己，力求进步，要做一个新人物！我对你们的情况不了解，很难满足你的希望提出什么意见来贡献你们。我只能带原则性的提出你们应起码注意的问题：在“六新”“三查”中必须从自我批评出发，要敢于去揭露自己，认识自己，找出改造的办法，坚持不断地去克服自己的毛病。同时，又要欢迎别人的批评，冷静分析别人的意见，要使言者无罪，闻者加勉。两者都不可缺，但最基本主要的是自我批评，否则亦不易收到别人批语之益了。你说对不？

关于你的工作和行止，在原则上我同意你和李晨同志不要长期的分离，能够在不妨碍工作条件下争取在一起在一个地方。现在我对你们的动态有所闻，但还不完全清楚，故只能望你在整个运动态度和情况的发展方面去考虑，并与后委[2]及炳南[3]同志商量，以期达到上述的原则的办法为好。

① 选自《邓颖超书信选集》，中央文献出版社，2000年10月第1版，第57～59页。

② 后委，即中共中央后方委员会。

③ 炳南，即王炳南（1908—1988），陕西乾县人，时任中共中央外事组副主任。

我在十二月初旬下的乡，一个新的小学生，进了农村大学，感到什么课题都是新鲜的，而内容又极其丰富，在工作中锻炼自己与改造自己结合起来。可惜山川把我们隔开得太远，不能时常交换意见，在一起谈谈，只有留待相见时如愿以偿吧。可以告慰你和许多关心我的同志们的一件事，就是我的身体还好，可以在乡下坚持工作。匆复。

敬礼！

问候许多男女同志们好！

林展、张颖[①]同志都要做母亲了，望她们注意产期产后的调养珍重！

小超

一·二十二

1947年全国土地会议后，各解放区为贯彻会议精神，从各级党、政、军机关抽调大批人员组成工作组深入农村开展工作。一次以土地改革为中心的波澜壮阔的群众运动，很快在解放区开展起来。当时，有很多妇女干部都参与到了土改实践中，她们在工作中发现了很多以前不曾遇到过的困难和问题，彼此之间互相鼓励牵挂。在革命年代与邓颖超结下深厚感情的陈浩，虽然刚做了母亲时间不长，但也毅然投入轰轰烈烈的土改运动中。经过一段时间的工作，她把自己在土改中的感受写了一封信，寄给邓颖超。当时，邓颖超正以极大的热情带领工作组深入农村，进行土改复查工作。在忙碌的工作空隙，邓颖超写下了这封回信。她为这些女同志特别是做了母亲的女同志能够参加土改工作由衷地感到欣慰，并提出了“热望你们努力在学习中改造自己，力求进步，要做一个新人物”的期望。

土地会议后，邓颖超即在随后召开的中央妇委会议上，结合当时全党

① 林展、张颖，当时均为中共中央外事组工作人员。

的工作中心，部署了妇女工作，并要求妇委领导干部参加土改工作团，深入实际，亲自抓试点工作。邓颖超自己也带领一些干部，参加土改工作团，深入阜平县细沟村。在进点以前，她参加了晋察冀边区的土地会议和阜平县召开的土地会议，对该地区的全面情况有了了解。原来这个地区在1946年中央“五四指示”后进行过土改，由于当时正值蒋介石进攻解放区，农民还存在怕“变天”的顾虑，群众发动不充分，土改搞得很不彻底。1947年中央工作委员会到达阜平后，指出了这个问题，该县进行过土改补课，但是，在纠“右”的同时，又出现了“左”的偏差。邓颖超他们这次是去搞土改复查和整党的。

细沟村以前在“左”的思想影响下，没有按照是否有剥削和剥削数量多少来定阶级成分，而是比照附近富村的情况，来定地富数量，这就把有些农民的成分拔高了，把他们推到了敌人队伍中去。同时片面强调贫农团的作用，使得贫农团凌驾在党组织之上，因而挫伤了基层党员的积极性，影响了群众的发动。这些问题不解决，群众就发动不起来。针对这种情况，邓颖超认为工作组的同志应首先做自我批评。对此，有些人开始有点儿想不通，觉得这是以前工作中的遗留问题，不是这次工作组的责任，为什么要让自己来检讨？邓颖超没有批评别人，却亲自在群众大会上做了自我批评，把责任承担起来，同时正确地宣传了党的土改政策，把政策交给群众，说明党的政策并没有变，产生偏差是对党的政策还不够明了，纠正错误是为了弄清是非，不重在追究个人责任。邓颖超将道理说透了，解除了群众和基层干部的疑虑，使土改运动迅速健康地发展起来。通过这件事，工作组的人受到了一次深刻的教育。他们具体地懂得了什么是共产党员的党性，一个共产党员随时随地都应以党的利益和人民的利益为重，而不应该计较个人得失。

邓颖超致廖梦醒[1]

（一九四八年三月四日）

亲爱的醒家[2]：

给你写了几封信，均未能带到，停留在北平，终于被阻又带回来了。现乘这一次仅有的机会，带这一短笺给你，此时又要不易通讯了。但战局目前向有利于人民方面发展，人民终于要胜利的！黑夜渡过，一定会到黎明，光明仍会来的，不过目前疯狗已在狂咬，望你多加小心谨慎！我在此祝福你和姑婆[3]！望致意她并谢你俩寄来的东西。给鲁鲁女儿[4]信时，把我的想念带给她！要她在港忍耐努力求学为是。我们回后直至最近，都在自卫备战中，我们有胜利的信心，我们仍亦生活很好，我们总是在愉快中克服了困难！我们亦愿以此体验告你与转望与你。

附上三封寄英、美、法信，请代投邮，并请将美法二地址寄去给龚澎[5]，以便经她和她们联络通讯了。

一切相识的熟朋友，都请代我致意，并将上面我转望于你的，

---

① 选自《邓颖超书信选集》，中央文献出版社，2000年10月第1版，第60～61页。

② 醒家，即廖梦醒。

③ 姑婆，指宋庆龄。

④ 鲁鲁女儿，即李湄（1932— ），生于香港，李少石（中共党员，生前为国民革命军第十八集团军驻重庆办事处外事秘书）与廖梦醒之女。

⑤ 龚澎（1914—1970），安徽合肥人，当时在新华社香港分社、中共香港分局工作，任英文版《中国文摘》主编。

亦转望于她们。愿相见有期，相见时，我们都很健康，更坚强，更进步了。这必须要从善处才能获得的。匆匆不尽，纸短情长。

吻你！

大姊手上

三·四

邓颖超在不同的革命历史时期交往了很多朋友，廖梦醒就是其中之一。廖梦醒是中国民主革命先驱廖仲恺的女儿，她的母亲何香凝是共产党人的老战友，是同中国共产党真诚合作的典范。1924年黄埔军校建立，是廖仲恺亲自选拔和迎接共产党的优秀干部周恩来到黄埔军校担任政治部主任的，周恩来与军校党代表廖仲恺关系密切友好，从而使邓颖超与廖仲恺一家从相识、相知到挚友。邓颖超与廖梦醒两人都出生于1904年2月4日，当何香凝得知邓颖超的出生日期，不禁高兴地说："你和梦醒是同年同月同日生，真是太巧了，我们两家的缘分不浅啊！"此后，邓颖超就很自然地喊何香凝为"妈妈"了。1942年8月，廖梦醒之女李湄和叶挺之女叶扬眉在重庆被周恩来认作干女儿。邓颖超关心李湄的成长，她告诉李湄看人要看主流，要团结大家，让李湄第一次懂得凡事不能盲从。周恩来曾经满怀深情说过："我与廖家已有三代交情。"

受家庭的影响，廖梦醒很早就加入中国共产党。周恩来对廖梦醒说："认识你的国民党人太多，你千万不能暴露你的共产党员身份。对任何人都不要说，有事直接和我联系。"全面抗战爆发后，廖梦醒参加了保卫中国同盟的筹建工作，并担任宋庆龄的秘书，负责向国外友人和华侨宣传抗日、募集资金和医药用品。香港沦陷后，宋庆龄转移至重庆，周恩来让廖梦醒到重庆继续担任宋庆龄秘书，协助宋庆龄恢复"保盟"。廖梦醒便利用自身在宋庆龄身边工作的有利"身份"，负责连接起了宋庆龄与中共之间的消息往来，成功地成长为一名"红色交通员"。1945年，保卫中国同盟迁到上海，改名为中国福利基金会。廖梦醒继续担任宋庆龄的秘书，并致力于福利基金会的日常工作。在上海期间，廖梦醒待人诚恳，被民主人士和知识分子视为可以信任的知己，一些革命的同情者有了很重要消息要告诉共产党，而又无法和地下组织取得联系的时候，每每就找到她。1947年，有一位同情中共的朋友知道国民党要抓一批地下组织成员，便把“黑名单”透露给廖梦醒，廖立即把情报送到党的一个联络点，此举后来挽救了一大批革命同志。然而不久之后，廖梦醒自己也被列入了“黑名单”。有一天，宋庆龄告诉她：“你也上黑名单了，赶快走吧。”廖梦醒立即通过地下电台请示周恩来。周恩来得知后，急了：“还请示什么呢?赶快走吧！”最后，在宋庆龄一位外国朋友的帮助下，廖梦醒买到了从上海至香港的船票，顺利撤离至香港。

邓颖超极为牵挂廖梦醒的安全，她多次写信联络，因时局混乱均未能带到。1948年3月，终于有机会可以联络，她便写下了这封饱含着浓浓思念的短笺。在信的最后，邓颖超以“匆匆不尽，纸短情长。吻你！”表达了她们之间深厚的友谊。从1948年底起，香港党组织租了往返香港与东北的外国货轮，把民主人士分批送去解放区，为召开新政协做准备。潘汉年派人为廖梦醒一家安排北上事宜，他们于1949年4月11日抵达北平。在站台上，周恩来、邓颖超、林伯渠，还有许多先期到达的民主人士，热情地上前握手，邓颖超拉着廖梦醒的手激动地抱在一起。廖梦醒长期在白区工作，这是第一次踏上解放了的土地，热烈的场面令她感动得落泪。

邓颖超致毛泽东[①]

（一九四八年十月二十四日）

毛主席：

中妇委[②]在本月二十号前后开了会议，到会委员八人（原有六人，妇工会议时又来二人）。对于你九月二十日规定工作报告的指示及中央申哿电[③]示建立党委制问题作了讨论。我们完全同意你及中央的指示，并检讨了妇委的工作。现将讨论的内容报告你，就作为我向你及中央的第一次书面报告。

一、建立工作报告制度。

我们认为建立工作报告制度很重要，但过去认识很不够。未认识到向你及中央作报告和事前请示，这在工作上不仅可以减少错误，以至避免错误，能够更好地执行党的政策，并且是对党对人民事业负责的一个必须重要的具体步骤，从而提高党的纪律及保证革命的胜利。因此，未提高到政治的、组织的原则上，更未与革命胜利发展的需要结合起来。

在过去我们曾有一年多分散在各地参加土改，认为是属于当地党委下工作之一员，未另向你及中央，作过报告；在今年五月以后我们回到中央，参加妇委工作，并决定由我负责，但又认为是在你及中央直接领导下工作的一个部门，工作报告可以从简。特别是我个人，看了中央子虞、寅有指示电[④]，当时重视不够，

① 选自《邓颖超书信选集》，中央文献出版社，2000年10月第1版，第62～69页。

② 中妇委，指中共中央妇女运动委员会。

③ 申哿电，指9月20日来电。

④ 子虞、寅有指示电，分别指中共中央1月7日和3月25日指示电。

在回妇委以后又未能迅速地密切联系到自己工作部门去执行，亦未督促各地向中央作妇女工作报告。而我只在国际活动（组织代表团及宣传工作）、准备妇工会议的两大中心工作上，向你及中央曾作了一些个别的、片断的，文字或口头的零星请示或报告，但从未自觉地把妇委全部工作向你及中央作过定期的、有系统的、综合性的正式书面报告，因而未能及时得到你及中央更多的指示，使工作受到损失，这一错误应由我负主要的责任。今后我应继续警惕，努力肃清自己尚存在着的非无产阶级的个人自由主义的思想，加强纪律性，提高对人民的责任性，首先从保证执行工作报告制度做起。

为了便于你及中央了解妇委工作的情况，给予指示，我们拟按妇委工作所辖的范围及内容以分地区（东北、华北、山东、西北、晋绥各解放区、蒋管区及国际活动），又分问题（生产、支前、土改、整党、城市、干部等）为中心与一般情况相结合的综合报告方法，并按分工由主管的同志写成初稿，经过妇委讨论后，再由我写成书面报告，在今后分别按期送交你。决定在今年十一、十二月向你作两个报告：（一）妇女工作会议的总结；（二）妇女参加生产问题。

二、建立妇委会议及集体领导与个人负责制的问题。

自今年五月妇委开始恢复工作时，即建立了妇委会议，截至九月半，妇工会议以前，计共开会议四十八次，其中十二次妇委会议（委员六人），三十六次是妇委扩大会议（包括了工作人员六——八人，共十二至十四人），约有二分之一弱的会议是属于政策性的问题，其余的是属于有关工作的各种问题（详请参阅附后统计资料），平均每月十次会。从会议的次数看，是相当频繁过多的。但其中大部分按妇委情况是必要的；小部分是因不善于组织而多开的。

因为第一，妇委的成员（委员六人，工作人员在七月前六人，后增至八人）大多数人是在一九四六年秋蔡畅[①]同志离延前后参加妇委工作的，但不久随延安疏散又近一年半的时期，分散在各解放区农村参加土改工作，至今年五月先后逐渐归还建制，加上有少数是新来的人员，才在一起开始共同工作，严格地说还是一个新班子。同志们在工作上不熟悉，相互间缺乏了解，特别是对于妇委的业务，若干重大问题上还缺乏共同的语言，多开些会议，更便于了解与熟悉工作，并逐渐提高到思想上一致的认识。

第二，妇委无论在政治上、组织上、工作上及过去经验积累的基础上都是比较薄弱的。

第三，适应国际活动与妇女工作会议两大中心工作的需要。

第四，为了建立集体领导，所以我们的会议开的多些，这在工作上是需要的。

但问题的所在是应开的会议，在时间上本可能与可以缩短的，反而往往拖得冗长，加上组织不善而增加的会议，遂造成会议频繁过多的现象。这由于：

第一，在会议的准备上不够，有若干较大问题，会前酝酿不够，会上讨论不充分；对于可能集中的意见有时又未集中起来，做出明确的结论。

第二，在会议的内容上，对问题的大小，政策性及技术性的问题，未加区别提出讨论，在会议的进行中组织性与严肃性不够。

① 蔡畅（1900—1990），原名蔡咸熙，湖南湘乡人，1923年加入中国共产党，时任中共中央妇女运动委员会书记，新中国成立后曾任全国妇联主席、名誉主席，全国人大常委会副委员长等职。

第三，在问题的争论上，对于一些技术问题和小事，每多费唇舌。在原则上、政策上的问题，有一些反没有能很好展开讨论，且常常发生枝节，引起争执，浪费时间精神，因而妨碍了集中讨论较大的或重大的问题，使问题不能得到较彻底明确的解决。这是由于我们理论水平低，又对下层工作了解差，特别是各人用自己的角度及方法以对待事物。这是我们会开得多，开得不好的基本原因。

第四，在我自己注意了建立集体领导，但又忽略了个人负责制相结合，虽然在主观上与客观上不无若干困难，主要是由于对建立集体领导与个人负责制，尚未能善于运用。

根据以上的情形，妇委虽建立了集体领导，但不健全，未能很好发挥集体力量。民主集中制虽已基本形成，但不完备，尚有若干缺点。因此，确妨碍了我们的工作效率。我们决定今后：

第一，规定妇委例会一月两次，建立集体办公制度，每周二次。

第二，凡关原则、政策、工作的重大问题，事先交换意见，然后提到会议上讨论，展开争论，最后把意见集中起来，作出明确决定。实行少数服从多数，个别不同意见可以保留。

第三，凡关工作个别问题以及行政、技术问题，由我与帅光同志或分别与分工主管有关同志共同商决。

第四，酌增必要工作人员数人，健全组织，再度调整分工。

第五，学习运用建立集体领导与个人负责制，两不偏废。

三、在过去五个多月，妇委的工作分别先后以国际活动派出代表团及召开妇女工作会议为两大中心工作，在工作上是有收获的。但由于组织机构不够健全，特别是在领导上工作上计划性与组织性很不够，又缺乏定时的检查总结，虽有分工，缺乏明确的贯彻性。妇委委员之间及对待用干部上，大家都具有不同程度的狭窄和急性，缺少宽大和耐心，又未能很好配合，发挥集体作用。

造成上述妇委工作的一切缺点，主要是由于我领导能力弱和我的主要缺点在思想上、工作上缺乏深刻性有关。

我们这次检讨会开得很好。大家都从思想上、工作上揭露自己的缺点，进行了批评与自我批评，相互间得到比较进一步的了解，更进一步加强了团结，感到增加了力量。我们在今后特别应加强理论的、政策的学习，多想大事，少计小事，保证执行决定的制度。在以准备全国妇女代表大会的工作为中心环节去改进妇委的全部工作，在目前首先完成妇女工作会议的各种文件。

请你与中央对我们的检讨和决定给以指示！尤望经常关切着妇女工作，多给指示和督促。

敬礼！

邓颖超

十月二十四日

这是1948年10月24日，时任中共中央妇委代理书记的邓颖超在西柏坡写给毛泽东的一封信。

1948年1月7日和3月25日，中共中央相继发布《关于建立报告制度》的党内指示和《关于建立报告制度的补充指示》，明确建立请示报告制度，彻底消灭分散主义、地方主义和无政府无纪律状态。毛泽东在1948年9月12日又专门为中央起草了《关于健全党委制》的决定，要求必须建立健全的党委会议制度，保证集体领导、防止个人包办。

按照要求，时任中共中央妇委代理书记的邓颖超于10月24日向毛泽东写信，作为向毛泽东和党中央作的第一次书面报告。这封信的内容主要有三个部分，第一部分是建立工作报告制度有关情况，第二部分是建立妇委会议及集体领导与个人负责制的问题，第三部分是总结妇委近期工作和下一步工作安排。

在建立工作报告制度上，邓颖超认为建立工作报告制度很重要，但是过去认识很不够，没有提高到政治的、组织的原则上，更没有与革命胜利发展的需要结合起来。过去一年多中，妇委成员分散在各地参加土改，认为是属于当地党委，没有另外向毛泽东和党中央作过报告，5月份回到中央后，又认为是毛泽东和党中央直接领导下的部门，工作报告可以从简。邓颖超说，特别是她自己，对于中央要求重视程度不够，从未自觉地把妇委全部工作向毛泽东和党中央作过定期的、有系统的、综合性的正式书面报告，今后要继续警惕，努力肃清非无产阶级的个人自由主义的思想，加强纪律性，提高对人民的责任性，首先从保证执行工作报告制度做起，11、12月份将向毛泽东和党中央作《妇女工作会议的总结》《妇女参加生产问题》两个报告。

在建立妇委会议及集体领导与个人负责制上，邓颖超进行了详细的汇报。

邓颖超首先介绍了妇委会议召开情况。从5月妇委开始恢复工作到9月中旬，一共召开会议四十八次，其中妇委会议十二次，妇委扩大会议三十六次，平均每月十次会。其中大部分是必要的，小部分是因不善于组织而多开的。

邓颖超接着介绍了召开会议的必要性：一是妇委成员在5月份才开始共同工作，是一个新班子，需要多开会便于了解与熟悉工作，并逐渐提高到思想上一致的认识；二是妇委无论在政治上、组织上、工作上及过去经验积累的基础上都是比较薄弱；三是适应国际活动与妇女工作会议两大中心工作的需要；四是为了建立集体领导。

邓颖超又对会议频繁过多进行了分析：一是会议的准备不够，有的问题会前酝酿不够会上讨论不充分；二是会议内容没有区别讨论，在会议的进行中组织性与严肃性不够；三是在问题的争论上，对于一些技术问题和小事多费唇舌，而一些原则上、政策上的问题反而没有能很好展开讨论，这主要因为理论水平低，又对下层工作了解差，特别是各人用自己的角度及方法以对待事物；四是注意了建立集体领导，但又忽略了与个人负责制相结合。

邓颖超接着提出改进措施：一是妇委例会一月两次，建立集体办公制度每周二次；二是凡关原则、政策、工作的重大问题，事先交换意见，然后提到会议上讨论，展开争论，最后把意见集中起来，作出明确决定，实行少数服从多数，个别不同意见可以保留；三是关于工作个别问题以及行政、技术问题，由邓颖超与帅光或分别与分工主管有关同志共同商议解决；四是酌情增加工作人员数人，健全组织，再次调整分工；五是学习运用建立集体领导与个人负责制，两不偏废。

邓颖超在信的最后对于妇委工作进行总结，并对下一步工作进行简单汇报。在过去五个多月，妇委两大中心工作是国际活动派出代表团和召开妇女工作会议，主要存在的缺点就是在领导上工作上计划性与组织性很不够，缺乏定时的检查总结，缺乏明确的贯彻性。在妇委委员之间和对待用干部上，缺少宽大和耐心，不能很好配合发挥集体作用。下一步要加强理论政策学习，多想大事，少计小事，保证执行决定的制度，以准备全国妇女代表大会的工作为中心环节去改进妇委的全部工作，目前首先完成妇女工作会议的各种文件。

从这封信中可以看出，邓颖超始终坚持党性原则，严守组织纪律，谦虚谨慎，为党和人民兢兢业业地工作。在收到邓颖超的来信后，毛泽东于10月25日作出批示：“邓颖超同志，已阅。即照您的意见办理。”

邓颖超致毛泽东、刘少奇、朱德、任弼时、周恩来[①]

（一九四九年一月七日）

毛、刘、朱、任、周：

关于成立全国民主妇联筹备会问题，有以下数事请示：

一、全国民主妇联筹备会必须于本月十五日以前成立，不可再迟。

二、全国妇联筹委以原解放区妇联筹委四十九人（原四十五人，现加东北、中原各二人）为基础，再增加国民党统治区民主妇女代表三分之一（十六七人）组成之。目前首先以原解放区妇联筹委常委蔡畅、邓颖超、康克清[②]、张琴秋[③]、区梦觉[④]、田秀

① 选自《邓颖超书信选集》，中央文献出版社，2000年10月第1版，第70～75页。

② 康克清（1911—1992），江西万安人，1931年加入中国共产党，时任中共中央妇女运动委员会委员、解放区战时儿童保育会代主任，新中国成立后曾任全国妇联主席、名誉主席，全国政协副主席等职。

③ 张琴秋（1904—1968），浙江桐乡人，1924年加入中国共产党，时任中共中央妇女运动委员会委员、全国妇联筹委会常委，新中国成立后曾任纺织工业部党组副书记、副部长等职。

④ 区梦觉（1906—1992），广东南海人，1926年加入中国共产党，时任中共中央妇女运动委员会委员、全国妇联筹委会秘书长，新中国成立后曾任中共广东省委书记、省委监察委员会书记等职。

娟[1]、康若愚[2]、罗琼[3]、白茜[4]、赵烽[5]、孙文淑[6]、孙以瑾[7]、吴仲廉[8]等十三人，加上已到及将到解放区之国民党统治区的妇女团体代表李德全[9]、许广平[10]、曹孟君[11]、汤桂芬（上海女工代

---

① 田秀娟（1917—2006），河北完县（今顺平县）人，1938年加入中国共产党，时任中共中央妇女运动委员会委员、中共华北局妇委副书记，新中国成立后曾任全国妇联组织部副部长等职。

② 康若愚，康有为的侄女，时任解放区妇联筹委会常委。

③ 罗琼（1911—2006），江苏江阴人，1938年加入中国共产党，时任中共中央妇女运动委员会委员、解放区妇联筹委会副主任，新中国成立后曾任全国妇联副主席等职。

④ 白茜（1918—1999），陕西清涧人，1934年加入中国共产党，时任中共中央妇女运动委员会委员、中共西北局妇委副书记、解放区妇联筹委会副主任，新中国成立后曾任西北局妇委副书记等职。

⑤ 赵烽（1918—1990），河南开封人，1938年加入中国共产党，时任中共中央妇女运动委员会委员、陕甘宁边区妇联副主任，新中国成立后曾任全国妇联书记处书记兼城市工作部部长等职。

⑥ 孙文淑（1910—1994），北京人，1937年加入中国共产党，时任中共中央妇女运动委员会委员、中共冀西民训处妇女儿童教育部副部长，新中国成立后曾任教育部部长助理等职。

⑦ 孙以谨（1912—1999），安徽寿县人，1938年加入中国共产党，时任中共中央东北局妇委秘书长，新中国成立后曾任南宁市委书记等职。

⑧ 吴仲廉（1908—1967），湖南宜章人，1927年加入中国共产党，时任中共中央辽东分局妇委书记，新中国成立后曾任浙江省高级人民法院院长等职。

⑨ 李德全（1896—1972），河北通州（今北京市通州区）人，冯玉祥的夫人，1958年加入中国共产党，时任中国妇女联谊会主席，新中国成立后曾任中央人民政府卫生部部长、全国政协副主席等职。

⑩ 许广平（1898—1968），广东番禺人，鲁迅的夫人，1961年加入中国共产党，时任上海妇女联谊会主席，新中国成立后曾任全国妇联副主席等职。

⑪ 曹孟君（1904—1967），湖南长沙人，1925年加入中国共产党，时任中国妇女联谊会常务理事，新中国成立后曾任全国妇联书记处书记等职。

表），张毓芬（上海女学生代表、上海学团联负责人之一）沈兹九[①]、杨刚[②]、周颖[③]、刘清扬[④]、张曼筠（昆明妇女联谊会负责人之一，李公朴妻）、杨蕴（《四川妇女》编者）及已准备来解放区的史良、杨美真（中华妇女节制会选出的，章乃器妻）、龚普生[⑤]（女青年会）等，十四人中之李德全、许广平、汤桂芬、张毓芬、沈兹九、史良[⑥]、周颖等七人为常委，组成全国民主妇联筹委常委会。再加上在此间原解放区妇联常委八人共十五人，已超过全体常委半数，达到开会的法定人数，即可开成立会。常委中尚未到此者，则由筹委临时递补出席。

三、全国民主妇联筹委的分工，除筹委外，尚吸收非筹委的必要人员参加。具体分工拟如下：

（一）主任蔡畅，副主任李德全、邓颖超。蔡未到职前由邓代理。

（二）成立重要文件起草委员会，由蔡畅（做国际妇运报告），

① 沈兹九（1898—1989），浙江德清人，1939年加入中国共产党，时任《风下》周刊、《南侨日报》编辑，新中国成立后曾任全国妇联宣传教育部部长等职。

② 杨刚（1905—1957），湖北沔阳人，1928年加入中国共产党，时任天津《进步日报》副总编辑，新中国成立后曾任中宣部国际宣传处处长、《人民日报》副总编辑等职。

③ 周颖（1909—1991），河北南宫人，时任香港九龙妇女联谊会主席，新中国成立后曾任民革中央组织部副部长、民革中央监委会副主席等职。

④ 刘清扬（1894—1977），天津人，1921年加入中国共产党，时任中国民主同盟中央执委兼妇委主任，新中国成立后曾任全国妇联副主席、中国红十字会副会长等职。

⑤ 龚普生（1913—2007），安徽合肥人，1938年加入中国共产党，当时从事国际统战工作，新中国成立后曾任中国红十字会副会长、中国联合国协会副会长等职。

⑥ 史良（1900—1985），江苏常州人，时任中国民主同盟华东执行部负责人之一，新中国成立后曾任司法部部长、全国政协副主席、全国人大常委会副委员长、中国民主同盟中央主席等职。

邓颖超（做目前形势与妇运总方针任务报告），李德全（做副报告——国民党统治区妇女运动），赵烽（起草决议），许广平（起草宣言），张毓芬、史良、帅光、曹孟君、赵茹知等人组织之。由邓负责。

（三）全国妇联章程起草委员会由沈兹九、杨之华[①]、周颖、李培之[②]、康克清、刘清扬、罗琼、白茵、邓戈名等人组织之。以沈负责。

（四）宣传委员会由罗琼、沈兹九、杨刚、张曼筠、杨蕴等人组织之。以罗负责。

（五）秘书长：张琴秋，副孙文淑、曾宪植[③]。

（六）其他筹备委员，待其到达后分别加入各委员会，或按工作需要，分配担任其他工作。

四、国民党统治区妇女代表产生的办法：

（一）由有组织的女工，农村劳动妇女，女学生，民主妇女团体推选之。

（二）因时间或环境困难，无法推选者，可由筹委会推选能代表各有关团体之人物为代表（李德全等提议，我们同意）。规定每一单位代表名额为一至五人（李德全等提二至六人，我们原则同意加以修改）。按李等所提出之十二团体计，最低为十二人，最高为六十人。

---

① 杨之华（1901—1973），浙江萧山人，瞿秋白的夫人，1924年加入中国共产党，时任中共中央妇女运动委员会委员，新中国成立后曾任全国妇联副主席等职。

② 李培之（1904—1994），河北龙关（今赤城）人，王若飞的夫人，1924年加入中国共产党，时任中共中央妇女运动委员会委员、华北大学教务主任，新中国成立后曾任中国人民大学副校长等职。

③ 曾宪植（1910—1989），湖南湘乡人，1928年加入中国共产党，时任邓颖超的秘书，新中国成立后曾任全国妇联副秘书长等职。

（三）增设有代表性的各界民主妇女个人，如女记者、女医生、女律师、女作家等参加为代表（李德全等提议，我们原则同意，加以限制）但只能占少数，其名额可占代表总名额三百五十人左右之百分之三至五。

解放区妇女代表选出方法，前已规定发出通知，兹不赘。

以上数事，请速示复。以便据以分别与已到此间国民党区的民主妇女代表面商及现在东北者电商，俾能如期召开全国民主妇联筹委成立会。

敬礼！

邓颖超

一月七日

这是1949年1月7日，时任中共中央妇委代理书记的邓颖超就成立全国民主妇联筹备会问题在西柏坡写给毛泽东、刘少奇、朱德、任弼时、周恩来的信。

1948年，全国解放在即，中共中央于9月在西柏坡召开政治局会议，明确在1949年上半年召开全国妇女代表大会，并成立全国民主妇女联合会。同月，中共中央在西柏坡召开妇女工作会议，指出各级党委要贯彻全党做妇女工作的方针，加强对妇女工作的领导。为领导和推动妇女工作、团结服务妇女群众，应建立单独的妇女群众组织，并成立妇女代表会议。12月，中共中央发出通知，要求各级党委迅速进行召开全国妇女代表大会、成立全国民主妇女联合会的准备工作。

为保证全国妇女代表大会按时召开，邓颖超围绕成立全国民主妇联筹备会中的四个重要事项向五大书记请示。

首先是筹备会成立时间问题。由于时间过于紧张，邓颖超建议全国民主妇联筹备会必须于1949年1月15日以前成立，不可再迟。

其次是筹备会人员组成问题。邓颖超建议全国妇联筹委由原解放区妇联筹委四十九人和国民党统治区民主妇女代表十六或十七人组成。目前以原解放区妇联筹委常委蔡畅、邓颖超、康克清等十三人和国民党统治区妇女代表李德全、许广平等七人为常委，组成全国民主妇联筹委常委会。目前有十五位常委能够参加筹备会，已经超过全体常委半数，达到开会的法定人数，即可开成立会。如果出现常委未到的情况，则由筹委临时递补出席。

接着是全国妇联筹委的分工。主任蔡畅，副主任李德全、邓颖超，蔡畅未到职前由邓颖超代理。成立重要文件起草委员会，由邓颖超负责。成立全国妇联章程起草委员会，由沈兹九负责。成立宣传委员会，由罗琼负责。秘书长为张琴秋，副秘书长为孙文淑、曾宪植。其他没有分工的筹备委员在到达之后加入各委员会，或者按照工作需要，分配担任其他工作。

最后是明确国民党统治区妇女代表产生的办法：一是由有组织的女工、农村劳动妇女、女学生、民主妇女团体推选；二是因为时间或环境困难无法推选时，由筹委会推选，每个单位代表名额为一至五人，十二个团体总共为十二至六十人；三是增设有代表性的各界民主妇女个人，其名额可占总名额的3%至5%。

在收到邓颖超的来信后，五大书记同意其请示。经过数天的紧张准备，全国民主妇联筹备会于1949年1月12日成立，同日召开了该会常务委员会的第一次会议，明确全国妇联筹委七十三人，常委二十一人，全国妇女代表大会代表名额为三百六十名。会议还对全国妇女代表大会的方针任务和议事日程、大会的时间和地点以及各地应进行的准备工作、代表选举方法等作出决定。筹委会就此开始了严肃紧张的工作。

邓颖超致管易文[1]

（一九四九年三月十二日）

易文同志：

你托汉夫[2]同志及翦老[3]带来的两信均阅悉，惟以忙未复，想能见谅。

你在山东的工作，经过你处的党外民主人士及党内同志们均曾称赞，望你继续努力。我日内即将赶赴北平准备全国妇代大会工作，隔三十年又回到平津工作，但已换了人民的世纪了。我不仅满怀兴奋，亦要倍加奋勉工作，你和翔宇[4]在抗战初期曾在武汉一晤，而你和我却一别三十年未晤，附上半年前照片一张，聊代晤面，想相遇时不致不相识也。匆匆。

敬礼！

邓颖超

三月十二日

---

① 选自《邓颖超书信选集》，中央文献出版社，2000年10月第1版，第76～77页。管易文（1896—1995），广东廉江人，1939年加入中国共产党，当时在山东华东军区联络处工作，新中国成立后曾任上海市人民政府办公厅副主任等职。

② 汉夫，即章汉夫（1905—1972），江苏武进人，1927年加入中国共产党，时任天津市军管会委员、外事研究组组长，新中国成立后曾任外交部常务副部长等职。

③ 翦老，即翦伯赞（1898—1968），湖南桃源人，1937年加入中国共产党，时任《中苏文化》副主编、香港达德学院教授，新中国成立后曾任中央人民政府政务院文化教育委员会委员、中央民族事务委员会委员等职。

④ 翔宇，即周恩来。

这是1949年3月12日，时任中共中央妇委代理书记的邓颖超在西柏坡写给当时在山东华东军区联络处工作的老朋友管易文的回信。

管易文与周恩来、邓颖超夫妇是老朋友，早在五四运动时期就一起并肩战斗过。管易文原名关锡斌，1896年8月出生于广东省廉江县（今廉江市），1917年考入天津直隶第一师范学校学习，开始接受革命的民主主义思想。1919年，管易文和邓颖超等一起组织天津学生联合会，举行罢课游行并参加赴京请愿团，遭到反动军阀政府的逮捕。在周恩来等人的营救下，管易文于9月出狱，随后参加了周恩来组织的觉悟社。在觉悟社中为了保密需要，每个人都不能用原来名字，而是抽一个号码并用谐音来当作化名。邓颖超抽的是1号，便用“逸豪”作为别名。周恩来抽的5号，就用“伍豪”作为党内代号。管易文是18号，别名为“石霸”。

为了寻求救国之道，管易文与周恩来到法国留学。在法国，周恩来对管易文很关心，曾语重心长地对管易文说：“你太过于感情化，要改造中国是不能这样的。”在辗转赴美国继续勤工俭学后，管易文于1926年回国到南开大学从事学生工作，之后相继在广州、柳州、青岛从事宣传抗日活动。七七事变后，管易文参加了中国共产党领导的爱国抗日活动和地下情报工作，并于1939年加入中国共产党。抗战胜利后，管易文在山东华东军区联络处工作，与国内外爱国民主人士广交朋友，宣传党的方针。

邓颖超在回信中首先表示管易文托章汉夫和翦伯赞带来的两封信已经收到，但是因为工作忙没有及时回复，向管易文致歉。

邓颖超接着对管易文的工作表示肯定，表示联络处的党外民主人士及党内同志们都称赞管易文的工作，希望他以后能够继续努力。邓颖超还介绍了自己的工作情况，很快就要去北平准备全国妇女代表大会相关事宜，并感慨时隔三十年又回到平津工作，已经换成了人民当家作主的时代，自己不仅是满怀兴奋，更要加倍努力工作。

在回信的最后，邓颖超感慨周恩来与管易文还在抗战初期在武汉见面，而自己与老朋友已经三十年未见。为了防止再次见面不能相认，邓颖超在信中还附了一张半年前的照片。

就在这封信写后不久，邓颖超和管易文这对老友终于在护送宋庆龄北上的时候再次见面。这段跨越时空的深厚革命情谊，展示着中国共产党人团结一心、奋勇向前的精神气质。

曾三致杨尚昆[1]

（一九四九年三月二十八日）

杨主任：

昨天（二十七）我们开了转移委员会，总结了一下第一次分配车的情况，讨论了人员处理办法、房子处理办法，及其他事务。兹择要报告如下：

一、第一次分配汽车，共计九十九辆。加上钱亦民同志送总政的一辆，共一百辆。由二十三日下午七时到二十六日上午九时才搞完。中机两次十一辆车，运材料物资二万一千斤，走人三百二十六名，最节省。有的车装的太轻，如李金德同志的二十辆（外加预备车一辆）及总政的二辆（只走了十五人，只运了二千斤东西）。其次是来车太多，车大路狭，运动困难，加上汽车不是整连整排，而是各部门凑合起来的，分配起来不容易，所以耽误时间很多。这边的路，晚上开大卡车是不好的，廖社长为了赶路，夜行车，不但全体人员疲劳，还跌伤了三位同志。再次是路线（经洪子店、石门北上）不很稳妥，路不好走又绕得太远。下次有汽车，决定不走夜路，两天走不到走三天。走灵寿、正定这条线，这是供给部的车，常走的一条线。我们是两个计划，一汽车、二火车。把最好希望放在汽车上；把最大可能放在火车上。但坐火车也须有一部汽车，运石门（老弱妇孺）。

[1] 选自《西柏坡档案》（第三卷），中国档案出版社，2012年3月第1版，第1367～1368页。

二、结束工作中，我们感到房子最难处理，因为我们新修与修补不少房子，如简单移交政府或直接交还房东或地东，会引起群众不满；即借用群众（有的是地富）的院子，亦须由政府处理，因为不一定仍归其本人居住；而要帮助政府处理妥当，颇为费力。我们决定，一定不要直接交还房东或地东，只能交给政府处理；也一定要协同政府处理妥当方能离开。有个别地方同志主张我们交给村上慢慢处理，我们认为不妥，怕他们会拖得很久，引起群众对我们不满。我们和专署及西县府派来的同志商定了五条“处理房子办法”作为建议，如专署批准即按照该办法执行。我们另发出通知第二号，责成“结束工作组”照办，结束工作组的任务有三：处理房子，处理家具，检查纪律与保密工作。今天开会，大家认为这些办法必须向群众讲清楚，防止他们胡乱跑来捡东西，致坏人乘机破坏门窗窃取物件。兹将两个文件寄上，请审阅并指示。

三、关于人员处理，我们发现有的机关很松，或者年轻力壮的也批准退职，或者把老同志送走了，对其生活又没什么保障，恐发生不良影响。昨天转移委员通过了六条办法，精神是（一）对少壮者，一般不批准退职。（二）对老弱者，不轻易允许退职，必须妥为照顾。（三）对要求回地方工作者，给以限制。这七条（通知第一号）是否有当，亦请指示。

四、检查保密工作，发现了一些问题，除今天在会议上强调必须动员每个同志参加检查并须首长负责检查外，还决定由方志纯及肖高同志分区召集会议讨论一下。

五、在检查保密工作中发现交通科把去年五月应寄出去的“业务一览”（新华社出版）三卷，压在炕洞里，未送出去。这个文件是在××同志住过的炕上一个洞里发现的，这个炕后来×××住了很久，走时也未发现，交通科以前没有制度，害死人！（以后有了收发登记制度）我也应该负责，将来到平后再详报，请处分。

敬礼

曾三

三月二十八晚

这是1949年3月28日，时任中共中央秘书处处长的曾三在西柏坡写给时任中共中央办公厅主任杨尚昆的信。

1949年1月政治局会议后，中共中央开始筹备从西柏坡迁往北平事宜。为了做好从农村搬到大城市这样一项重大转移工作，1949年2月初，中共中央专门成立了中央转移委员会。周恩来任总指挥，全权负责进驻北平的行动；任弼时协助进行统筹安排，杨尚昆具体负责。成员由杨尚昆、曾三以及中组部、统战部、中央军委的有关领导组成，统一负责撤离和迁移过程中的各项事宜。2月25日，中共中央发出《机关、部队转移前后应该遵循的事项》，详细规定了转移过程中应遵守的纪律，共三个大项八十二个小项。入城守则明确提出“四不、五要、三讲究”。“四不”即不乱讲话、乱吃东西，不乱跑，不乱动手，不乱收人。“五要”即要认清环境，分清敌友，提高警惕；要爱护公共物资，遵守公共纪律；要保持艰苦奋斗的作风；要向工人与劳动人民学习；要切实执行共产党关于党、政、军的各项政策法令。“三讲究”即讲究礼貌、讲究正派、讲究整洁。经过充分的准备，3月23日，中共中央及解放军总部的人员在严密的组织下，离开西柏坡前往北平。

3月27日，中央转移委员会召开会议，对车辆分配、人员处理、房子处理等事务进行安排。曾三就会议内容向杨尚昆进行详细报告。

曾三首先总结了第一次车辆分配的情况。参与转移的汽车有一百辆，从23日下午7点到26日上午9点才运输完毕。遇到的问题包括有的车辆装得太轻、车多车大路窄导致行进困难、车辆来源复杂分配耽误时间、夜晚行车过于危险、现有路线不稳妥等。曾三建议下次转移时候不走夜路，路线改为走灵寿、正定这条线。同时有汽车和火车两个计划，把最好希望放在汽车上，把最大可能放在火车上。

曾三接着汇报了转移过程中的房子处理办法。在转移工作中，最难处理的问题就是房子的交接。中央机关使用的房屋主要来源是借用、修补和新修。修补与新修的房子，如果简单移交地方政府或直接交还房东或地东，将会引起群众的不满。而借用群众的院子，因为不一定归其本人居住，就须由地方政府处理。在转移委员会和华北解放区四专署及平山、建屏县政府人员仔细商议后，商定了五条处理房子办法。另外，明确结束工作组的三个任务，处理房子、处理家具、检查纪律与保密工作。此外，这些办法必须向群众讲清楚，防止他们胡乱跑来捡东西，导致坏人乘机破坏门窗窃取物件。

曾三接着汇报了人员处理办法。有的机关对于人员管理很松，有的批准年轻力壮的干部退职，有的把老同志送走却没有给予生活保障。转移委员会通过了六条办法，其核心就是年轻力壮的干部一般不批准退职、老弱干部不轻易允许退职必须稳妥照顾、要求回地方工作的干部要给予限制。

曾三接着汇报了保密工作。在检查保密工作时发现了一些问题，除了在会议中强调必须动员每个同志参加检查并须首长负责检查外，还决定之后由负责安全保卫的方志纯和肖高就保密问题分区召集会议讨论。

曾三最后汇报了文件遗漏情况。在检查保密工作中发现交通科把1948年5月应寄出去的新华社出版《业务一览》三卷，压在炕洞里没有送出去。这个文件是在一位同志住过的炕上一个洞里发现的，这个炕后来另一位同志住了很久，走时也未发现，根本在于交通科以前没有收发登记制度。曾三检讨自己要负责，将来到北平后再详细汇报请求处分。

踏上赶考路，中共中央在处理房子家具等转移工作中首先考虑的是把群众的利益放在第一位，这是共产党人对优秀传统的继承。

李德光烈士致妻子[①]

（一九四七年三月二十八日）

爱妻如见：

前上之信料均收到，因狱中写信不便，且我又受封闭探望待遇，故更难与外间通消息。现下营救情形，想福妹已详告。总之是次不幸，系出意外。我虽全无证据，但受别人带枪及信件所牵累，枉苦难言。我的心境早已屡信告及。你在外千祈珍重，节哀待变，好好抚育宝宝[②]！

目前我还有一线希望（至同时在茶寮被捕之人，则有物证，当将绝望了），固虽受牵累，但不相识又无证。你应即最恶劣情形打算，善处自己，一切有家庭、有朋友帮助，不必担心。你须知善处自己即是爱我，使我无后顾之忧，而钟爱自己前途，我亦安心了。你聪明，当然会一切达观的。

我担心的还有经手生意多[③]，此次入狱，一切影响而有亏损，望各东家速注意收拾[④]。

---

① 选自《革命烈士书信续编》，中国青年出版社，1983年6月第1版，第205～206页。李德光（1918—1947），广东台山人，1938年加入中国共产党；1947年3月16日，当他在中共华南分局接受了“台山人民游击队政委”的任命回来时，途中与敌人遭遇，不幸被捕，在狱中受尽严刑拷打、威逼利诱，始终坚贞不屈，4月6日晚上牺牲于狱中，时年二十九岁。

② 宝宝，李德光的女儿。

③ 生意多，指他负责的革命工作。

④ 望各东家速注意收拾，暗示共产党各联络点的同志迅速转移、隐蔽。

你与宝宝身体应要注意保重，看医吃药，不要省钱。须知弄不好这，就是对不起我，没有钱时与家里商量。

我仍很好，每天大便畅通，胃不痛，很开胃，整天想吃东西呢。你也应该好好呀！千万不准你伤心，更不许你哭！

握手

附上草章请转股东清理

昭爸①

三月廿八晨

这是1947年3月28日，时任台山人民游击队政委的李德光被捕后在台山监狱写给妻子的信。

1947年，李德光被中共华南分局任命为台山人民游击队政委，领导台山地区的革命工作。3月16日，李德光在接受任命返回台山途中，与敌人遭遇被捕。被捕后的李德光受尽严刑拷打、威逼利诱，但心中还担心着党组织的安危，挂念着母亲妻子孩子。在狱中，李德光先后写了四封信。

党组织的安危是李德光考虑最多的问题。由于担心信的内容会被敌人查验，李德光先后三次在信中用暗语提到保护党组织。在3月26日给妻子的信中，他提到“请告陆小姐的先生，他们嘱办的事因意外全搁下，要他们速另设法善后才好”，暗示回台山前华南分局布置的工作任务，因为自己被捕而没有能够完成，提醒党组织设法善后。在3月28日给妻子的信中，他再次提到“我担心的还有经手生意多，此次入狱，一切影响而有亏损，望各东家速注意收拾”，即暗示各联络点的同志迅速转移、隐蔽。在4月3日给妻子的信中，他再次提到“我的生意大概也已设法收拾了吧”，并写“听说他的（短仔）日记本上有许多邮址，也许将来还会牵累许多人”，暗示敌人可能有同志们的地址，提醒他们赶紧转移。

① 昭爸，李德光的自称。

妻子和女儿是李德光心中最大的牵挂。在3月24日写给亲友的信中，李德光已经知道自己活的希望很小，希望亲友们好好帮忙关照女儿，抚养女儿长大成人。在他的心中，女儿乖巧聪明，将来长大成人之后，必然是有用的人。在3月26日给妻子的信中，李德光劝慰妻子一定要珍重自己，不要悲哀，不要弄坏了自己的身体。在3月28日给妻子的信中，李德光再次劝慰妻子和女儿要注意保重身体，看病吃药不要省钱。他还用每天大便畅通、胃不痛很开胃、整天想吃东西的话让妻子宽心，并用温柔的口气告诉妻子不准伤心更不许哭。在4月3日给妻子的最后一封信中，李德光并不知道自己即将被杀害，还在劝慰妻子在生活上不要节衣缩食，和女儿维持之前的生活水平，这才能够让自己安心，并写上“余后再详”。而这也是李德光留给妻子和女儿的最后一句话。

被抓后的李德光，心中仍然保持着对光明的向往和对未来的坚定。面对着敌人的严刑拷打，李德光只是淡淡地表示“尝到了过去只是口述和文字上得来的滋味，这种体验极其珍贵”。他劝慰妻子如果有人小看我们，只要装聋装傻好了，将来总会真相大白。在3月24日给亲友的信中，李德光用一句“春天已到，最后的寒流已过”来表达自己对于未来的向往，而那句“今天太阳已出，我想春暖的日子快到了”更是表达了一位坚定的共产党人对于必将胜利的坚定决心。

1947年4月6日晚上，二十九岁的李德光永远离开了妻子和女儿，牺牲于狱中。而他对于共产主义事业的坚定信仰、对家人亲友的醇厚亲情，永远留存在历史的长河中，激励着后来人奋力前行。

许柏龄烈士的两封信[1]

（一九四七年三月三十一日）

总支委员会同志们：

为了保卫人民，保卫党中央，保卫毛主席、朱总司令，消灭地主及蒋贼进犯军，我以流鲜血拚性命的决心，完成党给我的任务。我希望党审查我的行动，看我具备了这样决心没有？在战斗中是否表示了我有最高的党性？是否够人民的、毛主席、朱总司令、党中央的忠实可靠的警卫员和一个最好的战士？假使我在战斗中流血牺牲了，也是愉快的。我够得上一个好的警卫员，好的战士时，请即写："人民的，毛主席的，党中央的警卫员，共产党员许柏龄之墓"，插于墓前，虽死亦身心愉快……希望党负责将我的家信转给我的妈妈。我是河北饶阳县许张保村人，告诉他们我光荣牺牲了，为了党，为了人民，为了毛主席，请他们努力继续我的事业。

妈妈：

你别难过，你是光荣的，因为你有这样一个对人民忠实的儿子。妈妈：大哥、二哥、三哥，都参加了革命，这是妈妈的光荣，

① 选自《革命烈士书信》，中国青年出版社出版，1979年12月第1版，第185～186页。许柏龄（1918—1947），河北饶阳人，卢沟桥事变后，许柏龄参加了吕正操领导的抗日纵队，先后担任指导员和文化教员，并于1938年加入了中国共产党；后随军西征，1943年到达延安，在三五八旅骑兵营任政治教导员和总支书记；1947年，在攻打三岔湾的战斗中英勇牺牲，时年二十九岁。

妈妈是革命的母亲。告诉他们，他的弟弟为人民光荣的牺牲了，希望他们继续努力！

祝妈妈

健康

儿 柏龄

一九四七年三月三一日夜于子长

这是1947年3月31日，曾任三五八旅骑兵营政治教导员和总支书记的许柏龄在攻打三岔湾前写给党总支委员会和母亲的两封信。

1937年七七事变后，吕正操带领东北军六九一团改编为人民抗日自卫军挥师冀中抗日，并于1938年5月和河北游击军合编为八路军第三纵队。二十岁的许柏龄参加了吕正操领导的抗日纵队，并在队伍中先后担任指导员和文化教员。由于表现优异，他在1938年正式加入中国共产党，之后跟随部队西征，于1943年抵达延安，在三五八旅骑兵营任政治教导员和总支书记。在解放战争开始后，许柏龄跟随部队参加了多次战斗，而即将开始的攻打三岔湾，却是他的最后一次战斗。

在写给党总支委员会的信中，许柏龄首先表达了自己坚定完成任务的决心——参加战斗就是要保卫人民，保卫党中央，保卫毛主席、朱总司令，消灭地主及蒋介石进犯部队；要以流鲜血拼性命的决心，完成党给的任务。

许柏龄接着希望党审查自己的行动。看看自己是不是有这样的决心，在战斗中是不是展示了自己最高的党性，自己是不是人民的、毛主席、朱总司令、党中央的忠实可靠的警卫员和一个最好的战士。就算自己在战斗中流血牺牲了，那也是愉快的。

许柏龄最后对自己牺牲后的事情进行了安排。如果自己够得上一个好的警卫员、好的战士的标准，希望自己的墓碑上写上“人民的、毛主席的、党中央的警卫员，共产党员许柏龄之墓”，虽然牺牲了也身心愉快。

许柏龄希望将家信转给妈妈，告诉家人们自己已经光荣牺牲，但是为了党、为了人民、为了毛主席，请他们努力继续自己的事业。

在写给母亲的家信中，许柏龄只写了三句话。第一句话是劝慰妈妈不要伤心，妈妈是光荣的，因为有自己这样一个对人民忠实的儿子。第二句话是称赞妈妈是革命的母亲。自己的大哥、二哥、三哥都参加了革命，这是妈妈的光荣。第三句话是希望兄长们为革命继续努力。自己已经为了人民光荣地牺牲了，请兄长们努力继续自己的事业。

在写完这两封信后不久，许柏龄在攻打三岔湾的战斗中英勇牺牲，年仅二十九岁。许柏龄们拼死一战、视死如归的心志，百折不挠、坚韧不拔的必胜信念，将永远在历史的长河中熠熠生辉。

许晓轩烈士致妻子①

（一九四七年四月十五日）

华②：

七年了！从二十九年清明节，我们抱着馨儿在屋后面小山坐着，看到德华走失了路，哭着由警察伴了回家，——从那时到现在，七年都过了一两个月了吧。七年是很长的一段时间，那么你受苦的时间也很长了。我实在对你不起，让你苦痛了这样久，而就是现在，我还是没有办法来安慰你，除掉说我还活着之外，还有什么可说的呢。还有就是我心里很不安。如此而已。不是想不出话说，而是无法说出实在可靠，可以兑现的话来安慰你啊。

七年，我当然也很不好易容（很不容易）度过，可是我的苦只是外形的，偶然的，有时伤一两天脑经（筋），也就完了。并且我自己清楚苦的来源，因此我想得开，也不会失望和悲观。在你情形完全不同，我可以想得出，你是长时间沉在苦恼里的。就像我只有暂的苦恼一样，你这几年当中，怕也只有过暂愉快，或者只有过暂的离开苦痛吧？

几年来，我闲着无聊时，常常拿回想过去旧事作消遣。在回想里，当然也有我们过去的生活，每次想到我们在会府住着的一

① 选自中国共产党新闻网《一封感人肺腑的烈士遗信》。许晓轩（1916—1949），江苏江都（今江都镇）人，1938年5月加入中国共产党；1939年春，许晓轩担任中共川东特委青委宣传部部长，从事抗日反蒋工作，由于被叛徒告密而被捕，1949年11月27日被国民党杀害于歌乐山，时年三十三岁。许晓轩是长篇小说《红岩》中许云峰、齐晓轩等人物形象的原型。

② 华，即姜绮华，许晓轩的爱人。

段生活，我就记起自己的过错了。（实在应该说是“认清了”的，因为那时候我并没有想到有什么不对的。）那时你让我帮助你读书，而我总是马马虎虎的拖着，结果是打断了你的兴头，你也就松了下来了。其余想的还很多，此地没法细讲的。

有时我也想到将来，有时更乱想一顿，像做梦一样，想到如果我永远不能回家，家里是怎样的情形。我想到馨儿长大了，她长得很结实，比你我都强。她读我读过的书，做我做过的事，并且相当能干，一切不落人后。我更想到，你在什么地方做一点小事，并且还有一位比我好的人在帮助你，你过着很好的生活。想着，这样想着，我心里舒畅得多，好像肩膀上的一块重石头放下了，也好像丢掉了人家一样重要东西又找回来了一样。请你不要怪我胡思乱想，我这样想确实一点没有坏心，不过这样想着顽（玩）罢了。前面我已说过，这就像做梦一样，梦醒之后，一切又都是原样了。至于说我为什么要告诉你这些梦话，那不过是顺便提起，让你晓得我曾经做过这些梦而已。并且我早迟说不定要回来吧，回来之后把这当着笑话谈也是好的。

最后我还要请你少记挂我，多关心孩子，把希望多放在孩子身上，她在面前，是可靠的。少把希望放在我身上吧，因为我是身不由己的人。说起来似乎是办不到的事，但请你练习起来，日子久了，会慢慢习惯起来的。

还要申明一句，如果有机会，我决定要回来的。虽然我这一辈子大概免不了在外边奔波，但回一趟家是一定无疑的，并且如果你愿意又不怕劳苦，而且机会又许可的话，那我们一同到外边走走也不错啊。说着说着，又扯远了，远了的事，世界上没有神仙，谁料得定呢。那么还是上面的话：多关心孩子，少记挂我吧！

安

四月十五

这是1947年4月15日，时任中共川东特委青委宣传部部长的许晓轩被关押在重庆白公馆时写给妻子姜绮华的一封信。

许晓轩和姜绮华都是江苏江都人。1935年，十九岁的许晓轩和十八岁的姜绮华按照中国传统的婚姻方式而结合。结婚之前，他们虽未谋面，但婚后却是惺惺相惜、恩爱有加，过着简单幸福的生活。1938年初，在无锡工益铁工厂当会计的许晓轩随工厂内迁到大后方重庆，随后加入了中国共产党领导下的进步团体重庆青年职业互助会，并积极参加抗日救亡活动，很快便成为互助会的核心成员之一。1938年5月，许晓轩加入了中国共产党，先后担任中共川东特委青委委员、重庆新市区区委委员。1940年4月，他去位于大溪沟的二十一兵工厂开会时，因叛徒出卖而被秘密逮捕，关押进重庆望龙门看守所。他被逮捕时，与姜绮华结婚仅仅六年，女儿许德馨出生刚刚八个月。

当姜绮华得知丈夫被捕的消息后，精神几近崩溃。悲痛之下，她患上了严重的肺病，卧床整整三年。三年里，她在生活上和精神上都承受着巨大的压力，但她没有倒下，不仅是因为她那可爱女儿的支撑，更是因为她期待奇迹能发生，希望丈夫有一天能平安回来。许晓轩被逮捕之初，夫妻两人还可以通过某种渠道书信来往，但随着1941年许晓轩被转押至贵州息烽监狱后，两人的通信就中断了。1946年7月，贵州息烽监狱撤销，他被转往重庆，先后关押在渣滓洞、白公馆。

多年的监禁生活，不仅没有消除许晓轩对家人的思念，反而使这种思念之情更加浓烈。有一次，许晓轩被押到外面做苦工，看到满山挺拔的松树随风摇摆，他脑海里顿时浮现出七年前的清明节和爱妻、女儿在屋后的山坡上散步的温馨画面，心里不由得感慨万千。做完工回到白公馆看守所，他将思念之情付诸笔尖，给妻子姜绮华写了一封信，并设法托人将信带出。

在信中，许晓轩并没有用正气凛然、大气磅礴的辞藻和妻子讲革命道理、谈人生理想，而是用温情的言语，表达了对妻儿的愧疚和无限思念，对女儿未来的殷切希望，对革命胜利的坚定决心。

对妻子，许晓轩心中满是愧疚与思念。七年时间不能与妻儿见面，许晓轩满怀愧疚表示实在对不起妻子，让她苦痛了这么久。但是他除了说出自己还活着之外，已经没有什么可说，不是不想说安慰的话，而是不知道说出什么可靠的话、可兑现的诺言才能安慰妻子。许晓轩对妻儿的思念从未有所变化，常常想起一家人在一起的美好日子，每次回想起的时候总是记住妻子的好和自己的过错。许晓轩还说梦中希望能有比自己更好的人帮助妻子，让她过着很好的生活，但是最终还是盼望自己能回来，与妻儿团聚以解相思之情。

对女儿，许晓轩心中满是希望。想到女儿长大后的样子，他希望她长得很结实，比自己和妻子都强；希望女儿读自己读过的书，做自己做过的事，做个能干有用的人，一切都不落人后；希望妻子少记挂自己，多关心孩子，把希望多放在孩子身上，孩子是可靠的。

对未来，许晓轩始终坚定，自己如果有机会，一定是要回来的。如果能出来，自己肯定免不了在外边奔波，但一定会回家看看妻子女儿。如果妻子愿意又不怕劳苦，而且机会又许可的话，那就一家人一同到外面走走。

这封展现铁血男儿一腔柔情的信，辗转多次后来到了姜绮华手中。六年时间，音讯全无，突然收到丈夫的来信，姜绮华激动万分，当看到信中内容“少记挂我，多关心孩子，把希望多放在孩子身上……少把希望放在我身上吧，因为我是身不由己的人”的语句时，姜绮华已是泪流满面、泣不成声。她知道丈夫不是不爱自己了，而是因为太爱而想放手，让自己去寻找幸福。擦干眼泪，她再次为营救丈夫而努力。1947年9月，她向重庆地方法院发出申诉状，要求当局释放许晓轩，而法院则以军统局已经撤销，无法办理为由，拒绝了她的申请。悲愤之下，她带着女儿离开了这个令人伤心欲绝的城市去了上海。

上海解放后，姜绮华更加关注重庆的消息，她希望人民解放军尽快解放重庆，解救自己的丈夫。然而，悲剧还是发生了。1949年11月27日，国民党统治集团在逃离重庆前夕，下令对关押在白公馆、渣滓洞的革命者实行集体大屠杀，许晓轩没能幸免于难。他牺牲时，距离重庆解放仅仅有三天。

许晓轩和姜绮华的崇高革命爱情故事，是中国千千万万革命者的真实写照，鼓舞着后来者满怀希望奋力前行。

查茂德烈士致妻子[1]

（一九四七年四月二十二日）

喜如妹：

我两（俩）又要短期之分开了，这是我们的敌人给我们的分开之痛苦，只有消灭了我们（的）敌人，才能消除这个痛苦。

我的病暂时也没有什么要仅（紧），因病得很长，一时亦难完全除根。我很高兴在党和上级爱护之下给我这五个月的时间休养，很不错。我这次决心到前方要与我们当前的敌人搏斗，拿出最大决心和牺牲精神与（为）人民立功。

我第二个高兴是你很好，特别是对我尽到一切的关心和爱护。同时我有两个很天真活泼的小孩，又有男又有女，你想这一切都使我很满足，永远是我高兴的地方。

战斗是比不得唱戏，不是开玩笑，是要有牺牲的精神才能打垮和消灭敌人。趟（倘）若这次到前方或负伤牺牲都不要难过，仅（谨）记我以下之言：

无产阶级的革命一定是会成功的，只是时间之长短，但也不是很长的，穷人一定要翻身，要求民主与独立，这是全世界劳苦大众都走革命这条道路，苏联革命成功是我们的好榜样。

就是我牺牲了，也是很光荣的，是为革命而牺牲，是有价值

---

① 选自《革命烈士书信》，中国青年出版社出版，1979年12月第1版，第198～199页。查茂德（1919—1947），安徽霍山人，1933年加入中国共产党，历任排长、宣传队长、参谋长、红四方面军指挥部参谋、冀南军区特务大队政委、冀南军区第二支队副司令员、冀鲁豫军区独立旅副旅长等职，1947年在战斗中英勇牺牲，时年二十八岁。

的，在任何情况下，我是不屈不挠（地）坚决指挥自己部队与敌人战斗到底，一直把敌人消灭尽为止。

望你好好的保重身体，多吃饭，不生病，我就在前方放心。同时希你好好扶养丰丰小儿，小女雪，长大完成我未完之事（业），一直完成社会主义革命到共产主义社会，仅（谨）记仅（谨）记。

我生于一九一九年十月（即民国八年十二月二十四日）家居安徽省霍山县石家河保瓦嘴口。

茂德

一九四七·四·二二夜

于魏县临别之写

这是1947年4月22日，时任冀鲁豫军区独立旅副旅长的查茂德在安阳前线作战前写给妻子张喜如的信。

1947年3月，刘伯承、邓小平为策应陕北、山东两解放区粉碎国民党军的重点进攻，并为自己转入战略进攻创造条件，决定发动豫北战役。当听到中央军委要彻底消灭安阳、花桥、章德一带敌人的命令时，因病在邢台休养的查茂德坚决要求到前线去。4月22日，在得到组织批准后，查茂德赶赴安阳作战前线，并在临行前将一封家书留给了妻子。

对妻儿的爱是查茂德的幸福所在。在信中，他略显愧疚地告诉妻子，短期之内又要分开了，并坚定要消灭敌人，才能消除分开的痛苦。他安慰妻子，自己的病没有什么要紧，虽然由于病的时间长难以完全除根，但是在党和上级爱护下休养了五个月，身体已经恢复很多。而妻子尽心的关心和爱护、儿子女儿的天真活泼，让他很满足很高兴。他提醒妻子好好地保重身体，多吃饭不生病，自己在前线才能放心。他告诉妻子假如自己牺牲了，希望妻子好好抚养两岁的儿子丰丰和三个月大的女儿雪雪，长大之后完成自己未完成的事业，“一直完成社会主义革命到实现共产主义社会”。

查茂德始终保持着不怕牺牲的战斗决心。在身为共产党员的父亲耳濡目染下，查茂德十二岁参加红军，十三岁加入中国共产党，在多次反“扫荡”中率部与日伪军苦战取得胜利。现在的他决心到前方与当前的敌人搏斗，拿出最大决心和牺牲精神为人民立功。他用坚定的语气告诉妻子，战斗不是唱戏，不是开玩笑，要有牺牲的精神才能打垮和消灭敌人，自己就算牺牲，也是很光荣的，是为革命而牺牲，是有价值的。在任何情况下，他都将不屈不挠地坚决指挥自己部队与敌人战斗到底，一直把敌人消灭尽为止。

查茂德对未来始终充满希望。从红军时期参加长征到抗战时期参加百团大战，他始终坚信无产阶级的革命一定是会成功的，只是时间长短的问题，但也不会需要很长的时间。穷人一定要翻身，要求民主与独立，全世界劳苦大众都要走革命这条道路，苏联革命成功就是好榜样。

就在写好这封信后的4月24日，查茂德在安阳前线指挥部队攻取敌人五个据点，正用望远镜观察敌情时不幸被流弹击中牺牲，年仅二十八岁。而查茂德留下的这封情真意切的家书，感动并激励着无数人奋勇前行。

李金川烈士致父母[①]

（一九四七年五月二十九日）

父母亲大人膝下敬禀者：

儿自离膝迄今不觉三个月有余，并未往家去信，家中情形毫不清楚，使儿在外时刻担心。别家后到了队上很是畅快，上下级一致，比在家亲兄弟姊妹还亲。使儿在队上工作不由情绪就高涨起来，同时使儿无限深感，我在队各方面俱勿困难，望勿远念。

望阅此信后，将家中近况一切情形给儿立即来信告知儿，儿一心两地的（地）站远望着。到了队上不多日子就出发了，到处各地皆获辉煌的战果，俘虏兵及缴获美式武器不计胜数。关于儿在队的学习情绪不由一日比一日高涨起来，终日生活上日日改善，比咱家强的多，万勿挂念。

敬祝

近安

儿　李金川

五月二十九日

这是1947年5月29日，刚刚入伍三个月的李金川写给父母的信。

1947年2月，十八岁的李金川离开了家乡山西省壶关县，加入人民解放军。5月29日，思念父母的李金川将自己三个月的生活学习经历写成只

① 选自《永远的丰碑》，中共党史出版社，2016年12月第1版，第91页。李金川（1929—1948），山西省壶关县人，1929年出生，1947年入伍，牺牲时任中野四纵十一旅三十二团五连副班长。

有两段六句话的家书，寄给了远方的父母。

李金川首先表达了对父母的思念。自己离开父母不知不觉已经有了三个多月，但是一直没有给家里写信，对于家中的情况不清楚，心中时刻担心，急切地希望父母在收到自己的家书之后，立即将家中近期所有的事情告诉自己，自己正在“一心两地的（地）站远望着”。

李金川接着向父母讲了自己在部队的生活学习经历。他说自己在部队上心情很畅快，上下级一致平等待人，比家中的亲兄弟姐妹还要亲。这让他工作的情绪不断高涨，在各个方面都没有困难。生活上更是日日改善，比在家里要强很多，他希望父母不要挂念。

李金川最后表达了对早日参加战斗的期待。现在各部队各地都取得了辉煌的战果，抓获的俘虏和缴获的美式武器不计胜数，他的学习情绪也一日比一日高涨，盼望着早日参加战斗。

在这封信写完后不久，刘邓大军率领中野主力千里跃进大别山，拉开了反攻的序幕。在1948年开始的淮海战役中，中野和兄弟部队一起，赢得了这场歼敌数量最多、政治影响最大、战争样式最复杂的战役。而此时已经担任中野四纵十一旅三十二团五连副班长的李金川，却在淮海战役中壮烈牺牲。

李金川的家书，充分反映了解放军部队的优良传统，就是官兵一致、亲如一家。这也是中国共产党领导的部队始终充满战斗力的关键所在。像李金川这样的烈士，真正筑成了钢铁长城，用他们的鲜血、智慧、勇气，为淮海战役的胜利作出贡献。他们的背后，就是一往无前、决战决胜精神的集中体现。

栗政通烈士致栗政华①

（一九四七年六月十五日）

政华妹：

你的来信于六月一日顺利收到了。数年的分别，悠久的远念，能在今天的信上互相告诉着别离后的一切，使我异常的兴奋。

在灾难的战争日月里，你们锻炼的这样坚强有为，这的确是你们的进步和成绩，望你们努力吧，前途是无限的光明。离开家庭的我茫茫十一个年头了。一九四四年的冬天，部队奉令南征，就在延安同你们远别了，战马似的我奔驰在祖国的战争烽火里。经过四十天的战斗生活，胜利的到达了湖南省，在长沙及湘江、洪湖一带展开了游击战争。从南征开始，我就转向军事工作了，特告。

到达江南之后，不久建立了湘鄂赣边区（湖南、湖北、江西），后来因敌伪顽合流扫荡，不能巩固，故此部队又奉令继续南进，经过了三十天的行军作战，到达了广东省的南雄县。日本宣布投降，国内情况之变化，马上奉令北返。这时的情况非常紧张，蒋介石调了七个师，追剿、堵击，企图将我们消灭在湘鄂赣之八脉山间。由于战士们的坚决，冲出了重围。经过了二十天的战

① 原文名为《栗战书：寸心的表白——缅怀叔父栗政通烈士》，选自《河北日报》2005年6月22日版。栗政通（1923—1949），河北平山人，1937年入伍，1938年加入中国共产党，历任侦察员、政治指导员、连长、副营长、政治教导员、营长等职，解放战争中参加了孟良崮战役、淮海战役；1949年5月16日参加西北战场进行的扶眉战役，在攻占马家山的战斗中壮烈牺牲，年仅二十六岁。

斗行军，胜利与江北新四军五师在中原会合了，从此告别了江南。

江南的确不坏，长年春色宜人，到处是青山绿野，气候温和，长年吃大米，产量丰富。由于国民党黑暗的统治，人民亦是过着惨痛、凄凉、悲啼的日子。

我们到达中原后，不久宣布了停战令，我们就停止在中原，待令调遣。可是，无耻背信弃义的蒋介石，又调动了七个军的兵力，将我们重重包围以及经济封锁，企图将我们这支部队困饿而死。因为共产党同广大人民群众有密切的关系，困不死、饿不死。最后蒋介石发动了攻击，妄想把我军消灭在中原地带。在这样的情况下，我军被迫突围，由湖北醴山、黄皮等地向西北前进了。蒋介石仍在各地调兵追剿、堵击。由于敌人兵力之大，造成我军战斗的紧张艰苦，一天打几次仗，有时还吃不到饭。因为人口稀少，我还记得在陕南，连着走了三天看不到村庄，所谓“无人区”。因为敌人到处布置了军队，我军为了避免损失，尽量走小路。战斗的生活经过了一年零十个月，最后胜利的回到延安。南征北返共计两万二千里。

回到延安不到一个月，因为战争的需要，我们又奉令奔驰了，经过一个月的行军到达了山东渤海军区工作了。我现在很好，请勿念。再见吧。

庆祝最后的胜利，望你们努力的前进吧！

愚兄　政通

写于六月十五日

这是1947年6月15日，在山东渤海军区工作的栗政通写给妹妹栗政华的一封信。

栗政通首先表达了对亲人的思念之情。自己离开家已经十一个年头，上次和亲人见面还是在1944年冬天奉令南征时在延安与妹妹栗政华告别。

当时他告诉妹妹有紧急任务，可能一年半载就回来，也可能两年三年再回来，也可能永远回不来，希望她好好读书，把父母照顾好。而现在收到妹妹的信后，栗政通非常高兴，数年的分别和深厚的思念跃然于纸上。他告诉亲人们，能在信上互诉别离后的一切，异常兴奋，自己现在很好，请亲人们不要思念。

栗政通详细讲述了“第二次长征”南征北返的经历。1944年，中共中央决定派遣八路军三五九旅的主力和抽调一批干部，挺进华南，深入敌后，宣传发动群众，建立湘鄂赣抗日根据地，并以此为依托，继续向南发展，打开南北通路。1944年11月，南下部队正式组成，从延安向陕西挺进。经过一个月的行军，到达山西，冲过同蒲铁路敌人封锁线后又击溃了平遥的日军阻击，并在鲁山全歼增援之敌，取得了南征途中与日本侵略军第一次大战斗的重大胜利。1945年1月16日晨，栗政通所在的二大队从仪封南下，在鸭口一带，再次歼灭阻击我军的日寇，经过八天急行军与李先念率领的新四军五师胜利会师。2月14日，南下支队告别了五师和边区人民，继续向南进发，一直打到广东南雄。8月15日，日本政府宣布无条件投降后，南下支队挥师北返，进行改编后加入中原军区野战军第二纵队序列。1946年在中原突围中，三五九旅与敌军激烈战斗，强渡丹江，进入了陕南山区。按照中央指示，部队在陕南分散进行游击战争，栗政通所在八团跟随王震将军转战陕南，从敌人间隙中越过石泉至宁陕大道，冲出敌兵重围，击溃华阳地区敌人的两路追兵，翻越几百里荒无人烟的崇山丛林，胜利通过了川陕公路，北渡渭河，越过陇海铁路，进抵甘肃赤沙镇，于9月8日与主力会师于庆阳。

栗政通对未来充满着希望并坚定前行。在当时离开延安之前，他就告诉妹妹，闹革命、求解放，战争、打仗，危险时刻存在。在这封给妹妹的信中，栗政通更是坚信将庆祝最后的胜利，希望亲人们努力地前进。在之后11月18日寄给父亲栗再温的相片上，栗政通写道“这是我寸心的表白，特请您作为永远的留念”，并表示“当儿流尽最后一滴血时，持此相就是我的灵魂，它永远跟着您前进”。

在写完这封信后不久，栗政通相继参加了孟良崮战役和淮海战役。在1949年西北战场扶眉战役中，栗政通作为中国人民解放军第一野战军第一兵团第二军六师十八团独一营营长，在攻占马家山的战斗中壮烈牺牲，年仅二十六岁。

这是一封充满激情的信，字里行间洋溢着栗政通对民族、对祖国、对人民无限的深情和热爱，充满着对日本帝国主义和国民党反动派的无比憎恨，展示着为民族解放和推翻国民党黑暗统治，救民于水火的钢铁般的决心和意志，表达了对祖国解放事业的必胜信念，同时也真实地袒露着对胜利后光明前途的追求和美好生活的渴望心情。栗政通所企盼的“最后的胜利”，已经在千千万万个英雄儿女的奋斗中所实现。

陈振先烈士的两封信[1]

（一九四七年九月二十三日）

我敬爱的大哥及闽中全体同志们：

别来行将半年了，对于你们，我是寄以何等深长的怀念呵！

自别以来，反动之狂涛依然是不断地猛扑着我们，家唐、水仙[2]等三十余人相继死难，于是我不得不去找庆弟而完成回来使命，终于在执行任务中，不幸被庆弟祖健出卖，旋以包车驾往保安司令部；这完全是出于我的麻木与不智致此，而致在这大奋斗之前撇下了你们，不能和你们并肩作战，这确是我一种莫大的遗憾与罪过。同志们！你们能够原谅着我吗？

羁囚此间后，先后历经十数审，当然不外是威胁、利诱与不断的迫害，这是独裁者有名的奸杀灵魂三部曲；好在我们如今已变成了一个熟练之水手，能在海洋之怒涛下纵情游泳。同志们！这是堪以告慰者！

前月里，我得到了许同志[3]殉烈的消息，你们该懂得它是怎样地绞痛着我创伤的心呵！妈的！反动派你有着枪与大刀，而我们却有的是血和意志，你活埋掉我们的躯体，那就更会长存了由它上面所开出来底复仇的鲜花；"血债惟有以血来偿还"，同志

---

① 选自《革命烈士书信》，中国青年出版社出版，1979年12月第1版，第191～193，193～194页。陈振先（1922—1947），福建福清人，1936年加入中国共产党，1947年10月英勇就义，时年二十五岁。这封信是陈振先烈士狱中写在草纸上的，请一位被他争取过来的看守人员送交其母亲收藏，后交党组织。

② 家唐、水仙，均系游击队员，在战斗中牺牲。

③ 许同志，即林汝南，新中国成立后曾任福州大学党委副书记，已故。陈振先烈士狱中误听林汝南殉难。

们：我如今已深深地明白了甚么叫做“爱”与“恨”呵！

让暴风雨来得更厉害些吧！我们已在此准备好一切了。

别后，生活之艰难未能使我们心伤，惟对你们之惦念增深心之负担。同志们！我惦念着你们，惦念之情与日俱增。你们近来好吗？当我在这里写信给你们时，想你们都已投入这历史的伟大斗争了吧！我谨伸出一只热情的手，遥向你们欢呼！向你们致敬！向你们祝祷！愿你们勇敢地踏着先烈们的血迹向前迈进吧！我们日后是否还有见机，我不得而知，但不管怎样，我将永远是你们底忠实的胜利祝愿者！

此致

革命的敬礼！

振先

三十六·九·廿三

狱中匆此

亲爱的母亲与弟妹们：

我知道你们为了我的原（缘）故是洒下不少辛酸之泪滴了，但，这完全是多余，而且是不应该的了。“人生自古谁无死，留此（取）丹心照汗青”。我觉得这当是我们的无上光荣与慰安。目前虽是黑暗重重，然这正是黎明前的象征，请你们安心地等待着吧：度过了这冷的严冬，春天一定就会来到人间了！

心妹的小宝宝可好？我很爱他哩！愿上帝祝福他，聪明的孩子！那么再见了！

我亲热地握紧了你们的手！

细哥①

于道山路

羁押所

① 细哥，指陈振先烈士。

这是1947年9月23日，时任中共闽中地委委员、宣传部部长的陈振先在狱中写给同志们和家人们的两封信。

1922年，陈振先出生于福建省福清县海口镇斗垣村一户贫苦农民家庭。他从小聪明、勤奋、好学，十三岁时参加中国共产主义青年团，十四岁加入中国共产党，走上了革命的道路。抗战爆发后，他忙于抗日救亡运动。抗战胜利后，他又毅然从事白区和游击区的斗争，曾任中共闽中地委委员、宣传部部长兼福平工委书记。1947年5月10日，由于叛徒的出卖，陈振先在福州潭尾街尤溪会馆被敌人抓捕，关押在伪保安司令部羁押所。被抓后的陈振先受尽敌人种种残酷的折磨，而他考虑的不是自己的死活，而是党组织、战友们的安危和革命斗争的胜败。

在给同志们的信中，字里行间充满了陈振先对战友的深切怀念和对革命的无限忠诚。在信的开头，他这样写道："别来行将半年了，对于你们，我是寄以何等深长的怀念呵（啊）！"1947年4月初，闽中游击队在与敌遭遇战中，损失惨重。这时，陈振先受党组织的委派，为寻找失散的游击队员，重新组织革命力量，而离开闽中到福州活动，不料这次与战友的分离却成为永别。半年的狱中生活，并没有使他觉得度日如年，而离开党组织和战友们近六个月，却使他更加思念战友。正如他在信中所说的："……在这大奋斗之前撇下了你们，不能和你们并肩作战，这确是我一种莫大的遗憾与罪过。""别后，生活之艰难未能使我们心伤，惟对你们之惦念增深心之负担。……你们近来好吗？当我在这里写信给你们时，想你们都已投入这历史的伟大斗争了吧！我谨伸出一只热情的手，遥向你们欢呼！向你们致敬！向你们祝祷！愿你们勇敢地踏着先烈们的血迹向前迈进吧！我们日后是否还有见机，我不得而知，但不管怎样，我将永远是你们底（的）忠实的胜利祝愿者！"是的，他身在狱中，心却在战场，他千方百计通过来自外面的点滴消息，了解党组织和战友们的近况，他为党组织的兴旺发达和战友们的作战胜利而兴奋不已，也为党组织受损失和战友们的遭不测而悲痛万分。当他获悉战友牺牲的消息时，在信中气愤地写道："前月里，我得到了许同志殉烈（难）的消息，你们该懂得它是怎样地绞痛着我创伤的心呵（啊）！妈的！反动派你有着枪和大刀，而我们却有的是血和意志，你活埋掉我们的躯体，那就更会长存了由它上面所开出来底（的）复仇的鲜花；‘血债惟有血来偿还’，同志们：我如今已深深地明白了甚（什）么叫做‘爱’与‘恨’呵（啊）！”信的字里行间表现出一个革命者对革命事业的赤胆忠诚和对战友的一往情深。

陈振先长期在白区工作，现在虽然身陷囹圄，但并没有忘记向党组织汇报自己被捕的经过和揭露叛徒出卖革命的罪行，他在信中写道："自别以来，反动之狂涛依然是不断地猛扑着我们，家唐、水仙等三十余人相继死难，于是我不得不去找庆弟而完成回来使命，终于在执行任务中，不幸被庆弟祖健出卖，旋以包车驾往保安司令部。”面对敌人的威胁、利诱、逼迫，陈振先轻蔑地表示："我们如今已变成了一个熟练之水手，能在海洋之怒涛下纵情游泳。”

知道自己难以幸存，陈振先给母亲和弟弟妹妹写了一封离别信。这封信是他在狱中写于草纸上的，请一位被他争取过来的看守人员送交其母亲收藏，后交党组织。陈振先把自己的一切都献给了革命事业，没有时间和精力顾及家庭和亲人。但是，他了解母亲的心，也懂得弟弟妹妹的手足情，所以在信中他给母亲和弟妹们写了几句安慰和鼓励的话："我知道你们为了我的原（缘）故是洒下了不少辛酸之泪滴……‘人生自古谁无死，留此（取）丹心照汗青。’我觉得这当是我们的无上光荣和慰安。目前虽是黑暗重重，然这正是黎明前的象征，请你们安心地等待着吧：度过这冷的严冬，春天一定就会来到人间了！”

1947年10月30日，敌人从陈振先身上得不到任何有用的东西，就派一个班的匪兵将陈振先押往福州枪决。陈振先想，只要有一线希望，也要逃出敌人的魔掌。行至长东蕉岭时，他观察到周围的有利地形，猛地甩开敌人向荒野冲去。这时，一阵枪响，敌人罪恶的子弹已射中了他的胸膛，陈振先壮烈牺牲。

正如陈振先所预言，度过了“冷的严冬”，很快就迎来了家乡的解放。1950年2月25日，在烈士陈振先的家乡召开了追悼大会，党和人民对他予以高度的评价：“能精文化能通战术志在解放人类，不惮威不为利诱终为革命牺牲。”他的英勇事迹随同他那两封感人肺腑的遗书，永远为后人所传颂。

杜斌丞烈士致高建白①

（一九四七年十月五日）

建白弟鉴：

近日此间情况恶化，事急时迫，未知前致居恭②之函，已否转达？兄困幽数月，诸病交作，日益沉重，自思三十年来，无日不为民主而奋斗！反动诬陷，早在意中，个人死生，绝不能阻挠人类历史之奔向光明，终必为民主潮流所消灭也。惟望人民共起自救，早获解放自由，则死可瞑目矣。请转告诸生至友，共同努力，以期实现合理平等之社会国家，则公理正义，自可伸张于天地之间。居恭遭遇至苦，弟应多去照料，并通知鸿模③此时不必返陕，良民④随兄受害，令人惘痛，现在究押何处？设法营救，为要。呜呼！悲愤交集，言不尽意，吾弟知我最深，务须珍重，信及款袜，均已收到。

兄斌

十月五日

---

① 选自《革命烈士书信》，中国青年出版社出版，1979年12月第1版，第196页。杜斌丞（1888—1947），原名丕功，陕西米脂人，中国民主同盟中央常务委员，兼西北总支部主任委员，1947年10月7日被反动派杀害，时年五十九岁。此信送到友人手中时，杜斌丞已牺牲一个月了。高建白，杜斌丞的表弟。

② 居恭，即杜斌丞长子媳高居恭女士。杜斌丞长子杜鸿范，抗战时任第五辎重团团长、九十师副师长，逝于昆明。

③ 鸿模，杜斌丞的次子。

④ 良民，仕良民，系杜斌丞多年的随从，在杜斌丞牺牲后亦被杀害。

这是1947年10月5日，时任中国民主同盟中央常务委员的杜斌丞在狱中写给时任国民党第十七军中将副军长、已经秘密加入民盟的表弟高建白的信。

杜斌丞是杰出的爱国民主人士，早年从事教育工作，培养出刘志丹、谢子长等一大批优秀革命人才。西安事变后，杜斌丞参与起草张学良与杨虎城的“八项主张”，为西安事变的和平解决多方奔走。抗日战争胜利后，杜斌丞高举反对内战的旗帜，拥护共产党。1947年3月20日，胡宗南以贩卖烟土等莫须有的罪名，将杜斌丞等人逮捕。杜斌丞在狱中受尽各种折磨，视死如归。知道自己即将遭遇不幸，杜斌丞写信给表弟高建白，表达自己视死如归的决心并进行了后事安排。

杜斌丞早已将生死置之度外。从1917年毕业回到陕北办学到1946年内战爆发后领导西北民盟进行不屈不挠的斗争，参加革命三十年来，他每一天都在为民主而奋斗。如今遭到国民党反动派的栽赃陷害，已经在他的意料之中。他已将个人生死置之度外，在被捕之前，他已得知国民党驻西安的军统特务把自己列入黑名单，但他坚定地表示，既入虎穴，就要与虎搏斗，何必远走！在危难的时候，自己决不能只求自身安全，而置其他同志于不顾。在狱中，面对国民党特务的审问，杜斌丞大义凛然地说道：“你们这些昧尽天良的狗贼，栽赃陷害于人，要杀便杀，何必多问！”

杜斌丞坚信反动派必将灭亡。独裁和暴力，虽然能够夺走革命者的生命，但决不能阻挠人类历史奔向光明。国民党的独裁统治，终将被民主潮流所消灭。由于杜斌丞德高望重，在抗战时期蒋介石集团曾想用金钱、地位拉拢他，而他的回应只有“道不同不相为谋”七个字，蒋介石因此对他恨之入骨。在即将被杀害的时候，杜斌丞轻蔑地向国民党特务们说道：“历史是无情的，不能顺应历史前进的人，只有走向灭亡。你们国民党反动派能逮捕我，能屠杀我，但总不能挽救你们自己垂死的命运！你们等着吧，总有一天你们要受到人民公审的！”

杜斌丞最关心的是亲人和同志们的安危。身在牢狱的他并没有请求组织救援自己，而是希望表弟高建白设法营救自己的多年随从仕良民，多照料大儿媳高居恭，通知次子鸿模不要返回陕西。在狱中，他还不忘关怀狱中的其他战友，鼓励王菊人说："你还年轻，要好好排解，将来为革命出力。"亲情和友情，是他永远都放不下的挂念。

在杜斌丞被捕期间，中共中央严正揭露国民党的反动屠杀政策并展开多方营救，但最终未能成功。写信两天之后，杜斌丞高呼"我是为国家，为人民而死"的口号，在西安玉祥门外英勇就义，终年五十九岁。而这封遗书直到一个月后才被辗转交到高建白手中。1948年10月8日，陕甘宁边区及延安各界举行杜斌丞先生殉难一周年追悼大会，毛泽东主席亲自写下挽词"为人民而死，虽死犹生"。杜斌丞一生追求进步，追求真理，坚持革命，激励着无数革命者奋力前行。

王昭致建屏县委①

（一九四七年十月十四日）

建屏县委并转天井村农民：

现在党的政策决定平分土地，我相信你们一定都非常拥护的，此政策实行后可以彻底解除封建枷锁，大量发展农村生产，将使农村面貌焕然一新，这对于打败卖国贼蒋介石的战争将起决定作用，并使中国革命大大向前推进一步，这是大家一致的希望，是我参加党参加革命斗争的一个目的。请在平分土地时，接受我的两点要求：

一、处理我家土地财产时，丝毫不要顾及我的关系，放手消灭一切封建剥削，如有我的亲戚、家属、“朋友”假借名义破坏土地改革者，一概给予无情揭发打击。

二、我村土地少，为满足农民土地要求，不要给我分地，事实上我也不需要土地。

我们在前方为坚决打蒋贼，保卫土地改革，以前方军事胜利，庆祝你们土地改革胜利，并望你们以土地改革的胜利，完成支援前线的任务。让我们共同努力将封建余孽送到坟墓中去。

敬礼

王昭

十月十四日

---

① 选自《西柏坡报》，2017年5月15日版。王昭（1917—1970），化名张名权、张若冰，河北平山人，1932年加入中国共产党，时任冀中军区第二兵团第四纵队政治委员，新中国成立后曾任公安部副部长、青海省省长等职。建屏县委，为了纪念八路军的优秀指挥员周建屏烈士，边区政府曾先后两次设建屏县，1958年建屏县撤销并入平山县。

这是1947年10月14日，时任冀中军区第二兵团第四纵队政治委员的王昭写给建屏县委的一封信。

王昭于1917年出生于河北省平山县温塘镇天井村，1932年7月加入中国共产党。1936年3月，王昭任中共平山县委书记，领导发展党的组织，开展抗日救亡活动。1944年9月，王昭任中共冀晋区党委副书记兼组织部部长，同时兼八路军冀晋军区副政治委员，参与领导发展扩大冀晋解放区。解放战争爆发后，王昭调任晋察冀军区第四纵队政治委员。

1947年7月17日至9月13日，中央工委根据中共中央的决定，在西柏坡村召开了全国土地会议。会议根据“彻底平分土地”原则，制定并通过了《中国土地法大纲》。10月10日，中共中央通过决议，正式发布了《中国土地法大纲》。随之，各解放区迅速掀起了土地改革的热潮。

为了让天井村取得改革的胜利，王昭主动向建屏县委和天井村农民表达自己的两点要求。一是要丝毫不顾自己的关系处理土地财产。他要求平分土地时丝毫不要顾及自己的关系，放手消灭一切封建剥削。如果遇到自己的亲戚、家属、“朋友”假借名义破坏土地改革的，必须给予无情揭发打击。二是明确自己不要土地。他主动表示村里土地少，为满足农民土地要求，不要给他分地。他用“事实上我也不需要土地”表达了自己大公无私的决心。

在信中，王昭还和建屏县委和天井村农民表达了土改的重要性和拥护土改的决心。土改政策实行后可以彻底解除封建枷锁，大量发展农村生产，使农村面貌焕然一新，这对于打败卖国贼蒋介石的战争将起决定作用，并使中国革命大大向前推进一步，这是大家一致的希望，是参加党参加革命斗争的一个目的。王昭还鼓励天井村以土地改革的胜利，完成支援前线的任务，共同努力将封建余孽送到坟墓中去。

以王昭为代表的中国共产党人，始终坚持将人民群众的利益放到第一位，始终坚持以人民为中心。正是有了中国共产党的领导，轰轰烈烈的土地改革运动才得以完成。在一亿人口的老区和半老区，基本消灭了封建土地制度，打碎了几千年来套在农民身上的封建枷锁，改变了农村旧有的生产关系。这一翻天覆地的变化，使无数农民在政治上、经济上获得了解放，并由此迸发出难以估量的革命热情。他们踊跃参军参战，担负巨大的战争勤务，并以粮草、被服等物资支援自己的子弟兵。土地改革运动为夺取全国胜利提供了源源不断的人力、物力支持。

赵法英烈士致母亲①

（一九四七年十月十七日）

母亲老大人：

自在乌界离别后回到部队一路顺利。到了阳庙镇又往家去信一封，知道你收到了。

为全中国老百姓都得到解放，彻底打倒蒋介石，我们部队奉命南下，打立春阳历八月廿四号从济源②的西南王屋山一带顺利的渡过黄河，都是坐船过去的。因主力部队在头把守河防的蒋军部队，首先歼灭了一个团，得了山炮一门，捉俘虏八百多以后，我们配合主力收复了新安县③的保安团，全部歼灭该城。离洛阳只六十里地，一连十天左右收复洛宁县、伊阳④、宜阳、渑池县、嵩县、卢氏六个城市。又隔二十余天收复灵宝、陕川，歼一三五旅全部，新一旅全部，缴野炮十二门，榴弹炮四门，俘人两万余，资财甚，在过八月十五日两天，又在陇海线歼灭了十五师全部三个保安团，共俘四千余人，缴获三八汽车七辆，物资甚多。整个情况对咱们有利，敌人走向被动，在阳历十月十三日有配合主力部队打到洛阳东南四十五里孟津县和固始县，得洋面甚

① 选自《永远的丰碑》，中共党史出版社，2016年12月第1版，第106～107、114～115页。赵法英（1921—1948），河南修武人，1944年入伍，1947年加入中国共产党，牺牲时任中野九纵二十六旅七十七团一营三连政治指导员。

② 济源，今河南省济源市。

③ 新安县，位于河南省洛阳市西部，今属洛阳市下辖县。

④ 伊阳，河南省汝阳县的旧称。

多，敌人闻风而逃，不敢反抗。

现在我的身体强壮，每天生活吃的是白面，不到三天就吃到猪肉，生活很好，棉衣也穿上了。望大人再问兄弟在家做甚，请来信提明。母亲身体好吧？来信提明。我们现在就在洛阳以西一带住。往西到潼关都是八路军，东至洛阳，西安省已被包围形势，南北很大地土倒在人民解放军之手中，不久将来蒋介石走向全军灭亡的道路，望大家安心在家过生活，不要想念你儿，打垮蒋介石胜利回家见面。

就不多言，祝全家平安。在新安五头镇住。

敬礼

赵法英

一九四七年十月十七日

第九纵队廿六旅七十七团一营三连

这是1947年10月17日，在中野九纵二十六旅七十七团一营三连任职的赵法英写给母亲的信。

1921年，赵法英生于河南省修武县一个贫农家庭。他的家里有三间破房、一些贫瘠的田地，收的粮食不够维持一家四口人的生活。赵法英的父亲就是因生活所迫，一直流浪在外，家破人亡，妻离子散。1942年八路军转战在太行山里，赵法英听到这个消息后，回家就跟母亲说自己要加入八路军当兵。母亲给他准备了一斤小麦、四斤红芋作为路费。母子俩流泪告别。

赵法英找到太行山时，已经是1944年了，几经周折，他终于如愿以偿，参加了八路军太行军区八分区所属沁河支队。赵法英参加八路军之后，在党和上级的不断培养下，他的阶级觉悟不断提高，养成了爱同志、爱人民、不怕牺牲的精神。1945年8月，赵法英任太行军分区四十五团一营三连排长。

解放战争爆发后，赵法英在1947年光荣地加入了中国共产党。8月，赵法英参加了横（孟津县横水镇）新（新安县）阻击战，在战斗中三连打退国民党军十五次冲锋，保证了大部队围歼敌军的任务。在洛阳战役东部战斗中，他和连长带领战士，歼敌三百多名，缴获大量武器弹药，赵法英荣立一等功。在攻打安徽杨四麻子的战斗中，他带领战士主动出击，仅用三分钟就突破敌军防线，两小时结束战斗，缴获各种武器一百余件，俘敌一百三十余人，被中原军区九纵队命名为特级战斗英雄。

在信中，赵法英表达了对母亲和弟弟深深的思念，并说自己一切都好，让母亲和弟弟安心。在写给母亲最后一封信的三个月后，1948年12月，赵法英参加了围歼国民党军黄维兵团的战斗。在战斗中，赵法英亲自带领、指挥突击队冲向敌人的阵地，但是不幸被炸弹炸伤了手和腿，最后由于身上多处受伤，流血过多，壮烈牺牲，年仅二十七岁。

1949年2月，中原军区第九纵队党委追认赵法英为特级人民功臣、模范共产党员、模范指导员，并命名三连为“英雄连”。赵法英的英雄事迹，永远被记录在历史的长河里。

哈尔滨翻身农民致毛泽东[①]

（一九四七年十月二十三日）

毛主席呀，没有您我们真得饿死啦！这回我们都翻身了，分了地，分了马，分了衣服、粮食，都有吃有穿也都抱团了，一定打倒大地主，打倒反动派！

眼看到了冬天了，你那里很冷吧？给你捎去一件皮大氅，一双靴子，一双毛袜，一顶帽子，这是我们的翻身果实，也是我们的一点点心意，请您收下吧。

我们都想看看你，离的又这样远，也见不着你，请你把最近的照片给捎一张来吧。

向您

敬礼

哈尔滨市顾乡区靠山屯全体翻身农民

三十六年九月十日[②]

这是1947年10月23日，哈尔滨靠山屯全体翻身农民写给毛泽东的一封信。

1947年，早春的祖国北疆寒风凛冽，白雪茫茫。此时，哈尔滨市顾乡区靠山屯（今南岗区王岗镇靠山村）的贫苦农民终于等来了盼望已久的土

① 选自《西柏坡——新中国从这里走来之见证》，中央文献出版社，2005年10月第1版，第47～48页。1947年，各解放区掀起了轰轰烈烈的土地改革运动，得到土地后的农民没有忘记共产党，当时在哈尔滨靠山屯参加土改的郭蕻生和柏杰执笔代靠山屯全体农民写下了这封信。

② 指民国三十六年九月十日，即公元1947年10月23日。

改工作队。

土改工作队领队郭蕻生带领这支十余人的队伍，访群众，斗地主，势如破竹的土改运动迅猛开展起来。分得土地、房屋、牲畜的农民心花怒放，喜笑颜开。

给靠山屯周姓地主家扛长活的李学思，当牛做马地干了十几年，仍然房无一间、地无一垄，生活在水深火热之中。土改开始后，李学思积极参加土改斗争，控诉地主残酷压榨农民的累累罪行，也有生以来第一次分到了房屋。由于斗争积极，他不但加入了中国共产党，还被选为靠山屯农会会长。

10月的一天，土改工作队正在一个地主大院里给贫苦农民分“浮财”，一件贵重的貂皮大氅突然引起了大家的注意。知情人介绍，这件貂皮大氅用几十张上好的紫貂皮制成，是许家地主花一万块大洋买来的，也是所有东西中最值钱的一件。大氅还有独特之处，不论白天夜晚，只要有陌生人靠近，貂毛都会立起来。吝啬的老地主平时根本舍不得穿，将此作为镇宅之宝深藏箱底。

这么贵重的东西分给谁呢？土改工作队和贫苦农民商量决定，把它分给土改积极分子李学思。除貂皮大氅外，李学思家还分得水獭帽子一顶、靴子一双、毛袜一双、被褥几套。

没想到，李学思抱起貂皮大氅，一下跳到了放在院里的桌子上。他看了一眼十几个土改工作队员和数百名农民，大声地说：“兄弟姐妹们，咱们分地、分房、分‘浮财’，这些都是谁给的啊？是共产党，是毛主席！咱们吃水不能忘记打井人！”他把怀里的貂皮大氅举过头顶高声说：“我要把这些东西送给毛主席，再给他写封信，请他穿得暖暖的，领导咱们解放全中国！”李学思话音刚落，院子里立即爆发出一阵热烈的掌声。

次日，土改工作队领队郭蕻生、队员柏杰等来到李学思家里。李学思口述，柏杰执笔，给毛主席写信。信的落款是哈尔滨市顾乡区靠山屯全体翻身农民，时间为民国三十六年九月十日（公元1947年10月23日）。这封信尽管语句并不流畅，也没有标点符号，但它表达了翻身农民感谢共产党、感谢毛主席的心声。

信写好后，李学思让妻子找来一块干净的包袱皮，把头天分到的大氅、靴子、毛袜、帽子四件礼品包好，缝成一个包裹，交给土改工作队领队郭蕻生，委托他设法转交给毛主席。土改工作队将信和包裹交给了上级党组织。1948年春，饱含翻身农民深情的信件和包裹经哈尔滨市委转寄到了党中央所在地西柏坡。

这封信虽然非常简短，但字里行间体现了翻身农民对党中央、毛主席的感激之情，表达了努力支援前线发展生产和踊跃参军的决心。正是中国共产党给老百姓分了田、分了地，才为之后的三大战役和夺取全国胜利奠定了坚实的群众基础。

续范亭将军致毛泽东和中共中央①

（一九四七年九月）

敬爱的毛主席和中共中央：

范亭自辛亥以来，即摸索为民族和人民解放的真理，奋勇前行，在几经波折之后，终于认清了只有中国共产党领导的革命道路，才是中华民族和中国人民彻底解放的道路。七七抗战之后，即欣然接受领导，参加晋西北抗日民主根据地的抗战建设工作，想从此更好为人民服务，以偿平生夙愿。孰料范亭方奋力以赴之时，竟以身染重病，去延休养。在延数年，蒙党百般爱护，尤觉欣幸者，得以时常聆听毛主席和中共中央的教导。范亭奋斗一生，始于今日目睹解放区广大人民的真正翻身，真正看见了新中国的光明前途，每自不禁感奋，热泪夺眶而出。屡欲请求入党，作（做）一名革命军的马前卒，以终余年，但以久病床褥，迄未提出。现范亭已病入膏肓，恨不能亲睹卖国贼蒋介石集团之行将受审，美帝国主义之滚蛋，与全中国人民之彻底解放，是为憾耳。范亭数年来愧无贡献，然追求真理之志未尝一日或懈也。在

① 选自《革命烈士书信》，中国青年出版社出版，1979年12月第1版，第189～190页。续范亭（1893—1947），山西省崞县（今原平市）人，著名抗日爱国将领，早年参加孙中山领导的同盟会后即献身于民族民主的革命事业，曾在国民党任职，后与共产党人合作创建山西新军；1940年成立晋西北行政公署，续范亭任行署主任，其后，他将主要精力用在政权工作，工作期间由于病情不断恶化，中共中央决定让他到延安医治；1947年病逝后，中共中央根据续范亭临终前的申请追认他为中国共产党正式党员。

此弥留之际，我以毕生至诚敬谨请求入党，请中共中央严格审查我的一生历史，是否合格，如承追认入党，实平生之大愿也。专此谨致布尔塞维克的敬礼！

续范亭

这是1947年9月，抗日爱国将领续范亭临终前在延安写给毛主席和党中央的遗书。

1893年，续范亭出生于山西崞县，早年参加孙中山领导的同盟会，1911年辛亥革命时，任革命军山西远征队队长，后组织西北护国军，讨伐袁世凯。1931年九一八事变后，续范亭反对对日妥协，呼吁抗日。1935年日本策动华北事变后，续范亭亲赴南京呼吁抗日，目睹当局和达官贵人对国家危亡漠不关心、依然歌舞升平的现状，怒而写道："男的长袍，女的短袖。不是行尸！便是走肉！"为表示对南京政府不抵抗政策的抗议，他在中山陵剖腹以死明志，要求抗日。

遇救不死的续范亭继续为抗日奔走，对共产党以国家民族利益为重，和平解决西安事变，更是深深佩服，从此坚定了拥护共产党的信念。1937年9月，续范亭任第二战区民族革命战争战地总动员委员会主任委员，与共产党人合作创建山西新军。1939年，阎锡山发动"十二月事变"，密谋消灭晋西北抗日武装时，他亲赴八路军第一二〇师第三五八旅通报情况，研究对策，并参与指挥反击国民党顽固派的战斗。1940年，续范亭任晋西北军政民联会委员会副主任委员、晋西北行政公署行署主任；同年11月，任晋西北军区副司令员。1940年冬，日军对晋西北根据地实行残酷的大"扫荡"，续范亭率行署机关日夜转战，积劳成疾，终于病倒。1941年5月，续范亭赴延安疗养。

1947年，胡宗南进犯延安，续范亭随陕甘宁边区党政军机关撤离，在行军途中病情加剧。续范亭知道自己时日不多，在弥留之际提出最后的愿望——加入中国共产党。

在这份遗书中，续范亭表示自己自辛亥革命以来一直在摸索为民族和人民解放的真理，最后认清只有中国共产党领导的革命道路才是最正确的道路。七七事变后自己参加晋西北抗日民主根据地的抗战建设工作，但是在打算“奋力以赴之时”却身染重病。在养病的数年中，屡次想提出入党，但是由于自己久病床褥，一直都没有提出。而在弥留之际，续范亭在信中说道：“以毕生至诚敬谨请求入党，请中共中央严格审查我的一生历史，是否合格，如承追认入党，实平生之大愿也。”

1947年9月13日，续范亭被追认为中国共产党正式党员。为沉痛悼念续范亭，毛泽东亲送挽联：“为民族解放，为阶级翻身，事业垂成，公胡遽死？有云水襟怀，有松柏气节，典型顿失，人尽含悲！”

张顺乾烈士致叔父母①

（一九四八年四月二十四日）

叔父母二位大人膝下敬禀者：

近来身体康泰吧，饮食增多吗，家中诸事顺利吧，各位妹妹好吧。念念，侄。

去年四月间由家经过以后至今近一年了，心中早想去信，只因交通不便未如心愿，今有顺人，带去一信，请见信后如有顺便人来，可速示一回信说明老幼人等及家中情形，以免侄在外惦念，如没有顺便人，可暂缓来信。

自去年八月间刘邓大军南下，一直到大别山，这个区域的人情风俗习惯都很好，生活上也是非常的好。吃的完全是大米猪肉红糖等物。这块新区经过半年的斗争，土改工作搞得很有成绩。穷人均得到了土地，普遍的建立起我们的新政权，并到处开展着扩大的游击战争，这个地方各种工作都在轰轰烈烈的进行着。我们初到大别山在水土上虽然有点不惯，但是总不影响咱身体之健康。

最近大军返回淮北，现驻河南叶县西北地区，我的身体很好，工作很顺利，精神也很愉快，请勿远念。

再者关于我的爱人问题，自从年前十月间离开至到现下足有一年半的时间未通音信，同时因我前在之民主建国军，亦断绝了

① 选自《永远的丰碑》，中共党史出版社，2016年12月第1版，第95～96页。张顺乾（1917—1948），河北省清丰县（今河南省清丰县）人，牺牲时任中野六纵十六旅四十六团九连一排排长。

消息，所以现在不知我女人的下落，请大人见后，设法向武安西北卅里迁城村或晋冀鲁豫军政大学去信了解，我女人名叫——武玉珍的下落。以便将了解的情形告知我。并将我父亲及我兄银堂、弟弟荣堂三人的下落，来信告知。敬希大人见信后好好安心在家工作耕种田地，别不多禀敬。

祝全家老幼均安。代候诸位村干工作顺利，身体健康为祷。

小侄　顺乾

24/4/叩

这是1948年4月24日，烈士张顺乾写给叔父母的家书，也是张顺乾的绝笔。信中介绍了自己离开家以后在部队的情况，问询了家人的情况，并请求叔父母告诉父亲及兄银堂、弟弟荣堂三人的下落，还请求叔父母帮忙寻找妻子武玉珍的下落。整封信饱含着张顺乾对家人浓浓的惦念之情。

1917年9月16日，张顺乾出生于河北省清丰县韩村乡苏二庄（今属河南省）一个贫苦农民家庭。他从小跟着父亲和哥哥给地主扛长工，母亲则领着弟弟沿街乞讨。

七岁时，父亲和哥哥被地主逼债外出逃荒饿死在他乡，母亲忧病交加无钱医治惨死在土炕上。此后，张顺乾与叔叔相依为命。

1942年秋后，张顺乾离开家乡去南乐县找八路军，误入国民党新八军高树勋部。1945年10月下旬，国民党第十一战区副司令长官兼新八军军长高树勋率部起义后接受改编。张顺乾实现了当八路军的梦想，成了一名光荣的八路军战士。不久后，他到晋冀鲁豫军政大学学习，实现了他的求学梦。一年后，张顺乾毕业，被调任中原野战军第六纵队第四十八团第三营九连一排任排长。

1947年春，中原野战军第六纵队展开强大攻势，将国民党军队孙殿英部围困于平汉线上的汤阴县城，张顺乾所在的连驻守待命。4月20日，三营长下达了战斗命令：攻打汤阴的战役即将开始，九连为第一梯队，担任主攻任务。张顺乾愉快地接受了任务，又赶紧从孙金贵连长手里夺得了担当突击队的任务，全排战士在张顺乾的带领下，日夜挥锹，挖通了抵达墙根的壕沟。5月1日傍晚，解放汤阴的总攻打响，中原野战军的炮群向汤阴城猛烈轰击。张顺乾带领突击队冒着炮火硝烟奔到城下，架好云梯，朝城上攀登，刚接近城头，他身下的两名战士中弹摔了下去。他急得头上冒火，左手抓住云梯，右手抓起一束手榴弹甩进墙内，“轰轰轰”一阵炸响，上面的枪声哑了。张顺乾趁机飞上城头，一班长薛京洲和战士们迅速登城，控制了城墙上一块阵地。

突然，从左侧城堡内喷出火舌，密集的子弹朝城外阵地上倾泻，压得战士们抬不起头来。张顺乾从一名战士手中抢过冲锋枪，对准城堡洞口打出一梭子弹。为了给后续部队攻城打开通路，张顺乾连续打退对方九次冲锋。战斗在激烈进行，突击队伤亡过半，弹药消耗殆尽。张顺乾抓起一支步枪，上了刺刀。十几名突击队员也立刻准备拼刺刀。面对一群冲过来的亡命徒，张顺乾和突击队员们不动声色，当距离面前只有几步远时，他带领突击队员腾地跃起，一连捅倒三个。在突击队员们展开短兵相接的肉搏时，解放军后续部队火速赶到，牢牢控制了阵地。腿部负伤的张顺乾，顾不得包扎伤口，与战士们一起向城内冲去。次日凌晨，孙殿英与副官钻进地道逃命，被生擒活捉。此次战役，张顺乾被记大功一次，他带领的一排被通令嘉奖，第九连受到了表彰。

汤阴战役结束后，张顺乾所在的部队在刘伯承、邓小平指挥下转战鲁西南，打定陶，战羊山，解放开封、兰考，挺进大别山，攻中铺，袭广济，占领襄樊，张顺乾又立下了十二次战功。1948年10月，他所在团划归华东野战军第七纵队，奉命来到苏北战场。

1948年11月6日，淮海大决战开始了。战役进行到了第二阶段，12月10日黎明，张顺乾和六十名突击队员隐蔽在大王庄西面的工事里，等候着战斗号令。这里距蒋介石嫡系黄维兵团指挥部双堆集只有一公里，是核心阵地的制高点。拿下大王庄，黄维兵团的指挥部就危在旦夕。因此，这里由号称“英雄团”的国民党军队第一一八师第三十三团驻守。突击队长张顺乾深感责任重大。忽然响起闷雷般的炮声，华东野战军的重炮响起，大王庄内腾起阵阵烟雾。张顺乾跃出工事，带领突击队员冲向大王庄。开阔地上弹坑遍布，守军的火力严密，战士们每前进一步都要付出惨重的代价。张顺乾伏在地面上，看到右前方有个水塘，便当机立断向水塘前进。他们从一个弹坑跳到另一个弹坑，迂回曲折地接近水塘，又沿着塘埂匍匐前进，迅速地冲过了开阔地，占领了大王庄西侧一个土岗。此刻，突击队只剩下二十多个战士，他们的队旗都被炸得成了布条。战士们的伤口还未包扎好，大王庄内的守军就在坦克掩护下向土岗扑来。一辆坦克喷着火直撞张顺乾，他甩出两颗手榴弹，趁着烟雾从侧面靠近坦克，将炸药包塞进履带轮空隙，轰的一声巨响，坦克不动弹了。后面的坦克顿时乱了队形，急忙调头逃跑。张顺乾抖掉身上的尘土，带领战士们直插大王庄内，为后续梯队杀开了一条通道，第七纵队主力迅速突击而进，一场惨烈的白刃战在残垣断壁间展开。张顺乾和战士刘柱子在一堵矮墙内遭到围攻，两人连毙数敌后，刘柱子被敌人刺中后胸倒在了地上，张顺乾抡起一支刺刀都已经弯了的步枪，用枪托砸向敌人的脑袋。上午10时许，我方全歼了敌方所谓的“英雄团”。枪声、炮声停了，大王庄成了华东野战军的阵地。张顺乾命令战士们加固工事，包扎伤口，吃饱肚子，装满子弹，准备再战。中午12时30分，团长打来电话询问战况，并告诉张顺乾敌人可能在天黑之前对大王庄发起反扑，要他们做好打恶仗的准备。

下午4时，黄维调集三个团的兵力，在飞机掩护下，以坦克和火焰喷射器开道，向大王庄阵地发起猛烈进攻。张顺乾带领突击队员再次迎战。刺刀断了就用枪托，枪托坏了，子弹打完了，就夺枪再战。就这样，战斗一直持续到傍晚，而张顺乾带的突击队只有九个人了，那面突击队队旗还在阵地上高扬。夜幕降临，华东野战军增援部队到达大王庄，接替张顺乾的突击队坚守阵地。晚8时15分，顺利完成任务的张顺乾奉命撤出阵地。当他穿越大王庄西面的开阔地时，不幸被双堆集方向飞来的一颗流弹击中，为人民解放事业献出了年仅三十一岁的生命。

中共华东野战军党委根据张顺乾生前表现，追认他为中国共产党党员，并授予他“特级战斗英雄”称号。淮海战役烈士纪念馆中央大厅里陈列着张顺乾烈士的遗像。他目光炯炯，浓眉似剑，神情威武，展示出了一名共产党战士的坚强刚毅。

王玉英致丈夫①

（一九四八年八月四日）

李品贞同志台鉴：

哈哈，你最近的来信我已经收见了，内容知悉，你现在怎样，工作如何，精神一定很好吧，生活一定很美满吧。关于咱家的一切问题，我简单的告诉你。关于你的要求，品贞同志你放心吧，我一定能够照着去做！咱家的兄弟与姐妹之间都非常团结，志义与志堂现在都很积极的干活，今年的苞米现在刨完了，现在还没打，大概每亩地能打十几斤的样子。豆子、花生、地瓜现在长得都不坏，希你们努力安心工作吧。家里不用你惦念。

最后我这向你提出个要求，最近咱村和你们一起去的有荣华乔、许浚清同志来了喜报，人家立了四等功，这事我想你也知道，希你照着人家学习，争取更大些的功劳，这也是你的荣光，也是咱全家的光荣，好吧，回信再谈。

此致

敬礼

一队王玉英寄

8月4日

这是一封特殊的家书，是妻子给丈夫的回信，信中既有来自妻子对外出工作的丈夫的关心，又有着一个普通人民群众对于解放事业的支持。

---

① 选自《力量的源泉》，中共党史出版社，2016年12月第1版，第120～121页。王玉英，李品贞的妻子。

这封书信就是山东支前民工李品贞的妻子王玉英写给李品贞的一封回信。1948年，李品贞离家支前三个多月，给家中妻子写了一封信，写道：“玉英，念我离家已有不到三月的样子，未见你的来信，不知有什么问题。”来信谈道：“我要向你提个要求，在家要好好干活不要惹父母亲生气，这是我的要求。我这次支前也要努力苦干完成任务，一定要立下功劳。”李品贞担忧家中情况，向王玉英提出回信的要求，谈一谈家中父母的情况，同时也说明自己目前正在积极努力工作，争取为解放事业立下功劳。

王玉英根据丈夫的要求写了一封回信，在信中交代，她已经按照丈夫的要求照顾好了家中的老人和孩子，家中粮食产量高，大家都在积极劳动，他要积极工作，不用过多惦记家中情况。王玉英在写好家中情况后，也向丈夫提了个“要求”，在信中又写道：“最近咱村和你们一起去的有荣华乔、许浚清同志来了喜报，人家立了四等功，这事我想你也知道，希你照着人家学习，争取更大些的功劳。”王玉英希望丈夫能够塌下心，努力工作，向榜样学习，也要努力立功，成为家中的“荣光”。

在这封信中可以看到一个支前民工家庭的高尚情操和在中国共产党的带领下人民群众团结一致共同为革命事业不懈奋斗的精神！

1948年是解放战争的战略关键期，共产党在这一年进行了三大战役，即将解放全中国。在战争期间，由于我军后方补给跟不上，地方民兵组织人民群众为前线运送弹药和粮食。据统计，在解放战争的三大战役之中，支前民工高达八百八十余万人次，出动大小车辆一百四十一万辆，担架三十六万余副，牲畜二百六十余万头，粮食四亿多公斤。解放区的人民宁肯自己吃糠咽菜、忍饥挨饿，也要把粮食、被服等送给前线作战的解放军，并且组成运输队、担架队等随军行动，配合解放军作战。支前民工冒着枪林弹雨，依靠人力和简陋落后的工具，用肩挑、车推、驴驮、船运等方法，将大量的粮食、弹药等军需物资，源源不断地运往前线，然后再将伤病员送到后方救治，使解放军获得了充足的人力、物力的支援。在四平、苏中、鲁南、孟良崮、济南等战役中，人民群众全力支援前线作战，有力保证了解放军的节节胜利，发挥了巨大的作用，也作出许多牺牲。

支前民工不仅仅是家庭的荣光，更是国家的荣光、民族的荣光！正是因为有无数愿意为中国革命事业不懈奋斗的人民群众，我们才能有今日之美好生活！

毛岸英烈士致山东阳信乡亲[①]

（一九四八年八月十九日）

张大爷，张妈妈[②]：

二老好！离别二老，悠悠近月，天各一方，万分悬念！远隔关河，情怀衷肠。二老待我，胜似儿女恩德之重，铭刻肺俯（腑）。

一路平安来到河北省平山县西柏（西柏坡）村，暂分在中宣部工作，一切均好，万望放心。我要求到部队（前线）去锻炼，等组织决定后再秉（禀）。

敬祝健康及全家幸福！

请代问张会山二老好！

老乡们好！

杨永福[③]

1948年8月19日

1946年，毛岸英从苏联回到延安，同年加入中国共产党。他遵照父亲“补上劳动大学这一课”的要求，在解放区进行土改。1947年7月，中共中央工委在西柏坡召开了全国土地会议，并通过了具有指导意义的《中国土地法大纲》。会后，各解放区掀起了轰轰烈烈的土改和整党运动。毛岸英是全国土地会议与会者中的一员。根据毛泽东主席的提议，中央决定让

① 该信件保存于山东省滨州市阳信县河流镇张集联村毛岸英旧居（张家集土改纪念室）。

② 根据工作需要毛岸英当时到了阳信城东南的张家集村，被安排在张元林家居住，故用“张大爷，张大妈”的称呼。

③ 杨永福，毛岸英当时的化名。

毛岸英到农村一线参加“土改整党运动”。

毛岸英来到阳信不久，根据工作需要又转调到了阳信城东南的张家集村。毛岸英被安排在张元林大爷家的东屋里居住，这封感情质朴的信就是写给张大爷张大妈的。作为派驻的工作人员，毛岸英从不搞特殊，常常穿着一件父亲给他的肥大的旧军装，为了不让人发现他的身份，他化名“杨永福”，这也是这封信署名杨永福的由来。

毛岸英住在房东家里，与房东一家人感情非常亲密，他一有空就帮着挑水、扫地，房东张大妈也不把他当外人，像亲儿女一样待他，没几天就不称他“杨同志”而亲切地叫他“孩子”了。所以，当毛岸英离开后，给房东夫妻俩写道：“二老待我，胜似儿女，恩德之重，铭刻肺腑！”最令毛岸英感动的一次是他因受凉感冒，发起了高烧，张大妈忙将他让到自己的热炕上，烧了一碗红糖姜汤端到他面前。老人十分关切地说：“孩子喝吧，喝了出出汗就好了。”毛岸英接过汤碗，一句话也说不出来，两行感动的热泪扑簌而下。在物资匮乏的年代，红糖是特别稀罕之物，张大妈毫不犹豫地端给了岸英，就是把他当作了自己的孩子！

1948年春，中央工作团任务基本完成，广大农民分得了土地。5月，中央电令毛岸英调离阳信，回中央从事新的工作。当乡亲们得知杨同志要走的消息时，都纷纷前来与他道别。张大妈更是忙个不停，为他洗衣服、炒花生、爆米花、煮鸡蛋、包饺子、准备鞋袜等。晚上，大妈干脆将他的被子抱到自己的炕上说：“孩子，最后一个夜晚了，你就跟大娘住在一起吧。”全家人整夜未眠，长谈到天明。清晨，空中飘着绵绵细雨，张大妈早已将饭做好。吃过早饭，毛岸英背好背包与张大妈告别。大妈眼含热泪，双手握住他的手说：“孩子，你看这天，咱不能明天再走吗？”毛岸英哽咽着说：“不行啊大娘，军区的车还在等着呢。”“那，你就走吧，路上小心，千万别摔着。”就这样，张大妈一家与乡亲们簇拥着他来到村头。毛岸英含泪告别张大妈和乡亲们。当汽车远远离去后，张大妈仍站在雨中，依依不舍地相送……

走后，毛岸英没有忘记张大妈一家和乡亲们。农历八月十五，正当家家户户欢度中秋之时，“毛泽东的儿子来信了”的一声大喊，引得众乡亲纷纷走上街头。只见老村长张会山手里举着一封书信，人们簇拥着他来到房东张大妈家。拆开信封，从里面掉出一张黑白照片，大家仔细端详，正是乡亲们所熟悉的“杨同志”，简直就是瘦了一圈的毛主席。

张大妈和张大爷听到毛岸英已平安到达的消息，流下了喜悦的泪水，当他们知道这个孩子在为全中国苦难的群众做事情时倍感欣慰。

毛岸英的阳信之行，使他了解基层，了解农村，也与阳信的干部群众，尤其是与房东张大妈一家结下了深厚的情谊。他是一个年轻而又普通的士兵，是毛泽东的儿子，在他身上所表现出的良好品质和作风，给阳信人民留下了极好的印象。

许英烈士的两封信①

（一九四八年八月二十日）

亲爱的福、岳二弟：

自从我离开家十年来，母亲的生活完全依靠你们照顾，我非常感激。我难得直接在家照管母亲，但我的十年斗争又确是为了母亲与家庭长期的幸福。

听说你们在家从事农业生产，我很高兴，劳动最光荣，世界上的一切都是劳动创造的，我也在为保卫劳动者的果实而斗争。如今平分土地，是我党的政策，今日中国之必须。愿我弟必须遵守政府法令，积极生产，积极支援前线。

咱们家走了两条道路，不知父亲、哥哥在什么地方，如果在国民党那里，早就没有前途，是死亡的道路。现在人民解放军大举进攻国民党反动军，成千的将官都被我军俘虏，士兵为蒋贼独裁战死是太冤枉的道路，应该寄信叫他们回来。

现在，我们五大解放区联成一片，我有了通信机会，所以能寄信去并寄去相片两张，都是今年照的，这张半身的是我们打下鞍山进城时照的，那张坐着的全身像是我在打辽阳的战斗中缴获敌人的小照相机，可以自己照相，是自己照自己洗的，你看我的摄影技术学得还不错吧，如果回到家里照相可以不花钱，一定给

---

① 选自《解放军报》《共产党员的理想信念之歌——一封新发现的塔山烈士家书》，2002年10月28日版。许英（1921—1948），原名许彭山，祖籍河北省饶阳县，塔山阻击战前，四纵奉命肃清塔山防线之敌，十二师三十五团二营教导员许英和营长李文斌率部收复大东山，战斗中许英不幸牺牲，时年二十七岁。

你们好好照的。

我听说福弟已经结婚而且有了小孩，是吗？很好，将来回去我也可以抱抱，望你叫他好好学习，长大也好为人民服务。

我年纪大了，我准备干一辈子革命就算达到目的了，我现在很愉快，不必挂念并请问亲友安好，把信念给他们听，我就不另寄信了，并将我的事告知前街贾桂生叔知道，因为他是我革命的向导。

我在1946年1月，在张家口时去过两封信但不知收到了没有，里面也装有相片。家里的一切情形如何，我都想知道，亲友的情形我也很想知道，望能多多来信，现在我们全国解放区联成一片都可以通信，多写吧。

祝身体健康，增加生产。

兄彭山[①]敬礼

1948年8月20日于盘山县

母亲：

我想你……

“十年来，我想着那出门在外远不知天边的山儿[②]，我眼里含满了泪。他难道还会活在人间吗？忘记是哪一天，我记得好像是有一只燕子代（带）来了一封长长的山儿的家信。啊，那不是梦吧！起初，我还终日不断的悠念着我的儿子，现在十年了，也许他再不会存在于人间了，以后我便有时想起，却又很淡漠的从我的心坎间掠过，也许很少再忆起这令人心肠欲断的儿子的事。”

① 彭山，即许英。

② 山儿，即许英。

妈，你是这样的再想念着你的山儿吗？现在我回来了，我这封信如果能寄到你的面前，就好像我回到你的面前一样。可是，我却仍在遥远的东北人民解放军中服务，我真没想到会在军队里过了十年，现在我已是成年人了。十年的革命锻炼教育了我，我完全明白我这十年的斗争是无比的光荣伟大，我忍受了一切艰难困苦，在生死的危机情况下进行着顽强的流血的斗争，这是为了母亲、弟弟的永远解放。为着母亲的幸福，为着全人类的自由解放我情愿以死杀敌，我的光荣正是母亲的光荣，全家的光荣。

我在抗战胜利后往东北的途中遇见了金烤、洪风①，知道家里已是自耕农，我想，家是解放区，咱们可能划为富裕中农，也许以后平分土地时，部分土地分出了，如果确是这样望母亲不必难过，我们多余的土地即是剥削而来，真理就该退还农民，没有什么可留恋的，我们应该依土地法大纲去做，遵守政府法令，更应积极生产，支援前线，一切要为全人类打算，不能为个人利益计较，你有了这为人类解放事业而斗争的光荣儿子，你就是为人类解放事业而斗争的光荣母亲。我想母亲见广闻多、通达真理，也许早做了模范母亲哩！

儿现在于东北人民解放军第四纵队第十二师三十五团二营任教导员，改名叫许英，为着完成党给予的任务，到东北后，我曾日夜不停地工作着，也很有兴趣，生活很好。

明年我们就会打进关去，东北我们有强大的炮兵、飞机、坦克，百万大军将来轰轰烈烈地打进关去，全国的胜利就在眼前，那时再见吧！

---

① 金烤、洪风，即许英的同乡许金考、许洪峰，二人作为一二三师三六八团的战士分别牺牲在河北的张北和丰宁。

你的英勇的为人类解放事业而斗争的儿子　彭山

敬礼

祝母亲健康

1948年8月20日于辽宁省盘山县

这两封家书是战友在许英的口袋里找到的，一封写给弟弟，一封写给母亲。这两封没有送出的家书让我们仿佛看到了在战火纷飞的岁月，在夜深人静的时候伏案给家人写信的英雄。

许英出生在黑龙江省齐齐哈尔市一个东北军文书家庭。从小生活在日本侵略者的统治之下，许英看到的都是同胞们被欺压和凌辱的情景，这让他幼小的心灵受到极大的震撼。苦难的日子没有结束，九一八事变后，日本占领东北，许英父亲带领全家人返回原籍，誓不做亡国奴。七七事变日军侵略扩张至河北，西安事变后父亲抛妻弃儿随东北军五十三军南下抗日，在沦陷区许英和母亲以及两个弟弟受尽日伪和汉奸的欺辱。在本村老党员贾桂生的引导下，许英于1938年参加冀中抗日游击总队。所以，许英在信中交代弟弟要将自己的事情告诉贾桂生叔：“……将我的事告知前街贾桂生叔知道，因为他是我革命的向导。”此后，许英在冀中、太行山以及冀、鲁、豫地区参加了无数次战斗，在解放战争期间也奋勇杀敌。

在许英写给母亲的家书里，我们看到了一个铁骨铮铮的战斗英雄对母亲的依恋和爱。一句“我想你”，一句“现在我回来了，我这封信如果能寄到你的面前，就好像我回到你的面前一样”，饱含着十年来对母亲的思念和不在母亲身边尽孝的遗憾。他在信中写“燕子代（带）来了一封长长的山儿的家信”，一个十年没有回家的儿子，对母亲的思念只能寄托在梦中的燕子给母亲带去他的思念。这个共产党人没有退缩，虽然不能在母亲身边尽孝，但是他这十年的革命生涯解放了无数的母亲，结束了她们的黑暗生活，这就是共产党人的革命追求，也是对母亲最大的孝！所以，许英忍受困难和危机，奋勇杀敌，为着全人类的自由解放努力奋斗！

在家书之中，许英不忘记告诉母亲和弟弟，要坚决拥护党的政策，遵守法律，家乡在解放区，要将家中多余的土地分出去，多发展生产，参加劳动，支援前线。许英作为共产党员，将对家庭的小爱融入对祖国对人民的大爱之中，在家书中将党和人民的利益放在第一位。许英的父亲和哥哥在他年幼时加入国民党参加战争，所以在信中他告诉弟弟如果有机会一定要让父亲和大哥从国民党那里脱离，不要同党和人民为敌。

两封家书不仅仅展现出一个共产党人的大义，也有着作为家人的温情。在信中，许英给家人邮寄了两张照片，还欢快地告诉弟弟这个照片是今年新照的，自己亲手洗的，而且他在攻打沈阳时还缴获了一台照相机，以后回到家中可以给家里人照相。这一些小事是许英在战斗之余的爱好，也是他最有色彩的生活，所以他迫不及待地写在信中，想要告诉家人他在部队不仅生活得很好，还学会了照相。许英写完这两封感情真挚的信，还没来得及邮寄给亲人，就投入了战斗中。

在辽沈战役中，为保障主力夺取锦州，中国人民解放军东北野战军第四、第十一纵队等部队在辽宁省锦州西南塔山地区对增援锦州的国民党军所进行的防御作战，史称塔山阻击战。1948年9月27日，四纵奉命肃清塔山防线之敌，十二师三十五团二营教导员许英和营长李文斌率部收复大东山。战斗中，许英被敌人子弹射中喉咙，不幸牺牲，时年二十七岁。

战后，营长李文斌为烈士装殓遗体时，从许英衣兜里发现了两封家书。因战事繁忙，平津战役后，李文斌才将许英的家信寄出。烈士家属收到来信如获至宝，却不知烈士已牺牲一百多天，和烈士家属取得联系后，三十五团政委许军成、二营长李文斌均用书信向许英父亲介绍了烈士牺牲时的情况。

许英生在东北的土地，献身于东北的解放，他长在冀中又为冀中的人民而战斗。他用二十七岁的生命塑造了一座闪光的“精神宝塔”，用十年流血的战斗足迹谱写了给大地母亲的书信。

晋士林烈士致妻子①

（一九四八年九月六日）

建普同志：

记得在宝丰县我开会议时曾给你捎去一封信，那是七月底八月初（旧历七月初三的夜里）。转眼又是旧历八月初，目前中原路西已是仲秋天气。夜间盖夹被已感到有点冷。华北当比中原更好些，这里虽然雨季已基本上算是过去，但天气仍旧不是秋高气爽。

我们八月十五到纵队来查党。由纵队里查到团。花费了二十三天的时间，后天结束。我个人思想上主要的毛病是主观片面。个人英雄主义。你每次来信都指出我对人的态度不好。这次会上指出很尖锐。查过之后我的精神很愉快。我自从入党以来，从来没有经过这种帮助与教育。估计会后的工作及精神会比以前好转。至少犯了错误及毛病自己回头更快些。

上次你来信说后方留守处也曾实行三查，你个人收获如何？请你来信告诉我，我们现在驻地往华北去信只用两个礼拜即到。因洛阳早已却是控制于解放军之手。最近你的身体如何？学习进步如何？读什么书？是否每天都读报纸？你学习有什么收获？是否已到学校去，有机会可以去，咱们见面还得一二年。小平好吗？听卫生部孙部长说小平和他的孩子很团结，经常在一起玩。

① 选自《永远的丰碑》，中共党史出版社，2016年12月第1版，第116～118页。晋士林（1915—1948），山东省聊城县夏庄村（今属聊城市东昌府区）人，1937年入伍，同年加入中国共产党，1948年出任中原野战军第一纵队第二旅第四团团长，率团参加淮海战役，1948年11月19日，晋士林在黄家阻击战中牺牲。

很活泼，看见戏后要上台去看，又听医生说他春天曾见你，身体好，小平自己也会走很远，有人领着能走一里路，谁抱也都行。也学会不好的习惯——骂人。望你千万注意对她的教育。

这时即开始向好的方向诱导。教她学习念数目字。别学骂人。

你这两次来信都没有捎像片来，后方经济很困难吗？咱们新婚后在湖西大庄的照片我还保存着，可惜已经褪了色。今年秋天和夏天你又发疟子没有？从今年春末到现在我没有得什么病，自己很注意生活有规律，及适时运动。身上气力日见增加。

部队自南下后转战中原，工作能暇，多回忆往事及联系目前，常胡写打油诗，今将没有写完的一首寄给你。（因中原及战争尚未结束）

千里南下大别山，
战地鸳鸯望眼穿，
华北已觉欢聚少，
何堪两地音向难。
雪夜阻击太平砦，
老郑捎书谈鸿雁，
上言卿卿相思意，
下言平儿悦膝前，
寂寞心海情波起，
探药为愈谈和缓。
冬渡淮河又北上，
转战中原多半年。
华野北线下下洛，
刘邓鄂西下襄樊。

重点防御成画饼，
河南形将成内线。
睢杞会师战果赫，
南北交辉战沙南。
俩月休整伏牛岭，
秋高马肥再备战。
……

未完。

彭熬同志由洛来来信，千嘱你代为问候竹娥同志。因为他过去几信都未见回音。再，此留守处的老同志请代为问候梅、赵首长皆代问健康。

附上照片一张，这是我最近在开会期间，在我们院里一棵桂花树旁照的，因光线及技术问题都不好，故不十分清楚。

再谈吧，亲爱的建普妹妹，握你的手。

你的士林

写于叶县城北十二里之水牛杜

1948.9.6夜10时

晋士林有着丰富的作战经验和过人的军事天赋，从一个战士当上了团长，历任游击队员、正副班长、正副排长、正副营长、团长。1947年11月，在大别山北相店战斗中，他率全团连续打退了敌整编十一师的十多次冲锋，粉碎了敌人合围我中野主力的阴谋，保卫了指挥机关和刘伯承等首长的安全。

1948年淮海战役歼敌一八一师战斗中，晋士林带着被俘师长米文和令张公店守敌投降的信，只身闯入敌阵，劝敌一个团投降，这就是只身闯虎穴的故事。当时商丘的国民党军向徐州方向收缩兵力，国民党第五十五军一八八师五四三团负责殿后，结果被解放军包围在商丘的张公店，晋士林时任中野一纵二旅四团团长。虽然能够瓮中捉鳖，但他认为能够不费一兵一卒收复就更好了，于是只身前往对方阵地，展开政治劝说。当时国民党正在脱逃之际，听到士兵来报，五四三团的团长胡树基听后十分惊讶和紧张，问道："来了多少人？"通信兵回答说："一个。"最终有勇有谋的晋士林赢得了这场攻心战的胜利，他也得到了一个美名——"虎胆英雄"。

随着淮海战役的深入，华野四团接到了守备黄家村的新任务，由晋士林指挥。而他们即将面对的是国民党军王牌中的王牌——黄维军团。黄维军团武器精良，弹药充足，所以晋士林团打得异常艰苦，当胜利即将来临时，一枚炮弹却落在了他的身边，晋士林壮烈牺牲。

这封没有寄出的信是晋士林写给妻子的家书，写于1948年9月6日。在这封家书中，看到的不是一个山东大汉，而是一个充满温情的丈夫、饱含爱意的父亲。他问妻子建普："最近你的身体如何？学习进步如何？读什么书？是否每天都读报纸？你学习有什么收获？是否已到学校去，有机会可以去，咱们见面还得一二年。"一声声问候，代表着这个丈夫对远方妻子的思念，读后，仿若看到一个七尺大汉拿着笔倚在桌前看着那张褪了色的新婚照片，摩挲着她在照片上的笑脸，想着她现在的模样。随后又想到很久没见的小女儿平平，想着她蹒跚学步的淘气样，温情地说道："小平好吗？……很活泼……小平自己也会走很远，有人领着能走一里路，谁抱也都行。"但当听孙部长说女儿学会了骂人这个不好的习惯，他忧虑地交代妻子："望你千万注意对她的教育。"在信中他还将自己的目前工作问题告诉妻子，他现在存在着主观思想，通过党的教育和检查他已经认识到了问题，并积极地改正，这使他的精神得到了提升，在今后的工作之中也能以更饱满的精神投入。一个共产党人不管在什么时候都不忘记自己的初心和使命，时刻自省，将批评和自我批评贯穿于生活和工作之中，严格遵守党规党章。

这份对家人充满爱的家书，还未能寄出，晋士林就带领部队参加了淮海战役，并长眠在了那片他热爱的土地上。青山埋忠骨，不忘英烈魂，最终几经周折，晋士林的妻子看到了这封家书，也回了一封他永远看不到的信，信中写道："你虽长眠不醒，但你永世不朽的精神，我要继续下去。好好抚养你爱的平儿，为未竟之革命事业加倍努力，你安息吧！"两封永远寄不出的家书，让我们看到了一个血肉丰满的革命英雄，也让我们对那些为革命牺牲的前辈肃然起敬！

七十多年前的冬天，淮海大地硝烟弥漫。"六十万战胜八十万！"是无数有勇有谋、对中华大地充满爱的革命战士用鲜血换来的胜利，而今我们将永远铭记英勇智慧的共产党人和人民军队以一往无前、决战决胜的精神，为实现中华民族伟大复兴中国梦而不懈努力！

朱瑞烈士致母亲哥哥[①]

（一九四八年九月八日）

母亲，哥哥：

我在民国三十四年十月从延安到东北来，同年十二月彩琴[②]带淮北（大女儿）也到东北，在东北两年多了，我们身体都好。彩琴又生一女儿，名字叫"东北"，很像淮北，快能走了，满健康，彩琴原先身体不好，生东北后保养的好，现在很壮很胖，请勿念。

我在延安就做炮兵工作了，因我在苏联学的炮兵，我很喜欢这工作。到东北后，人民炮兵大大发展，我很高兴地做着，身体比过去更好了，工作精力更大，工作也还顺利。

东北发展很快，我想不久我们就要打进关，与华北会合。胜利（这次是真正的胜利）与家乡见面，希望母亲，哥哥，嫂子及小侄均健康，均团圆见面才好。

苏北及山东打仗很多，听说家乡年成很坏，不知家中如何。

母亲健康否，哥嫂健康否，如有可能，请写信来，因山东、苏北、东北可以通邮，写信是可以寄到的，只是慢点，不要紧。

---

① 选自《革命烈士书信续编》，中国青年出版社，1983年8月第1版，第227～228页。朱瑞（1905—1948），又名朱敦仲，江苏宿迁县（今宿迁市）朱大兴庄人，1928年加入苏联共产党，后加入中国共产党，1929年9月18日回国，1945年夏被任命为延安炮兵学校代理校长；1948年10月1日，朱瑞在辽沈战役攻克义县战斗中牺牲，时年四十三岁，是解放战争中解放军牺牲的最高将领。

② 彩琴，即潘彩琴，朱瑞的爱人。

农民翻身，国家才能强盛，我家有地出租，这就是地主，应该把土地自动献给农民，这才算名符（副）其实的革命家庭。我想，母亲及哥哥必定早做到。我记得在山东时母亲和哥哥都说过，我家都参加革命了，要地是没有用处的。这是对的。

苏北及山东跑反（四六年至四七年国民党进攻苏北和山东，老百姓叫跑反）士杰及坤一小玲（大哥的女儿、女婿和小孩）都跑到东北了，后来找到我们，现分配在哈尔滨工作（哈尔滨市南岗区公安分局），他们都好，在东北坤一又生了儿子，名叫七七（因七月七日生），一切都很好，还有朱家姐妹跑到东北，我均未找到他们，后来又都回山东及苏北了。我只接到朱爱华一封信，她写信告诉我她回山东去了。我同她也未见面。

听坤一说，大卓（大哥的长子）在跑反中走失，现在找到没有？

母亲是否仍在二姐家住？二姐家情况如何？各亲友情况如何？均请告知。

因为记挂母亲及哥嫂，去年六月曾派人到山东送信与照片给家里，因山东打仗，都没有送到，至今家中情况不了解，常觉不安，以期胜利后还能团圆，至盼。

至于各侄子辈，仍希统统推动他们出来参加革命工作或学习，才不致落到时代后边，甚至做对人民不利的事情，此事请哥哥负责领导他们。

祝：

全家君（均）安 各亲友好

敦仲敬上

一九四八年九月八日

另送上照片十三张，请为保存，以凭系念。

这是朱瑞写给母亲和哥哥的一封家书。从1925年出国留学，到1948年战死沙场，二十三年里，朱瑞一直在为革命事业不懈努力，未能回到家乡看一眼自己牵挂的亲人，他将对亲人的爱寄托在这封家书里。1948年7月，朱瑞从前线回到哈尔滨。9月8日，在即将奔赴辽沈战役前线的前夕，朱瑞给母亲和哥哥写了一封信。第二天，朱瑞看望了到哈尔滨出席全国第六次劳动大会的山东枣庄煤矿一位姓张的工人代表，并托他将信捎给在家乡的母亲和哥哥。9月10日，朱瑞告别妻女，从哈尔滨急赴辽宁锦州前线，10月1日牺牲于义县战场。噩耗传到哈尔滨时，这位张姓代表尚未返回山东，遂将信件送还给朱瑞的妻子潘彩琴，成为朱瑞未能发出的最后一封家书。此后，这封信一直珍藏在潘彩琴身边，直到她1994年离世。

早年离家，至死未归，朱瑞始终记挂着家中的老母亲，他知道远在故乡的母亲心中最担心的是他们一家人的身体健康，所以写信告诉母亲，妻子彩琴身体很好，“现在很壮很胖”，把大女儿朱淮北带到了东北，在他们的身边成长，小女儿朱东北也已经会走路了，请母亲不要惦念。随后，他又问及母亲、哥哥、嫂子等其他亲人身体是否安好，同时告知家人大哥的女儿、女婿一家人生活很安稳，不要担心。

字里行间暖暖的亲情也是一位游子的思乡之情，而远在江苏老家的母亲也一直牵挂着这个离家的小儿子。1935年10月，朱瑞到达陕北后给哥哥朱珮写了一封信，备述困苦，盼哥哥接济。老母亲看到这封信时号啕大哭，立即让大儿子去看望。朱珮凑足了四十块大洋，于1937年春天送到西安。朱瑞将哥哥送来的这笔钱一部分交了党费，一部分分给生活困苦的同志。朱瑞送朱珮回宿迁的路上说：“哥，看形势，中日必有一战，战争一开，共产党责无旁贷。我不大可能回家了。家里的白发亲娘，还有大大小小的事都在你肩上了。我这里先给你磕个头，你带给娘……”

这封红色家书不仅有浓浓的温情，还有着一个共产党人的家国情怀。朱瑞将军始终不忘初心，在信中写道：“农民翻身，国家才能强盛，我家有地出租，这就是地主，应该把土地自动献给农民，这才算名符（副）其实的革命家庭。”他恪守着共产党员的责任，劝诫家人要把土地主动分给农民，实现“人人耕者有其田”的目标。在这封盛满温情的家书中，朱瑞劝诫家人一定要教育好后代，要让他们积极参加革命，努力学习，不能落后于时代，要为人民服务。

毛泽东曾盛赞朱瑞将军是我军的“炮兵之父”，是中国人民解放军炮兵奠基人。他对自己的事业无比热爱，在信中写道：“我在延安就做炮兵工作了，因我在苏联学的炮兵，我很喜欢这工作。到东北后，人民炮兵大大发展，我很高兴地做着，身体比过去更好了，工作精力更大，工作也还顺利。”因为在做自己喜欢的工作，在为国家为人民不懈地奉献自己的力量，所以他觉得自己的精力更大了，这是真正小我融入了祖国的大我、人民的大我之中。

逝者已矣，但精神不朽。时间可以抹去痕迹，却带不走记忆。纸短情长，一封跨越几十年历史的红色家书，再次让我们感受那段炮火纷飞的峥嵘岁月，重温朱瑞将军的家书，回味经典，汲取力量。中国共产党人历经二十八年的艰苦奋战，带领中国人民“进京赶考”，新时代的青年人要走好革命前辈为我们打好基础的“赶考路”！

穆汉祥烈士致杨锡林[①]

（一九四八年九月十五日）

锡林：

今天反倒收到你八月二十二日的信，很奇怪？但是我是高兴的。

久未给你写信，一方面因我时间大部分被工作占据，剩余的时间我都很疲倦，懒得写信，现在我又在打哈欠了，但是看到你的信，我兴奋，我不愿时间拖延不回你的信。

从前我在考虑是否给你写信，因为我的思想，我的言论，总是反对现在执政的政党，我觉得他们是总理[②]的叛徒，他们走上了袁世凯第二。几十年的革命，没有把中国走（引）上进步的路上去，反要把几千万人民血汗得来的胜利送掉。贪官，污吏，政治的腐败，跟满清末年一样，比那时还要利（厉）害。那时他们嚷国家危急，要革命，现在不危急吗？他们糊里糊涂就要把这四万万人的国家送掉，那时我不愿写，一写我就是憎恨，这要影响你平静的生活，会给你带来不幸。

---

① 选自《革命烈士书信》，中国青年出版社，1979年12月第1版，第208～209页。穆汉祥（1924—1949），回族，祖籍天津武清，出生于湖北武汉；1949年上海解放前夕，穆汉祥接受党的指示，负责徐家汇地区各工厂迎接解放的准备工作，不幸被国民党特务逮捕，5月20日英勇就义，时年二十五岁。杨锡林，穆汉祥烈士小学时的同学。

② 总理，指孙中山。

对的，反对内战，全中国的人民谁不反对内战，只有王八蛋不反对。对的，八年的抗战你受了好多苦，全中国的老百姓都在受苦，那时一切贪污，腐败，人们都原谅。人们还有一个梦想一个希望，战后美满的梦，希望他战后会改好。但是胜利了，旁的事都不干，只晓得接收贪污，反而比战时坏。全国大部分在闹灾荒，他们偏要打内战。从前打日本只知会跑，现在打内战倒得意得挺凶，这些我们人民还有什么希望？……奴才不能受的一天也会反脸，看吧有那一天！

你沉闷好吗？我不希望你有所行动，我只望你多读书，认清现在的中国。

你好

祥弟

九月十五日

这封信是穆汉祥写给自己的小学同学杨锡林的。在信中，我们可以看到一个革命者对于反动派黑暗统治的痛恨和对光明的渴求，信中写道：“他们糊里糊涂就要把这四万万人的国家送掉……一写我就是憎恨。”他用质朴的语言表达了一个共产党人的爱国之情。

穆汉祥的爱国情怀与他的生活经历不无关系。穆汉祥祖籍在天津，出生于武汉。武汉原称汉口，早在1858年中英签订《天津条约》后开设为通商口岸，生活在这里的人民饱受苦难，帝国主义、封建主义、官僚资本主义三座大山压在了贫苦的中国人民的身上，给幼小的穆汉祥埋下了革命的种子。六岁时，穆汉祥跟随父母，迁居到重庆生活。后来，在他上小学期间，日本全面入侵中国，重庆成为陪都，多次遭到空袭，生活在战火中的穆汉祥与他的小同学们一起办起墙报，演唱抗日歌曲，进行抗日宣传。1943年夏，穆汉祥毕业于中央专科职业学校，进入长寿二十六兵工厂任技术员。抗日战争胜利后，他考入重庆交通大学电讯管理系，次年，随交大迁回上海。

穆汉祥到达上海后，目睹统治者的腐败和社会黑暗，不断思考“中国向何处去？”的问题。在求知的过程中，他参加进步学生组织“知行社”，开始阅读马克思和毛泽东的作品，并把鲁迅的名言“横眉冷对千夫指，俯首甘为孺子牛”作为自己的座右铭。穆汉祥把马克思主义作为自己的信仰。所以他在信中写道：“……我的思想，我的言论，总是反对现在执政的政党，我觉得他们是总理的叛徒，他们走上了袁世凯第二。”穆汉祥在信中清晰地向自己的同学杨锡林表达了自己的立场，反对国民党当局，认为他们是倒行逆施违背广大人民意愿的反动政府。

穆汉祥将自己与劳苦大众紧密联系在一起。国民党统治区发生大灾荒时，他立即贴出有三百多位同学签名的救灾呼吁书，并组织募捐小队，自己带头捐献。在中共交大地下组织支持下，成立了救灾反内战运动委员会。其中一个无家可归的孤儿被穆汉祥当作兄弟照顾，穆汉祥给他衣被，用自己的伙食卡让他到食堂吃饭，自己却挨饿受冻。他还主办了《民众报》，散发到徐家汇和市内许多工厂，以揭露社会黑暗。穆汉祥在护校斗争中创作的《交大万岁》，在反饥饿、反内战、反斗争中创作的《向炮口要饭吃》等漫画，在当时起了很大的鼓舞作用。穆汉祥希望用自己的努力来帮助更多的人，让他们能够度过战争，实现“战后美满的梦”。

为迎接解放军进军上海，穆汉祥受组织指派摸清徐家汇、虹桥路一带国民党军队的设防、仓库和主要建筑物等情况，为了早日掌握情况，他废寝忘食，昼夜奔走。1949年4月30日下午4时许，在完成任务返回途中，穆汉祥被中统特务发现逮捕，与后来被捕的学生自治会干事史霄雯关在同一所牢房，受尽酷刑。5月20日黎明，他们在高呼着“中国共产党万岁！”的口号，牺牲于宋公园（今闸北公园）。穆汉祥用自己的生命与黑暗腐败的国民党当局作斗争，正如信中所写：“反对内战，全中国的人民谁不反对内战……那时一切贪污，腐败”。

“我们应该不惜流血，不然会使下一代流更多的血。”“我愿做地下的泥土，让人们践踏着走向光明的彼方。”这是穆汉祥烈士留给我们的铮铮誓言，他用鲜血实践了自己的誓言。上海解放初，交大同学在虹桥公墓找到两位烈士遗体，在校园里建立了穆、史两烈士墓。墓碑上镌有陈毅亲笔题词——“为人民利益而光荣就义是值得永远纪念的”。

王孝和烈士致妻子①

（一九四八年九月二十七日）

瑛妻：

我很感激你，很可怜你，你的确为我费尽心血，今天这心血虽不能获得全美，但总算是有收获的。我的冤还未白，而不讲理的特刑庭就决定了我的命运，但愿你勿过悲痛。在这个世界上，不是有成千成万的人在为正义而死亡？为正义而子离妻散吗？不要伤心！应好好的保重身体！好好的抚养二个孩子！告诉他们，他们的父亲是被谁所杀害的！嘱他们刻在心头，切不可忘！对我的双亲，你得视如自己亲父母一般。如有自己看得中的好人，可作为你的伴侣，我决不会怪你，而这样我才放心！

但愿你分娩顺利！未来的孩子就唤他叫佩民！身体切保重，不久还可为我伸冤、报仇！……特刑庭不讲理！乱杀人，秘密开庭，看它横行到几时？

你的夫王孝和血书

三七·九·二七·二时

---

① 选自《革命烈士书信续编》，中国青年出版社，1983年8月第1版，第219～220页。王孝和（1924—1948），浙江鄞县（今宁波市鄞州区）人，1941年5月加入中国共产党；1948年1月当选为上海电力公司工会常务理事，在王孝和的带领下，上海电力公司工人在同国民党上海反动当局的斗争中发挥了重要作用；1948年4月21日，由于叛徒的出卖，王孝和被国民党反动军警逮捕，9月30日上午，王孝和在提篮桥监狱刑场英勇就义，时年二十四岁。

王孝和是一名进步学生，在校读书期间就参加学生爱国运动，对反动派的白色恐怖十分憎恨。王孝和在1941年5月加入中国共产党，1943年由党组织安排进杨树浦发电厂工作。三年的工作让这位年轻的党员迅速地成长起来，1946年在上电工人九日八夜罢工斗争中他表现出色，当选为厂工会干事、工会常务理事，为维护工人利益，不顾特务威逼，领导工人与厂方斗争。

1948年9月24日，刑庭以“连续教唆、意图妨碍戡乱治安未遂”的所谓罪行维持王孝和死刑判决。在临刑前，他接到党支部负责人的指示——为更好地争取群众、揭露敌人，临刑时不能喊政治口号。一个共产党员在为党的事业即将献身的最后时刻，不能倾吐对党的衷情，内心是何等痛苦？但为了党的利益，他无条件地服从党组织决定，并以隐晦笔法，给战友及亲人们挥就了悲壮的三封遗书：一封给狱中难友，一封给年迈的双亲，一封给妻子。

给妻子的这封信情感真挚。王孝和被捕之后，当时其妻子怀有身孕，即将分娩。王孝和在绝笔书中给未谋面的孩子起名为“佩民”，一个“民”字，既表达了父亲对孩子深深的父爱，也寄托了一个共产党人的忧国忧民之情。王孝和牺牲后的第三周，他的二女儿佩民出生，据二女儿回忆，她对父亲的印象是从母亲的描述和几张刑场上的照片中获取的，这个高大、英俊、爱党爱家的男人将他的一生定格在了二十四岁。

王孝和与妻子感情非常好，他每天出门上班前都要与妻子说再见，要亲吻大女儿的脸颊。他牺牲前仍然牵挂着妻子，在给双亲的信中写道：“瑛，她太苦了，盼双亲视若自己亲女儿，为她择个好的伴侣，只愿她不忘儿，那儿虽在黄泉路上也决不会忘恩的。”就是这样一个有情有义的男人却惨死在了反动派的屠刀之下。

在这封家书中，我们更多看到的是一个共产党人对黑暗社会的控诉，对光明和正义的追求。“在这个世界上，不是有成千成万的人在为正义而死亡？为正义而子离妻散吗？”虽然身陷囹圄，但依然坚守正义，认为自己只是成千上万个为追求正义而死的人，他自己十分自豪；对于反动派特刑庭的无端杀戮，他出言怒喝，并告诫自己的亲人，一定要为他洗清冤屈。

王孝和给父母写了一封家书——《狱中给父母的信》，在这封家书中表达了儿子对不能在父母膝下尽孝的悲痛，更体现了一个共产党人的高尚情操。在信中，他用带血的双手写道："但愿双亲勿为此而悲痛，因儿虽遭奇冤而此还是光荣的，不能与那些汉奸走狗贪污官吏可比！"虽然王孝和没能在父母身边尽孝，但他用他年仅二十四岁的生命致敬祖国母亲，正是因为有众多不计得失、不问生死的热血青年，中华民族才能站起来！

王孝和在给难友的信中写道："有正义的人士们，祝你们身体健康，为正义而继续奋斗下去！前途是光明的！那光明正向大家招手呢！只待大家努力奋斗！"王孝和用自己鲜血在向光明致敬，鼓励大家努力奋斗，不要退缩！王孝和坚强不屈，当反动派决定处决他的消息传出后，上海媒体和群众聚集在监狱外，纷纷声援王孝和，谴责反动派暴行，而他步履从容地走向刑场，并高呼："反动政府要垮台，要垮台……"子弹从他心脏旁边穿过，王孝和因失血过多而英勇就义。

大公报摄影记者冯文冈用相机记录了王孝和生命的最后时刻，记录了一位年轻共产党人的信念、勇敢和担当："我一定用我的生命保卫党，保卫工人阶级的崇高事业，永不动摇，一直革命到底！"英勇的战士用一生践行着他的入党誓词，用自己的鲜血染红了共和国的旗帜！

张锡珠烈士致父亲①

（一九四八年十月九日）

父亲老大人台鉴：

自年七月南渡黄河后数月未给大人去音。因情况关系驻防没定地方，从儿南征以来，在河南省县差不多都到了。从新安县到洛宁、宜阳、鲁山、嵩县、郏县、临汝、禹州县、洛阳，打开河南省会开封、舞阳、信阳、南阳等几十座县城，都被我们刘邓大军收复，胜利。无计在数，说不完，说不近（尽）。全国的胜利是快了，蒋介石的亡灭也快了，你们听到前几日阳历九月二十四日下午五时，全部解放山东省会济南市吗？活捉山东蒋匪总指挥官王耀武吗？胜利和好的消息太多了不说了。

大人身体健康吗？甚念。儿的身体强壮，望大人不要结计（惦记），吃穿都不感困难，请放心。我的工作很顺利，现在人民解放军野战九纵队二十七旅八十一团一营工作。另外墨喜在家上学吗？希大人教训他好好读书，长大成人要他半耕半读，望大人代问外父好吗？身体健康，并代问仁清、计清叔父身体安好！并代问姑姑姑丈好，章固姐夫姐姐好，并告诉他们在河南省工作顺利，身体健康，请他们不要挂念。我对大人眼下不能奉供，儿在外近（尽）忠就是近（尽）孝了，只有锡福兄代劳奉供大人也是应该的，什么时候中国胜利了，我就能回家探望老人，否则不

① 选自《永远的丰碑》，中共党史出版社，2016年12月第1版，第98～99页。张锡珠（1916—1948），河北人，1938年入伍，1939年加入中国共产党，1948年牺牲时任中野九纵二十七旅八十一团一营政治指导员。

回家。墨喜的娘希大人告诉他（她）说，不原（愿）离开咱的家，原（愿）意奉供来人，并原（愿）意把儿墨喜养大成人很好，她是有志气有良心的女人，有功劳。告诉她，全心全意在家过日子吧，如她原（愿）意离开咱的家也很好，以上一切和家里情况希大人来信都说详细明。不多叙。

谨上。

儿　张锡珠

阳（历）十月九日【*1948年*】

这是一封战士的绝笔信。1948年10月9日，张锡珠写完这封给父亲的信，便参加了淮海战役。

淮海战役是继辽沈战役之后三大战役中的第二次战役，也是解放军牺牲最重、歼敌数量最多、政治影响最大、战争样式最复杂的战役。淮海战役于1948年11月6日开始，1949年1月10日结束，徐州“剿匪”总司令部刘峙指挥国民党军五个兵团、四个绥靖区部队，另外有从东北和长江中游增援的四个军，总兵力近八十万人。在这次战役中，国民党军共五十五万五千人被消灭及改编，解放军伤亡十三多万人。

张锡珠也在信中讲述了他随军战斗的经历和革命胜利的大好形势。他们的部队从农村到城市，从县城到省会，由新安县到洛宁、宜阳、鲁山、嵩县、郏县、临汝、禹州县、洛阳，打下河南省会开封、舞阳、信阳、南阳等几十座城市。这个好消息张锡珠急切地想告诉父母，河南大部分地区都已被他所在的刘邓大军收复，河南解放战争胜利在望！张锡珠跟随部队一路饮马黄河，解放中原，中国的革命即将走向胜利，蒋家王朝即将灭亡。就在张锡珠给父母写信之际，我解放军在济南战役中活捉山东蒋匪总指挥官王耀武，胜利的消息振奋人心，鼓舞士气。这些令人兴奋的好消息都亟待与家人分享，就如张锡珠信中所言，“胜利和好的消息太多了”。

在家书中，他告诉家人自己身体健康，工作顺利，吃穿不愁，现在人民解放军野战九纵队二十七旅八十一团一营工作，以后父母可以寄信给他，张锡珠在信中憧憬着未来，使得这封信中处处洋溢的是革命形势大好的喜悦。

这封信中也写满了对父母和妻儿的关心和惦念。张锡珠自从参军，已经有十年没有回家了，他在信中写道："我对大人眼下不能奉供，儿在外近（尽）忠就是近（尽）孝了。"张锡珠对于自己不能在父母身边尽孝，十分遗憾，自古忠孝难两全，他只能忍痛选择先为国尽忠，待胜利结束后回家尽孝，于是信中写道："什么时候中国胜利了，我就能回家探望老人，否则不回家。"但是张锡珠没能想到，他这一生未能实现在年迈父母身边尽孝的愿望。十年未归家，除却年迈的父母，年幼的儿子和年轻的妻子，都是他牵挂的对象。张锡珠叮嘱父母，一定要督促儿子学习，日常生活中不能溺爱孩子，儿子要能独立承担起家庭的重任，以后的生活要劳动与学习相结合，成为一个对社会有用的人。他对于儿子的教导体现了一个父亲对于不能在儿子身边陪伴其长大的内疚以及对儿子深沉的父爱。而对于妻子，张锡珠则是愧疚和感恩，他长时间不能在妻子身边，家中的重担压在了一个女人的肩膀上，而他是一名战士，还不知道未来是否能给她幸福，于是在信中告诉父母："墨喜的娘希大人告诉他（她）说，不原（愿）离开咱的家，原（愿）意奉供来人，并原（愿）意把儿墨喜养大成人很好，她是有志气有良心的女人，有功劳。告诉她，全心全意在家过日子吧，如她原（愿）意离开咱的家也很好。"张锡珠将选择权交给了妻子，他只希望她能获得幸福，他自己的生死置之度外，还想到妻儿的去处，请兄长帮忙照看父母。从他的身上可以看到一个有情有义、尽忠尽孝的共产党战士。

七十多年前，是张锡珠等烈士在淮海大地浴血奋战，见证了世界军事史上的经典战役。他们，一片赤胆忠心，用生命书写人民的胜利，将名字刻入共和国的丰碑。正是他们的浴血奋战，才有今天的幸福生活。七十多年后，重温这封烈士的家书，重温那段波澜壮阔的历史，让我们从中汲取催人奋进的力量。

李树桐烈士致父母[①]

（一九四八年十月十二日）

父母亲大人膝下：

你们的来信我于十月十二日在汶上县城南十余里乌神庙村收到，特复信告知我一切情况，以免二老挂念。我们部队自去年八月间由于完成杀敌任务，故担负了外线出击、解放中原，大反攻的战斗任务。此期间，是转战河南省、安徽省、湖北省，总之是走马中原区，歇马长江。年来进行的小仗不说，大仗亦有，首战鲁西南菏泽、巨野间沙土集，全歼蒋匪五十七师。转战平汉路、许昌、漯河、确山、汝阳，歼敌四、五万。转西去打下中国古都洛阳城，东上攻克东京、开封、汴梁城和睢杞战役大胜，共歼敌十四万。又北来打下济南，守敌十万全歼。

建设了扩大的新解放区，总之我们所到之处，群众是欢声鼓舞，雷声轰动，真是有担词糊酱（箪食壶浆）欢迎人民的子弟兵，敌人却望风而逃。我们的生活很好，因河南只产麦，故部队都是终年吃麦子，菜又很便宜，故不时每人每月吃一斤猪肉，因之我的衣食住行都很好，请放心。

转战中原不但取得如此胜利，并见到很多名胜古绩（迹），已作述明，即是开封城里有名的宋朝的天子殿、相国寺、铁塔，

① 选自《永远的丰碑》，中共党史出版社，2016年12月第1版，第92～94页。李树桐（1919—1948），山东省寿光县（今寿光市）斟灌村人，1938年春参加八路军，同年 9月加入中国共产党，历任政治指导员、团政治处主任等职；1948年10月12日，李树桐随军转战淮海战场，11月13日在唐家楼战斗中牺牲，年仅二十九岁，时任华东野战军八纵队二十二师六十六团政治委员。

全国驰名的登丰（封）县七十二寺中的少林寺，并看过和尚的拳术，南阳卧龙岗诸葛孔明的茅庐，许昌曹操献关公红袍的八里桥……等。

我的身体很好，只是在今年六七月间连战二个多月，终日战斗吃喝睡都不好。在开封战斗中，正是炎热之机（际），又因死人很多，房屋被炮打毁、飞机炸坏，火热很烈（厉）害，臭味很大，故七天七夜未睡一点觉，只是喝点水，吃不下饭。睢杞战役更烈（厉）害，整个部队十二天中只睡觉三个钟头，吃好饭只六次，当时部队多，战斗烈激（激烈），所到之处井都喝干，故因此胃疼月余，吃不下饭，现已好了。

咱处情况我大体了解，因潍县城之捷见到了报纸，济南战斗中又见到寿光的担架队，是（使）我很放心。现所要了解的是你们二老身体强壮否，特别我母亲近年来体弱多病，更让我挂心。特请你二老好好爱护身体，是我在外不能面前孝敬的至盼，枚檀三弟如何，全家人如何，再来信时要详告，以免我挂念。

再者咱庄群众组织如何，谁负责任，农会组成了没有，土地分配进行了没有，如何分的告我，并请你们执行政府告令、农会决议，咱的土地财产要如何分即如何，千万别不乐意，……等。同时也应看到这样土地划分对咱也有好处，自耕自食负担减少，同时都有地种，社会安宁无匪患之优（忧）。生产的东西多了，物价便宜，日子已好过，并把此道理讲给我树忠哥听，要他也这样做，后街俊廷大爷也要这样做才行。

汉臣三哥自去年他给我来一信至今未连（联）系上，他现在哪里工作，你们知道时也告我，南吕何方宏表哥，他在何处也告我，国涛侄现在哪里也告我，树明哥现回家了没有，他的情况也告我。

咱庄里又有过来工作参军的没有，可告我。咱庄里在张景月那里的秘芝（高秘）、芝河、鸿普哥家里的太西头饶，这些人现都如何。李代家英伟在家作（做）什么？都要详细告我。

我仍在华野八纵廿二师六六团工作，回信仍寄此即可，不过前信是寄廿四师，不对，特此说明今后注意不要错了。

敬祝

身体健康，并问树忠、树声哥、俊廷大爷，全家安好。

李树桐草

十月十二日晚十点钟【1948年】

李树桐出生于一个农民家庭，在读小学时就开始接触共产主义思想，他在学生中宣传苏联革命建设的成就，宣传平均地权、集体劳动等思想。1936年，李树桐小学毕业后进了潍县广文中学读书后，革命思想更加坚定，积极组织青年学生秘密开展革命活动，研究马列主义学说。到 1938 年前后，团结在李树桐周围的进步青年学生不下几十人之多。七七事变爆发后，开展党的活动越来越困难，李树桐毅然放弃学业，离开了家乡，于 1938 年在胶东参军。在抗日战争时，李树桐开展思想政治工作，鼓舞部队的抗日士气。在解放战争时，他身先士卒，率领部队参加了鲁西南战役、孟良崮战役、豫东战役、睢杞战役、济南战役等。经过战争的历练，李树桐逐步成长为一名优秀的指挥员和政工干部。

1948年11月6日淮海战役打响后，李树桐率部队于11月13日参加了战役第一阶段围歼黄百韬兵团的唐家楼战斗。这是一场异常惨烈的战斗，面对负隅顽抗的敌人，在战斗反复拉锯的关键时刻，身为团政治委员的李树桐身先士卒，带领战士向敌军阵地反复发起猛攻，不幸胸部中弹，光荣牺牲。根据华野八纵二十二师六十六团军报报道："为了切断黄百韬兵团的退路，我军与敌军展开惨烈的逐村争夺战，付出了很大的代价。二十二师六十五、六十六团就在唐家楼受到了重大伤亡，六十六团政委李树桐牺牲在反复冲杀的第一线，终以我军的顽强压倒了敌人的顽抗，全歼国民党军

‘精锐’的六十四军四七五团，取得了阶段性胜利。”

这是李树桐写给家人的一封家书，但还没来得及寄出，他就随军转战淮海战场。战斗结束后，战友们整理李树桐烈士遗物时，发现了这封家书。从这封家书中我们可以看到三个层次的意思：一是介绍自己参加过的战斗以及大好的革命形势；二是向家人介绍自己目前生活情况、现在部队安排的衣食很好、自己的身体健康；三是询问家中的情况，表达对家人的思念之情。

第一层次的家书中，李树桐向家人讲述了随军转战的战斗历程，此时的革命形势好转。1948年9月在西柏坡召开了九月会议，全国的军事、政治和经济形势都发生了重大变化。战争开始时的国民党军兵力由四百三十万人减少到三百六十五万人，而且被解放军分别钳制在东北、华北、西北、中原、华东五个战场上，能够进行战略机动的兵力已寥寥无几。人民解放军的总兵力，由战争开始时的一百二十七万人发展到二百八十万人，敌我兵力对比，已由战争初期的3.4：1缩小到1.3：1。虽然在敌我总兵力的对比上我军仍属劣势，但在战场上的机动兵力却大大超过敌军，战斗力大为增强。在我军的强大军事攻势下，李树桐跟随部队建设扩大了新解放区，正如信中所讲：“转战河南省、安徽省、湖北省，走马中原区，歇马长江。”而新解放区的老百姓也是载歌载舞，所到之处呈现出“担词糊酱（箪食壶浆）欢迎人民的子弟兵”的感人场面。

第二层次是向家人介绍自己目前生活情况、现在部队安排的衣食很好、自己的身体健康。他在信中写道：“我们的生活很好，因河南只产麦，故部队都是终年吃麦子，菜又很便宜，故平时每人每月吃一斤猪肉，因之我的衣食住行都很好，请放心。”这些参军参战的将士就是为了保护解放区老百姓土改的胜利果实而浴血奋战，但是战争的残酷性是每一位参军参战将士的亲人们所担忧的，所以他想通过自己能够吃到麦子和猪肉，胃病也好了，来告诉家人自己在部队平安且生活很好，不用担心。

最后李树桐询问家中的情况，并希望家人能够将近期的情况写信告诉他，以慰他的思念。李树桐十分牵挂母亲的身体情况，自己不能在父母身边尽孝，只能在信中拜托杖檀三弟替他孝顺父母，并把母亲的病情和全家的情况写信告诉他。在信中他一再嘱托家人要珍惜现在解放区的大好生活，好好参加生产，执行政府政策，不要因为他的身份而有其他想法。

读完这封家书，一个共产党员、一个优秀政治工作者和一个重亲情的革命军人的形象跃然纸上。李树桐烈士的这封家书是当时无数共产党员的缩影，他们浴血奋战，为了新中国抛头颅洒热血，从来没有想过索取。

赵良璋烈士致友人①

（一九四八年十月十九日）

铁华、壁谱、瑞甫：

人生无不散的筵席，我大去之后，平仲方面最好是改嫁。在监的东西完全由你们收下，在马法官同真处有我51派克金笔一支，手表一支（块），可要回来，也可做个纪念。

我是带着勇敢与信心就义的，我虽倒了，但顽强的性格仍使我精神永不灭亡，这里请你们放心。

我已有一信给平仲，一切都拜托你们了。

拥抱你

良璋绝笔

十.十九

1939年，赵良璋为救国考取国民党空军。但是进入空军军士学校后不久，他对政府感到非常失望。飞行员的生活非常腐化，金钱会送入他们手中，美女主动投怀送抱，他们私下里还会做些倒卖金条交换经济情报、偷运贵重物资等勾当。国民党当局的腐败生活让这个一心救国的青年十分愤

① 选自《革命烈士书信续编》，中国青年出版社，1983年6月第1版，第213页。赵良璋（1921—1948），江苏省南京市六合县（今六合区）人；日本投降后，赵良璋调任北平国民党空军第二军区司令部总务科参谋，此时他与共产党发生联系，进步很快，不久光荣入党；根据党的指示，他利用有利环境，打入空军司令部战情科，冒着危险，克服各种困难，积极收集和提供了许多重要情报，为解放战争的胜利作出重大贡献；1947年9月，北平地下组织遭敌破坏，赵良璋等人相继被捕，由于叛徒指证，赵良璋于1948年10月英勇就义，时年二十七岁。

恨和无奈。此时，他只能将自己的志向寄托于音乐之中。在抗战期间，赵良璋以野雪为笔名，在《新音乐》杂志上陆续发表了《假若我为了真理而牺牲》《囚徒之歌》《春》《绿》等歌曲，来表达自己的爱国之情。

1945年夏，赵良璋决定奔赴解放区，参加共产党，于是他从成都赶到重庆，秘密拜访了中共驻重庆办事处的薛子正。薛子正对赵良璋说："你留在国民党的空军中比去解放区作用大得多。现在成都空军还没有中共地下党组织，你最好返回成都，潜伏于空军为党工作。"赵良璋虽然一心向往解放区，也知道返回空军开展秘密工作的危险性，但为了革命事业，他接受了党组织的安排。回到旅店后，他用一天两夜的时间写成了两万字的《国民党空军概况》，临行前交给了中共驻重庆办事处。

1946年夏，赵良璋随着国民党空军第二军区司令部调往北平任总务科参谋。为了收集到有用的情报，他又设法调到了情报科任参谋。1946年底，赵良璋光荣地加入了中国共产党。赵良璋往返于北平、南京、上海等地收集情报，几个月来都非常周密，没有半点儿差错。却不料，1947年9月，党在北平的地下电台遭到破坏，10月，赵良璋受牵连，不幸在南京被捕。

特务们审讯赵良璋时采取的是车轮战术，三天三夜不让赵良璋睡觉，赵良璋的疲倦达到极限后，人变得神志迷糊、精神错乱，但他还是坚持说什么都不知道。三天后，审讯人员收到了北平寄来的材料，其中有一份北平空军司令部印制的"敌我军力对比地图"，上面赫然签着"野雪"两个字。大家都知道，"野雪" 正是赵良璋的笔名。赵良璋看到自己签名的情报一下子从恍惚中惊醒过来。面对审讯人员的质问，赵良璋坦然面对，毫不犹豫地承认了这是他送出去的情报。

在牢中，赵良璋是最乐观的一个。他的口袋中装着写给夫人蒋平仲的遗书，却整天忙着搞各种娱乐活动，创造各式各样的游戏与大家一起玩耍。他用别人送食品带进来的纸匣子，做成一副纸牌，教难友们打百分，欢笑声驱散了大家心中的郁闷，为阴暗岁月带来一丝乐趣。

1948年10月19日清晨，赵良璋等五人被带出院子，双手被铐起来照了相。宣判后，赵良璋等五人开始写遗书。这封遗书不长，但短短数百字让我们看到了一个共产党人的坚定信仰。在遗书的前半部分，他用平淡的语言告诉自己的妻子蒋仲平，日后不能继续陪伴她了，她可以将他的遗物要回来留作纪念。之后他便带着坚定的信仰英勇就义，并道："我是带着勇敢与信心就义的，我虽倒了，但顽强的性格仍使我精神永不灭亡……"赵良璋从入党到就义只有短短的两年时间，时间虽短却练就了他钢铁一样的意志和勇敢的信心，让他慷慨就义。

赵良璋一生都在追求光明，正如他自己在信中写的一样，他虽然倒下了，但他的精神永不灭亡。他一生都奔走在为四万万同胞谋求光明的道路上，不畏强权，不慕名利，为自己所追求的事业献出了宝贵的生命。他是隐秘战线上伟大的战士，他的精神值得我们学习！

陈洪汉烈士致父母[①]

（一九四八年十一月二十日）

父母亲大人：

我由家出来至今十一年了，因战斗没给你老人去信，罪感甚矣。我出来开始参加晋豫边唐支队，后编新一旅，打败日本后又改编中原军区野战军第九纵队第二十六旅七十八团，现在郑州、开封、徐州一带打仗。我离家一切均好，并与（于）1946年于豫北焦作结了婚，女人是个中学生，现在解放军干属学校任教员工作，去年四月生个男小孩很聪明。我的文化比前大大提高了，并学了不少本事，当我把蒋介石打垮后，返里，看大人，请大人原谅吧。因怕家没有人所以有些问题不能详叙，等你回信后再谈。

祝大人健康。

大人，你接信后现（先）不要来找我，先给我来个信，因我们部队东走西打，没有固定地方。

男　陈小狮　大名陈鸿（洪）汉

十一月廿日于郑州

这封信是被称为“人民功臣”的陈洪汉烈士写给父母的。在那个战火纷飞的年代，军人们与亲人远隔他乡，一封短短的家书，不仅是表示问候，更是代表着彼此的安康。因为战争，十九岁参军的陈洪汉已经十一年没有回家看望父母双亲。在这封信里，他满怀着幸福，也满怀着愧疚，写

---

① 选自《永远的丰碑》，中共党史出版社，2016年12月第1版，第103页。陈洪汉（1919—1948），山西省夏县人，1938年参加八路军，同年加入中国共产党；1948年12月7日，在中原野战军对黄维兵团全线发起攻击时牺牲，年仅二十九岁，牺牲时任中野九纵二十六旅七十八团参谋长。

道：“我由家出来至今十一年了，因战争没给你老人去信，罪感甚矣！”没能在父母膝下侍奉双亲，他感到“罪感甚矣”，但是能为人民而战，为国家尽忠，他十分高兴，所以他相信父母一定能够谅解：“当我把蒋介石打垮后，返里，看大人，请大人原谅吧。”

可是，这样一封带着一个男人亲情的信没能寄到陈洪汉父母的手中。在围歼黄维兵团进入白热化阶段的时候，陈洪汉奋战在前，壮烈牺牲，他的上衣里，还存着这封没能寄出的家书，并夹着一张全家福。照片中的陈洪汉高高的个子，头戴军帽，目光坚定有神，注视着前方。在他身旁的是他年轻的妻子，怀里是他不满周岁的儿子。陈洪汉时刻把这张全家福照片放入贴身口袋，仿佛这样就能与妻儿更近一些。

陈洪汉自1938年参加八路军，追随部队南征北战，“一生转战三千里，一剑曾当百万师”。在抗日战争胜利后，被改编入中原军区野战第九纵队第二十六旅七十八团，担任参谋长一职。1948年12月6日，中原野战军对黄维兵团全线发起攻击，陈洪汉所在的中野第九纵队成了此番攻击的主力军。因为当时在攻打黄维兵团的时候，我军攻击受挫，陈洪汉就决定亲自到战壕里指挥作战。而当时的战壕距国民党的阵地只有三十多米，随时都有可能被机枪扫射，可是他还是义无反顾地到前线指挥作战。在陈洪汉的指挥下，12月7日深夜，七十八团终于突破了国民党军的前沿阵地。陈洪汉在前线指挥作战，突然有一颗炮弹在他身边爆炸了，他当即负伤，紧接着全身着起火来，无情的火焰吞噬了陈洪汉，年仅二十九岁的他壮烈牺牲在了战斗中。

他寄给父母的信也成了最后的绝笔信。虽然“把蒋介石打垮后，返里，看大人”的愿望陈洪汉并没能来得及实现，但“舍小家为大家”是无数革命先辈的共同选择。

淮海战役中像陈洪汉一样视死如归的烈士有千千万万，他们都是带着对新中国美好生活的向往牺牲在胜利前夜的。他们凝结着听党的指挥，以决战决胜的精神拼搏在战斗一线，奠定了中华人民共和国成立的基石，换来了中国百姓的幸福生活。

朱耀才烈士致母亲①

（一九四八年）

母亲大人膝下禀祈万福金安：

男自外线出击以来，身体强壮，工作顺利，一切生活都很好。今接到大人来信，吾亦明瞭（了）家中之情形以及咱地平安。吾现在部队很好，自出击外线以来形势发展非常有利，特别是今年二月间顺利的打下了（洛阳）歼敌二万余，几次打下徐（许）昌，打下了东京汴梁开封府，光汽车物资无法数清，都开了解放区去了。在这次胜利之下进行了杞睢（睢杞）战役歼敌五万之众，活捉兵团司令区寿年。这近次战役又打下济南府，现在中国反攻形势对我们非常有利，请家中见（信）勿念，放心吧。关于家中困难问题因此部队离这很远，不能回家亲手解决，这一困难，请大人尽量想办法吧，不然的话卖地解决吧。

在（再）望兄弟望你二人在家可多多孝顺奉养大人，因我在外不能回家奉养，请多多照顾奉养吧。内有相片一张。

福安

男　朱耀才

1948年

这封家书是1948年8月9日朱耀才烈士写给母亲的。朱耀才家贫，只在

① 选自《永远的丰碑》，中共党史出版社，2016年12月第1版，第87页。朱耀才（1920—1948），山东省新泰县（今新泰市）人，1942年5月入伍，1943年3月加入中国共产党，牺牲时任华野八纵二十二师六十四团一营机枪连连长。

幼年时读过四年书，十三岁便开始干活儿帮家里挣钱，但是即便父子二人每天辛勤劳作，也仍然没有办法维持这个八口之家的温饱。这种苦难使得朱耀才经常思考如何能让贫苦大众过上好日子，所以“一定要反抗，决不能再忍受地主、汉奸这样的欺压”就深深印在了他的脑海里。

1942年，朱耀才的家乡在共产党和人民政府的领导下，实行了减租减息，从此穷人的生活有了很大改善。这让朱耀才看到了希望的曙光，使他深深体会到只有共产党才是人民的救命恩人，于是他带着感恩之心在同年5月报名参加了八路军。朱耀才入伍后，在党的教育下，于第二年的3月光荣地加入了中国共产党，成为一名党员。成为党员后的朱耀才更加严格要求自己，此时的他不再是一个普通的贫苦农民，而是一个有共产主义信仰的无产阶级战士。为早日实现理想，他不断学习和充实自己，积极投身革命，阶级觉悟也一天比一天提高，不久得到党的肯定并当上了班长。

朱耀才随部队南征北战，在战斗中英勇善战不怕牺牲。他先后参加了抗日战争和解放战争，在写这封信时，刚刚参加了解放洛阳、许昌、开封、睢杞等战役。

1948年3月8日，中国人民解放军为掩护刘邓野战军主力休整和策应西北野战军作战发起洛阳战役。此次战役是陈毅、粟裕野战军和陈赓集团军各派两个纵队，乘国民党军裴昌会团从豫西西调，兵力空虚之机发起。3月9日夜，解放军攻城部队攻占了洛阳四关，基本上肃清了外围国民党军。在之后的第二天夜晚吹响了总攻的号角，部队率先从东城门攻入，接着南门、西门也相继攻入，大军从东、南、西三面往西北会集。残敌龟缩在城西北角易守难攻的核心阵地上死守待援。14日晚，攻城部队发起最后攻击，用爆破开道，摧毁敌军核心工事，全歼守敌，解放洛阳。这是人民解放军挺进中原以来第一次对敌坚固设防的中等城市发起的攻坚战，歼国民党军第二〇六师和国防部直属炮兵、汽车分队等共两万余人，俘中将师长邱行湘。第三纵队第八师第二十三团第一营在战役中首先突破东门，被华东野战军授予“洛阳营”称号。朱耀才在这次战斗中成长得很快，同时在这次战斗中积累了打攻坚战的战术。

此后他又随部队一起解放了许昌、开封等地，越来越多的城市得到解放，更多的贫苦农民分得了土地，朱耀才心中十分高兴。在打仗之余，他还利用战斗间隙进行开荒生产，帮助老百姓种庄稼。他个人曾先后立过数次三等功，并被评为“劳动模范”。朱耀才一步步实现着心中的理想，他在党的领导下，使更多的贫苦百姓摆脱了国民党的黑暗统治。工作结束后，朱耀才十分想念家人，但革命还未胜利，他只能写信告诉哥哥请他代为照料，“在（再）望兄弟望你二人在家可多多孝顺奉养大人，因我在外不能回家奉养，请多多照顾奉养吧。”儿子的牵挂是给父母最好的安慰，也是给予父母最好的礼物，但是朱耀才的父母没有想到，接到的这封家书竟然也是儿子的绝笔信。

1948年11月6日，淮海战役打响，这个已经有着八年斗争经验的“老战士”，为了革命的胜利带领他的部队英勇战斗在一线。在淮海战役第一阶段围攻黄百韬的闫桥战斗中，朱耀才率领机枪连英勇拼杀，不幸被敌人击中负伤，后因伤势过重，不幸牺牲，年仅二十八岁。朱耀才为了人民的事业，献出了自己宝贵的生命，但他英勇作战的精神不会消失，他的精神将激励着一代代新中国的青年们奋勇前进！

朱振汉烈士致母亲[1]

（一九四八年）

我最亲爱的妈妈：

我这次写给你是最后的一封信，也是最后一次和你谈话。你儿子的死是光荣的，为了全中国的人民解放而死是最有价值的。妈，一个人是没有两次死的，一个人一定有死，但有的死了是无声无息的，我想一个人生出来做什么呢？其最有价值的就是为了光荣的死。妈，你或许认为你的儿子大不孝了吧？其实你应该欢喜你有一个光荣的儿子。你辛苦抚育是有价值的，全中国的人民都忘不了你！

好了，最后我希望你努力教育伟汉仔[2]准备建设将来的新中国。并祝快乐。

生命诚可贵
爱情价更高
若为自由故
两者皆可抛

小儿　振汉

---

① 选自《党史文汇》，2012年第4期。朱振汉（1932—1948），广东兴宁人，1948 年 1 月参加革命，同年11月初牺牲，年仅十六岁。这是朱振汉在报名参加敢死队后给母亲留下的一封信。

② 伟汉，振汉的弟弟。

这封信是朱振汉写给母亲的绝笔信。当时的朱振汉报名参加了敢死队，这是带着必死的决心参加战斗。这封信言语朴实真挚，既有着儿子对不能在母亲身边尽孝的遗憾，又有着为国尽忠的决心，饱含着革命者宁死不屈的崇高气节和视死如归的英雄气概，令人震撼和动容。

朱振汉出生于广东省梅州兴宁市宁中古塘乡的贫苦农民家庭，从小饱受欺凌，繁重的劳作和苛捐杂税重重地压在自己家人身上，让生活在黑暗中的朱振汉感到绝望。1948年春，共产党为他带来了光明，他加入中共地下组织，并在党的带领下到达连平县连和游击区，为解放全中国、推翻反动统治而战斗。

朱振汉在连平县连和游击区，通过青干班学习后被分配到珠江队任文化教员，平时教课，战时参战，参加“三南”（定南、全南、龙南）地区反“扫荡”斗争。同年8月，人民解放军粤赣边支队成立，珠江队编入支队中第三团。11月初，支队司令部准备组织第三团攻占大湖，切断敌人在连平、和平和河源三县之间的联系。战前，三团各连进行战斗动员，朱振汉第一个报名参加团部组织的“钢铁敢死队”，把决心书和入党申请书交给连指导员。在动员大会上，他慷慨激昂地表示：“党以真理教育我，我将为真理而战斗！为了全国人民的解放，我决心献出自己的一切。”15日拂晓前，战斗打响。朱振汉担负扫清冲锋道路上敌机枪火力点的任务，他与十多名敢死队员向占领小山丘有利地势的敌人机枪阵地猛冲。一阵激烈的枪战后，敌人的机枪哑了，朱振汉一马当先，试图从背后夺取敌人机枪。突然机枪又响，敢死队员接连负伤，朱振汉也受伤，腰部右侧沾满鲜血。他用手捂住伤口，高声大喊：“冲啊！抓活的，把机枪夺过来！”敢死队员飞快地扑向敌阵。朱振汉发现不远处树丛中有一个敌人正用枪瞄准一个战友，就支撑起身体，一枪击倒敌人。朱振汉浑身是血，战友发现他腰部右侧被弹头打出了一个洞，血流不止，他对战友说：“快包扎！前面还有伤员等着你……”但还是因流血太多而牺牲。

同年11月17日，万余军民在船塘隆重举行祝捷和公祭大会。支队副司令员郑群在会上宣布：朱振汉烈士被评为支队的战斗模范，并追认为中国共产党党员。接着又宣读了他要寄给家里的遗书。从这封遗书中我们可以看到这个年轻的战士为信仰而战、为人民而战的大无畏精神。

十六岁的朱振汉用稚嫩的双肩扛起了祖国扬帆起航的风帆，他在信中写道："儿子的死是光荣的，为了全中国的人民解放而死是最有价值的。"朱振汉不怕牺牲，将个人的人生价值融入祖国的大我、人民的大我之中，视国家荣誉为最高荣誉，视祖国利益重于泰山，视个人生命轻于鸿毛。朱振汉为了信仰慷慨赴死，为了建设一个新中国毫不犹豫地奉献自己年轻的生命，临终前还要告诉母亲要教育好弟弟，"准备建设将来的新中国"。最后，朱振汉用一首匈牙利诗人裴多菲的《自由与爱情》作为结尾，这首小诗也表达了他为民族独立和人民解放的坚定决心。

正是因为有着无数为祖国抛头颅、洒热血的青年们，我们才有今天的幸福生活。我们新一代青年们要铭记历史、铭记英雄，向英雄致敬！

李卡烈士致妻子①

（一九四九年三月九日）

云娣②：

你给超群兄的信我看过，很久我便给你写信，可是这是一件相当困难的事，我怕连累到你。为了使你知道我的消息，我曾不断地搭信到堂兄处。相信你也知道，我现在是很好，早半月曾病了一场，是五、六年来所仅见，却又不至于死，经济上更感困难吧。

我和另外两个人一齐到此，前几天少了一个，这样便引起风声很不好，传说十分可怕。但如此的传说仍然不会使我不安，而使我不安的是悲悼一位战友，所以这几天来我是郁郁不乐。而依据传说及我个人问题，大约我的生命将不久在〔人〕世。

我是平常的人，在这个伟大的斗争中，确是一个很平常的人，而我的被捕及死都是意料中的事，是不可怕的，而怕也怕不来。是的，我仍然存在着中国知识分子的劣性，我希望能自己克服。

既然我是一个平常的人，我不能像英雄们那样写下动人的遗

---

① 选自《革命烈士书信续编》，中国青年出版社，1983年6月第1版，第235～238页。李卡（1922—1949），广东省化州县长岐双牌村人，原名李均海，又名亦池、水乾，1947年7月加入中国共产党，1949年1月在曲江县被国民党反动派逮捕后关在韶关芙蓉山监狱，1949年9月4日被害于韶关机场，牺牲时年仅二十七岁。

② 云娣，徐云，又名徐可，李卡的妻子。下述的姐姐、云兄，均指徐云。

书，而我亦无写遗书的必要，但是为了你，为了难忘你，为了感谢你，我不能不给你写这信。假如真如我所估计一样，你就把此信作为我给你最后的一封信吧。

这样又会使你难过了，但你常常说，你比我理智得多。我望你不要为我而流泪，那是不值得的，更会使你身体消瘦下去，这是我死也不瞑目的事，我相信你是不会的。

你不要把我两（俩）之间的往事记起来，那有什么用？作为写小说的资料吗？还有许多动人的故事，你何不用心去记？作为纪念我吗？那又何必呢？

我个人或有一些值得别人学习的优点，我死后，你不要向别人夸耀。那是极其微小的，何况我缺点多着呢！

我死后你应马上忘记我，第一减少你的忆念痛苦，第二你也应该继续你理想的追求。我愿你未来和一位忠诚为人民服务的人做朋友，你应该仔细地选择。

是的，我仍然有许多缺点，你同样也仍然有许多缺点。在生活斗争中你该革除过去的鬼脾气呀，不然，你会更痛苦。

我的遗尸问题，你不必理它，人死了尸是不值得留恋，莫要学那些正人君子的封建思想，找麻烦费金钱是没有什么意思的。

真的我死的消息传给你时，你不要告诉母亲，使她难过，我心更不安。

可以把我一切消息告诉你认为我以前可靠的朋友们，并望他们今后在新的社会下努力工作，并望他们努力学习斗争。

退一步估计，假如我免至于死，而案情亦已有所决定，望你能做迅速的调查，最好葵兄能再来一次，不然亦应物色一个较妥的人来探，把情况告诉我。

这儿我报告我目前的生活：

1. 写一些被捕经过的记述。实在在此写东西也是困难的，我有心而不定，夜里电灯暗，日里人复杂。

2. 看书是一件最好的消遣，肖红散文及《呼兰河传》我都在此看完。我很爱肖红，另外鲁迅的文章也有得看了。

3. 生活，我有时搓搓麻将，总之生活上无一定规律，夜里必需下半夜才能入睡，因为人多，太嘈杂，下半夜才睡的人居大半，并不是无独有偶。

有人来最好是月底来，就算未死，也要经济接济，葵兄回时他说有人送米来，到现在未见来。

我很挂念你的病，你的理想是教书，又不愿负担复杂的功课，当然如理想一样达到成功是好的，但未有如此的好职位。我以为你还是和克兄一齐工作好，就这方面发展是好的。

伟兄有信回来，你可向他求职的，交通阻障也能克服吧。

时局就快转变了，天翻地覆的日子快到了，报上已坦白承认共军将渡江，华南当有一场恶战，这就是最后的用武装解决中国革命的一场大斗争。过后，人民便快乐了，你也会跳舞似的迎接新的日子的，你们应该快乐。

歌唱吧，我会在梦里听到你洪亮而快乐的高歌。

可以来信给超群。

敬候

健康

池[①]

3.9.

1939年，李卡在梅菜中学读书时，在中共地下组织的影响和培养教育下，积极追求进步，参加党组织的秘密读书小组，利用晚上自修后或节假

① 池，李卡的别名。

日时间偷偷读马列及毛泽东作品、《新华日报》、《大众哲学》、《西行漫记》等，从中懂得了许多革命道理，思想进步很快。

抗战胜利后，李卡担任广州《建国日报》记者，在报纸等刊物上发表了上百篇诗歌、杂文、通讯等，热情讴歌革命，讴歌光明，鼓励人们去争取胜利。为此，国民党反动派派出特务四处追捕他，李卡不得不离开广州，回到了家乡。在家乡，他宣传革命思想，带领他的父亲、弟弟、妹妹都走上了革命道路，他的家成了地下联络站，一家人为了革命事业作出了杰出的贡献。

1949年1月14日晚上，李卡和梁坤在沙溪宝山村被捕。李卡被关押到韶关芙蓉山监狱，难友们得知他是共产党，时时关怀和帮助他。在狱中，他和其他党员一起，团结难友，与敌人展开针锋相对的斗争。狱中，李卡坚持写日记，给朋友写信，通过日记、信件抒发热爱党、热爱人民、热爱革命事业的真挚感情。

这封信是李卡写给自己的妻子徐云的信，在信中李卡把自己的革命信仰和革命精神传递给徐云，希望她能够坚强地面对他的牺牲，告诉徐云不要为他的死而伤心，而要坚强起来用自己所学投入祖国的建设中。

李卡在信中写“我是一个平常的人”“我死后，你不要向别人夸耀”，在信中不忘告诫徐云要谦虚谨慎，不要将他当作一名英雄，他认为自己只是做了一个普通的共产党员该做的事。李卡不断地审视自己，正确面对自己的缺点，克服知识分子的劣根性，并以自己为例，告诉徐云要改一改自己的脾气，才能更好地面对工作和生活。对于叶落归根的丧葬传统，李卡看得很淡，他说“遗尸问题，你不必理它”。李卡不在乎自己的身躯，他只想将共产主义精神传承下去，只想通过自己的牺牲激励更多的同志不断去斗争，所以他让徐云“把我一切消息告诉你认为我以前可靠的朋友们，并望他们今后在新的社会下努力工作，并望他们努力学习斗争”。

在信的最后，李卡畅想着未来没有战争、没有硝烟的日子。他想象着等同志们渡过了长江，解放了南京后，好日子就来了，人民的美好生活就来了。他用欢快的文字表达了对即将来临新生活的憧憬，他告诉徐云，让他们一定要快乐地生活，他自己可能看不到这美好的生活了，但是他会在“梦里听到你洪亮而快乐的高歌”。

1949年9月，解放大军已横渡长江，国民党反动派预感到末日已到，决定对李卡下毒手。这个年仅二十七岁的共产主义战士，在9月4日中午高唱着《国际歌》，英勇就义。他把生命献给了中国人民的解放事业，直面生死的大无畏英雄气概值得我们每一个人学习。

李白烈士致妻子①

（一九四九年四月二十二日）

慧英②：

本月二十二日（星期五）下午，我由警备部解来南市蓬莱路警察局看守所羁押。这里房间空气比警备部看守所好，但离家路远，接见比以前要困难，你若来看我，要和舅母一同来，坐车时好照顾小孩。听说这里每逢星期一、五上午九至十时，下午三至四时可以送东西，因路远来时请买些咸萝白（卜）干或可久留不易坏的东西，带点现钞给我，以便用时便利，炒米粉亦请带些来，此外肥皂一块，热水瓶一只。我在这里一切自知保重，尽可放心。家庭困苦，请你擅自料理，并好好抚养小孩为盼。

祝好

静安　字

四月二十二日晚

---

① 该信件保存于李白故居。李白（1910—1949），原名李华初，曾用名李朴，化名李霞、李静安，湖南省浏阳市人，上海地下组织联络员；1925年加入中国共产党，参加了长征；1937年10月，受党组织派遣，化名李霞，赴上海担任党的秘密电台的工作；1948年12月30日凌晨，在与党中央进行通信过程中被国民党特务机关测出电台位置而被捕；1949年5月7日，李白被国民党特务秘密杀害，时年三十九岁；2009年9月14日，被评为“100位为新中国成立作出突出贡献的英雄模范人物”之一。

② 慧英，即裘慧英（1917—1992），又名裘兰芬，浙江嵊县（今嵊州市）人；1937年12月加入中国共产党；1938年4月，奉调至中共中央驻上海的地下电台，以假夫妻身份与李白合作，担负秘密的情报通信工作，后与李白结为夫妻；1949年李白牺牲后，她强忍悲痛，继续工作；新中国成立后，曾任中共上海电信局基层支部副书记、上海邮电技工学校副校长、邮电工会上海市委员会副主席和顾问等职。

在1949年4月22日晚，身陷囹圄的李白给妻子裘慧英写了一封家书。这封看似平淡的家书，其实是他的绝笔信，展现了李白面对敌人屠刀时从容不迫、慨然赴死的决心，也表达了一个丈夫和父亲对家人的惦念和不舍的感情。写完家书后的十五天，他壮烈牺牲，倒在了上海解放的黎明之前。

李白于1925年加入中国共产党，1927年参加湘赣边秋收起义，1930年8月参加中国工农红军，成为红四军通信连的一名战士，后任通信连指导员。1934年6月，李白奉命到瑞金中央军委无线电学校第二期电讯班学习无线电技术，结业后被分配到红五军团任电台台长兼政治委员，并参加了长征。1937年10月，李白受党组织派遣，化名李霞，赴上海担任党的秘密电台的工作。在日寇与汪伪军警特务集聚、环境极其险恶的上海，李白克服各种困难，负责上海的地下组织与党中央的秘密电台联络工作，用无线电波架起了上海和延安之间的“空中桥梁”。1939年后，上海的工作环境更加险恶，党组织安排女工出身的共产党员裘慧英与李白假扮夫妻开展工作，以减少风险，保护李白的安全。李白和裘慧英在工作中相互喜欢，1940年，经中共党组织批准，二人结婚，成为秘密斗争之家。

1942年9月，中秋节前，日军在对秘密电台的侦测中，逮捕了李白夫妇。日寇对李白施以酷刑，但他坚称自己的是私人电台。1943年5月，经党组织营救，李白获释。出狱后，党组织将李白夫妇调往浙江，安排他打入国民党国际问题研究所做报务员。他化名李静安，往返于浙江的淳安、场口和江西的铅山之间，利用国民党的电台，为党秘密传送日伪和美蒋方面大量的战略情报。

抗战胜利后，李白夫妇回到上海，继续从事党的秘密电台工作。在那期间，从上海发往中共中央的电报主要有国民党飞行员飞往延安投诚的情报、国民党某将领起义的情报、国民党的长江江防计划等重要信息。

1948年12月30日凌晨，国民党的长江江防计划通过李白的秘密电台，从上海黄渡路107弄15号的寓所发出，飞往中共中央驻地西柏坡。国民党特务机关在测出了电台位置后，对李白寓所进行了包围。凌晨二时左右，已睡下的裘慧英听到外面有动静后，知事情不妙，就立即告知李白。但是这封电报太紧急且重要，李白冒着暴露的风险将电报发完，并向战友发出三个“V”。这是事先约定的警示信号，表明对方正处于危急情境！电报发出后二人赶紧收拾好现场，佯装睡下，但一切为时已晚，敌人冲进家里，搜出了藏在壁柜里的收发报机，李白夫妻双双被捕。国民党特务把李白押到淞沪警备司令部刑讯室里，对他进行了长达三十多个小时的连续审问，使用了三十余种刑具，把他折磨得生不如死。他们用钳子拔光李白的指甲，把竹签钉入他的手指，老虎凳上的砖块一直加到五块，还灌辣椒水，将烧红的木炭烙在他身上，李白每次昏死过去，又被冷水浇醒。这些都不能摧毁他作为一个共产党员的坚定信念，李白拒不吐露半个字，敌人始终没有能够从他口中得到一点儿想要的信息。由于妻子裘慧英闭口不言，敌人对她无计可施，就将她释放了。

1949年4月初，国共和谈的气氛渐渐浓厚起来，国民党在伪装和平的情况下，对李白一家的态度稍稍和缓。4月23日，裘慧英接到李白从南市蓬莱路警察局看守所写来的这封信。

自从李白被关押在蓬莱路警察局后，家属便不能随时探监。后来，李白偷偷写了张纸条，托出狱的同志带给了妻子，说：“你站在对面老百姓家的阳台上，对着监狱的窗子，就可以看到我。”就这样，妻子慧英偷偷地带着孩子看了他几次。从老百姓家的阳台上看到囚窗中的李白枯黄的面孔、蓬乱的头发，被敌人折磨得不能辨认，妻子和孩子目睹心伤，感到无限悲痛。5月7日，妻子和孩子与李白最后一次见面。李白对妻子说：“以后你们不要来看我了。”“天快亮了，我所希望的也等于看到了（指上海即将解放）。今后我回来当然最好，万一不能回来，你们和全国人民一样，能过上自由幸福的生活！”最后，李白还大声地跟孩子说：“爸爸过几天就回来抱你！”令所有人都没有想到的是，这次会面竟成永别。就在这天晚上，特务头子毛森根据蒋介石“坚不吐实，处以极刑”的批令，将李白押到浦东戚家庙秘密杀害，李白牺牲时年仅三十九岁。而此时，离上海解放仅二十天。

1949年5月30日，上海解放第三天，刚上任上海市市长的陈毅接到中共中央情报部代理部长李克农发来的一份电报，要求查找一位名叫“李静安（即李白）”同志的下落，后最终查明：李白已在5月7日晚，被敌人杀害了。陈毅接到报告后，给李克农回电并在电文最后写道：“血债要用血来还！残害李白烈士的反革命分子，我们定要向他们讨还这笔血债！”

为此，上海市公安局专门成立了专案小组。1949年6月20日，经过专案组人员的努力，终于在浦东戚家庙后面挖掘出了十二具烈士遗体，个个五花大绑，浑身弹痕累累，惨不忍睹，其中就有李白。1950年9月18日，曾任国民党华北“剿总”北平电监科科长、中校督察官的叶丹秋被捕，在大量人证、物证面前，他交代了由其主持破坏李白、秦鸿钧秘密电台的罪行。1951年1月13日，叶丹秋被上海市人民法院判处死刑并立即执行。

为了铭记英雄事迹，传承革命精神，1958年，中国人民解放军八一电影制片厂以李白烈士的事迹为原型，拍摄了电影《永不消逝的电波》，讲述了中共党员李侠潜伏在敌占区，为革命事业奉献出生命的英雄事迹 。

电影上映后，无数观众第一次知道了李白这个名字，电影中的“同志们，永别了！我想念你们！”这句遗言也曾感动无数观众。然而，很少有人知道，在电报那头的一千多公里外的西柏坡，有一名年仅十六岁的报务员苏采青，在收到李白的最后一封电报后，用了半个多世纪的时间去追寻一个答案：对方是谁？他怎么了？他还活着吗？当时，每个报务员都只知道对方是何处电台、多长时间联络一次、联络的频道和呼号以及如遇危险时的警示信号，其余便不能问也不能说。而苏采青追寻的这个人正是李白。1948年12月30日凌晨，李白发出了一封对四个月后解放军发动渡江战役、突破国民党防线起到重要作用的电报——国民党军队长江布防计划。那一晚，在西柏坡等待李白发报的苏采青也感受到了异样。信号联通后，李白并没有如往常一样请苏采青先发报，而是自己抢先发出了电文。就在苏采青抄录下第一段电文后，耳机里突然安静了下来，陷入漫长的停顿。起初，苏采青以为李白只是像往常一样，遇到了敌人的侦察车。但这一次，事情没有这么简单。一段时间后，李白再次与苏采青取得了联络。苏采青还没来得及询问情况，发报的速度便陡然加快，十分焦急，全然不似以往。顾不得多想，苏采青只得赶忙聚精会神将电报抄录下来。“END”（结束），终于，苏采青从耳机里听到了这个标志结束的电码。但下一刻，她听到的不是平时工作完毕后道别的信号“GB”（英文“再见”缩略词），而是十分急促的三个“V”字电码：嘀嘀嘀嗒、嘀嘀嘀嗒、嘀嘀嘀嗒。这是事先约定的警示信号，表明对方正处于危急情境！

直到2008年，苏采青从报纸上得知，李克农早在上海解放第三天，就专电时任上海市市长的陈毅，要不惜代价查明李静安（即李白）的下落。至此，六十年之后，苏采青终于知道了她当年联络人的名字——李白。

王元烈士狱中遗言[①]

（一九四九年）

我们工人阶级应该认清当前的形势，更该积极地工作，我们曾经受过酷刑，受过考验，在特刑庭看守所里，曾经受到浓烈革命气息的培养和共产党的教育，在今天应该表现得更坚强些。

苦难是给我们的锻炼，看谁经得起考验，就是遭到杀害，这牺牲是值得的。为大众谋幸福，求生存，争自由，死也值得；为革命铺下一条血路，让成千成万的群众踏着血路向魔王奋斗，死又何惜。

王元

王元，在少年时代卖过报纸，当过学徒和建筑工地小工，曲折经历和艰苦生活培养了他的顽强性格和斗争精神，后来在中共地下组织影响下，王元为维护工人阶级的利益，不断斗争。1946年，他进入上海市公共交通公司当司机。第二年的6月，公交工人爆发大罢工，王元和吴兆森（中共地下组织成员）代表工人与公司谈判，并取得成果。在1948年2月，王元和黄炳芳（中共地下组织成员）筹组上海司机工会公交九分会。7月，公司当局无理解雇一批新司机和售票员，导致工人罢工。王元等积极分子在中共党员带领下，捣毁由特务、工贼控制的员工福利会和训导课，驱车包围市政府，要求收回解雇成命，迫使公交当局让步，并同意由工人民主选

① 选自《革命烈士书信》，中国青年出版社，1979年12月第1版，第202～203页。王元（1918—1949），江苏省镇江市人；因从事革命活动，被国民党逮捕，出狱后仍不畏强暴威吓，继续为工人谋利益，又第二次被逮捕；1949年2月17日，在上海江湾被国民党反动政府杀害，时年三十一岁，与钟泉周、顾伯康史称“公交三烈士”。

举产生员工福利会。王元当选为第三届理事会常务理事后，特务和工贼曾多次对他进行威胁和利诱。他还被公交当局勾结军警监禁八十多天，但这动摇不了他为工人谋福利的决心，出狱后他仍然义无反顾地履行员工赋予他的职责。

新中国成立前夕，在中共地下组织的领导下，上海公交工人为求生存，向国民党当局提出了发“应变费”的要求以度艰难时日，但遭到了拒绝。钟泉周、王元、顾伯康三人在共产党的领导下，真心诚意为工人服务，与反动派展开面对面斗争。1949年初，国统区物价飞涨、伪币贬值，民不聊生，而国民党反动当局的公交公司负责人却搜刮民脂民膏，过着花天酒地、荒淫无度的生活，对工人的贫困生活置之不顾。反动派的种种活动刺激着王元，使他深刻地认识到“我们工人阶级应该认清当前形势”。

钟泉周、王元、顾伯康发动公交公司工人举行争取发“应变费”的“反饥饿”罢工。法商电车公司和上海三轮车工人也参加到罢工行列中，上海交通一时陷于瘫痪。罢工的公交工人会合在一起到公平路大礼堂开会。会上提出要第三届公交员工福利会理事会督促公司派人来谈判，解决“应变费”问题。由于公司方面派来的谈判代表毫无诚意，双方形成对峙局面。为打破僵局，当天下午由公交员工福利会理事长钟泉周出面，在公平路大礼堂召开司机、售票员代表会议，代表们一致要求公司当局发放“应变费”，否则决不复工。

国民党当局获悉公交工人罢工，惊恐万分，立即下令派出军警镇压。钟泉周料定敌人肯定不会善罢甘休，预先把党的机密文件、书籍妥善处理后，从容镇定地安慰怀孕的爱人，并为她雇好车，让其迅速离开。1949年2月16日晚9时30分，敌人经过周密策划，闯入他在西宝兴路的家中，翻箱倒柜地搜查后，将钟泉周强行押上吉普车。与此同时，敌人还逮捕了王元、顾伯康及其他六位工人代表，翌日凌晨，将他们从福州路警察局转押到国民党淞沪警备司令部。

在监狱里，面对敌人的威逼利诱，毫不屈服。正如王元信中所写：“苦难是给我们的锻炼，看谁经得起考验，就是遭到杀害，这牺牲是值得的。”他们咬紧牙关，把看守所里的严刑拷打当作苦难的锻炼，作为工人阶级的代表，有义务为大众谋幸福。王元与其他六位工人代表始终坚强不屈，坚决不肯做反动派的走狗帮他们镇压工潮。他们坚信自己的牺牲是“为革命铺下一条血路，让成千成万的群众踏着血路向魔王奋斗”。

敌人一连审讯了四个小时，毫无所获。2月17日晚6时，无计可施的国民党淞沪警备司令陈大庆悍然下令杀害钟泉周、王元、顾伯康。为防意外，敌人派出大批军警将三人押赴江湾枪杀。刑场上三人慷慨就义，用自己的鲜血捍卫了成千上万工人阶级的利益，是“为大众谋幸福，求生存，争自由，死也值得”，他们的牺牲重于泰山！

三位烈士被害后，激起了公交职工以及全国人民的极大愤慨。上海公交工人化悲痛为力量，配合中国人民解放军进城，迎接上海解放。新的时代来临是由无数革命烈士的鲜血铸就，历史的车轮滚滚向前，但烈士的英雄事迹永远激励我们前行！

后　记

在编纂《西柏坡100封珍藏书信背后的故事》过程中，西柏坡纪念馆研究人员收集整理中央工委、中共中央和解放军总部在西柏坡期间的资料，选取毛泽东等老一辈革命家、朱瑞等革命烈士和数位革命群众的100封书信，按照人物和时间的经纬度进行了较为细致的解读。为保证准确性，每一封书信均保持了原貌，并根据来源注明了出处。其中，一部分注释选自原刊书信，还有一部分注释经过参考查阅人物传记和历史史料，认真求证后添加。书信的解读部分，第1篇到第11篇由史进平撰稿，第12篇到第24篇由王彦红撰稿，第25篇到第39篇由崔霞撰稿，第40篇到第54篇由南洋撰稿，第55篇到第70篇由刘亚杰撰稿，第71篇到第85篇由郭凯撰稿，第86篇到第100篇由赵春伟、刘立磊撰稿。

我们希望通过对书信的编辑解读，尽可能全面地为读者提供更多历史信息，以便读者更深入地了解和学习。

编　者

2025年1月